本丛书为
教育部哲学社会科学研究重大课题委托研究项目
“中国共产党百年教育史研究”成果之一

“中国教育现代化2035战略与政策研究丛书”总目

1. 中国教育现代化的形势与任务研究　朱旭东、薛二勇　等著
2. 发展中国特色世界先进水平优质教育的战略与政策　李芒　等著
3. 推动各级教育高水平高质量普及的战略与政策　张志勇、杨玉春　等著
4. 基本公共教育服务均等化的战略与政策　薛二勇　等著
5. 构建服务全民终身学习体系的战略与政策　张伟远　等著
6. 提升一流人才培养与创新能力的战略与政策　周海涛　等著
7. 建设高素质专业化创新型教师队伍的战略与政策　李琼、宋萑、廖伟　等著
8. 推进信息时代教育发展与变革的战略与政策　余胜泉　等著
9. 开创教育对外开放新格局的战略与政策　刘宝存、张继桥　等著
10. 推进教育治理体系和治理能力现代化的战略与政策　余雅风、刘水云　等著

“中国教育现代化2035战略与政策研究丛书”
编写出版委员会

中国教育现代化2035战略与政策研究丛书 朱旭东◎主编

基本公共教育服务均等化的战略与政策

薛二勇◎等著

中国教育出版传媒集团
人民教育出版社
·北京·

图书在版编目（CIP）数据

基本公共教育服务均等化的战略与政策 / 薛二勇等著. — 北京：人民教育出版社，2022.11
（中国教育现代化 2035 战略与政策研究丛书 / 朱旭东主编）
ISBN 978-7-107-36941-4

Ⅰ. ①基…　Ⅱ. ①薛…　Ⅲ. ①教育事业 – 公共服务 – 研究 – 中国　Ⅳ. ① G52

中国版本图书馆 CIP 数据核字（2022）第 210119 号

基本公共教育服务均等化的战略与政策

出版发行　人民教育出版社
（北京市海淀区中关村南大街 17 号院 1 号楼　邮编 100081）
网　　址　http://www.pep.com.cn
经　　销　全国新华书店
印　　刷　北京盛通印刷股份有限公司
版　　次　2022 年 11 月第 1 版
印　　次　2023 年 2 月第 1 次印刷
开　　本　787 毫米 ×1 092 毫米　1/16
印　　张　24.25
字　　数　289 千字
印　　数　0 001~1 500 册
定　　价　81.00 元

总序：构建社会主义现代化强国所需要的高质量教育体系

为进一步认真贯彻落实习近平新时代中国特色社会主义思想和党的十九大以及十九届二中、三中全会等重要会议精神，2019年2月中共中央、国务院印发了《中国教育现代化2035》，并要求各地区各部门结合实际认真贯彻落实。

为更好地发挥北京师范大学中国教育与社会发展研究院作为国家高端智库培育单位的决策咨询、政策解读、舆论引领等作用，促进国家重大教育战略与规划的落实和执行，我们决定组织撰写“中国教育现代化2035战略与政策研究丛书”。

《中国教育现代化2035》确定了中国面向未来的教育战略实施目标。到2035年，中国教育要实现现代化总体目标，这个总体目标体现在两个方面：一方面，实现教育自身的现代化，使立德树人的根本任务得以完全落实，使党的教育方针得到全面贯彻，实现教育强国和人民满意的教育的国家和社会目标；另一方面，现代化教育可以支撑起中国国家现代化，尤其为中华民族伟大复兴起到保驾护航的作用。

《中国教育现代化2035》规划了中国面向未来的教育战略实施的进程。到2035年，教育现代化目标的实现过程，既体现在教育的现代化过程中，也体现在不断满足国家现代化需要的过程中。教育现代化的过程是一个不断推进教育优质均衡发展的过程，是一个高质量教育体系不断建构和完善的过程；满足国家现代化需要的过程是一个通过教育促进国家建设社会主义现代化强国的过程。

《中国教育现代化2035》明确了中国面向未来的教育战略实施的方向。到2035年，构建起满足社会主义现代化强国所需要的完备教育体系。党的十九届五中全会审议通过的《中共中央关于制定国民经济和社会发展第十四个五年规划和二〇三五年远景目标的建议》，提出建成富强民主文明和谐美丽的社会主义现代化强国的宏伟目标。这一远景目标是对党的十八大所提出的"全面落实经济建设、政治建设、文化建设、社会建设、生态文明建设五位一体总体布局"的进一步强化。习近平总书记在党的十九大报告中指出，"建设教育强国是中华民族伟大复兴的基础工程，必须把教育事业放在优先位置"，党的十九届五中全会第一次明确提出"建设高质量教育体系"。高质量教育体系是全面建设社会主义现代化强国的关键所在，教育体系要为社会主义现代化强国服务。

一、构建一个促进人的现代化需要的五育并举的教育体系

国家的现代化首先是人的现代化。落实党的教育方针，开展德智体美劳全面发展教育，培养社会主义建设者和接班人，也要基于人的现代化，而人的现代化需要通过"五育"来实现。习近平总书记在全国教育大会上强调，要在党的坚强领导下，全面贯彻党的教育方针，培养德智体美劳全面发展的社会主义建设者和接班人。人的全面发展需要全面发展的教育，为此，需要构建一个五育并举的教育体系。德育、智育、体育、美育、劳动教育是教育的内涵，而不是人的发展的内涵，不是学生发展的内涵。人的发展的内涵是认知和情感发展，是道德和公民性

发展，是个性、社会性与人格发展，健康和安全发展，艺术和审美发展。[①] 五育并举虽然不是人的全面发展内涵，却是基于和促进人的全面发展。因此，从人的全面发展内涵来看，五育并举，应由道德和公民性教育、社会性和情感教育、脑智教育、健康和安全教育、艺术和审美教育构成。

构建一个促进道德和公民性发展的“德育”体系。在党和国家的教育方针中，“德”是第一位的，事实上，从人的发展的价值来说，“德”必须放在第一位。在中国国情背景下，“德”不仅仅指道德发展，还指思想政治、法制素养，特别是对中国共产党和国家政治制度的认同和忠诚，以及对民族、国家和文化的认同。这里从心理学和伦理学视角来谈道德发展及其教育，把思想政治、法制素养放到公民性发展里来谈。公民性发展是指儿童的公民意识、思维、认知以及公民行为能力的成长过程。它是现代民族国家范畴内的资格身份塑造，也是政治思想意识的形成，又是民族、国家、文化的认同建构，更是法律意义上权利、责任和义务的养成过程。

教育的根本任务是立德树人，这是教育的总目标。根据这个目标，我们要构建促进道德和公民性发展的教育体系。这个体系由基于伦理内容和心理过程的道德教育体系，基于中国历史和国家发展的思想政治教育体系，基于民族认同、国家认同、文化认同的核心价值观教育体系，以及基于权利、责任和义务的法制教育体系构成。

“德育”体系还应促进学生的社会性和情感发展，为此，需要建立一个社会性和情感教育体系作为“德育”体系的补充。虽然社会性和情

---

① 朱旭东. 论教师专业发展的理论模型建构［J］. 教育研究，2014（6）：81-90.

感教育在传统的德育中也有涉及，但不够系统、不够突出，没有把它作为一个重要的维度彰显出来。我国社会主义现代化建设需要人才，更需要凝聚人才，把各种人才凝聚到实现中国梦这一历史使命上来。而社会性和情感作为人全面发展的重要维度之一，情感是社会团结协作的黏合剂，对凝聚人心、增进身份认同、提升文化自信具有重要作用。因此，社会性和情感教育应在五育并举中占有一席之地。在社会性和情感教育中促进学生社会性的健全发展，增进学生对国家与民族的感情。

构建一个促进脑智发展的"智育"体系。"脑智"主要是指人脑发育和心智发展两个部分，心智与认知密切联系。过去主要强调的智育，虽然在教育中占有重要地位，但主要是从知识和心理角度强调智育的重要性，因而致使脑育并没有得到重视。而大脑是人的智力发展依存的最重要的物质基础和生理基础。从人的全面发展视角来看，健全的、真正的智育应注重脑育。虽然脑科学与教育作为新兴研究领域日益受到国际的重视，但在我国的教育体系中，我们对脑育仍重视不足。在新的五育并举的教育体系中，我们需要把智育与脑育结合起来，把传统的智育拓展升级为新智育，即"脑智教育"。何谓"脑智教育"？它是指在继承传统智育优点的基础上开展的，基于脑、开发脑、脑智融合的教育。以脑神经学为代表的脑科学将成为脑智教育重要的学科基础，脑育是脑智教育的重要内涵。脑育强调以科学的方法开发脑，以人文精神关爱脑，以教育理念成就脑。

构建一个促进健康和安全发展的"体育"体系。健康和安全教育过去是没有纳入全面发展教育中的，尽管体育承担着健康教育部分，可是体育主要是培养学生的运动素养，促进身体锻炼，但健康教育远不止身体锻炼，而是涉及更广的范围。例如还包括促进身体健康发展的饮食教育等。如果说健康是人全面发展的重要身体基础，那么安全就是人全面发展的重要前提。因此，健康和安全教育也应是全面发展教育的重要内涵。在过去的全面发展教育体系中，安全教育并没有明确列入，尽管学校教育中会涉及安全教育，但不系统，更没有从五育并举的高度来重视安全教育。①

构建一个艺术和审美发展的“美育”体系。五育并举中虽然提到美育，但艺术和审美教育缺乏儿童成长的规律研究。当今受过从幼儿园到高中乃至大学的艺术和审美教育后，却没有掌握一门艺术技能的学生大有人在，因此学生的艺术和审美素养需要大力提高。在五育并举的教育体系中，要重视艺术和审美教育，把艺术和审美教育从娃娃抓起，以提高整体国民的现代审美素养。

构建一个对儿童全面发展起到独特作用的“劳动教育”体系。劳动教育的独特价值不仅在于培养儿童的劳动观念、劳动态度、劳动情感、劳动技能和劳动价值观，而且可以促进儿童的道德和公民性发展、社会性和情感发展、脑智发展、健康和安全以及艺术和审美素养发展。鉴于劳动教育具有促进儿童发展的综合性价值，我们需要构建一个有助于儿童综合发展的劳动教育体系。

上述道德和公民性教育、社会性和情感教育、脑智教育、健康和安全教育、艺术和审美教育是我们对德智体美劳五育认识的进一步深化，由此构建一个为社会主义现代化人才强国所需要的更为全面、更具内涵的五育并举的教育体系，使学生的文明素养、社会责任意识、实践本领、身体素质和心理健康水平等都得到提升，以切实促进人的现代化。

---

① 要构建一个保障儿童身心健康的教育体系，它是由体育、心育和食育构成的，致力于儿童的运动、心理和养生的知识、能力和伦理的培养。

二、构建一个促进社会经济现代化需要的完备成熟的混合教育形态体系

构建社会主义现代化建设所需的教育体系，不仅需要在教育内涵方面五育并举，而且需要一个完备、成熟的教育形态体系，以促进社会经济发展，建设具有社会主义新型工业化、信息化、城镇化和农业现代化特征的经济强国。这个完备成熟的教育形态体系应该由四个部分构成，它们是学校教育体系、家庭教育体系、社会教育体系和三位一体、线上线下结合的教育体系。改革开放四十多年来，我国已经建成了世界最庞大的教育体系，为国家社会主义现代化建设奠定了坚实的教育基础，未来这个体系需要更加完善。

学校教育体系方面，需要从纵、横两个方向进一步完善。纵向方面，需要向两端进一步延伸发展，应抓住早教和老年教育这两个薄弱环节。具体而言，需要填补0—3岁托幼教育体系，通过政府和社会双轨制建立起来，推动义务教育均衡发展和城乡一体化发展，促进学前教育普惠性高质量发展；同时，进一步发展和完善老年大学、老年闲暇教育等。横向方面，学校教育应向多元、开放、特色与提质、升级方面进一步发展。例如，要强调初中阶段的公立义务教育；要打破普职高中教育双轨体系，建立综合、专门、特殊、英才（科技高中、技术高中、艺术高中、精英高中）等具有多样性特征的高中教育体系，尤其要建立科技高中，为建设社会主义现代化科技强国打下基础；要把特殊教育体系转变与升级为全纳融合教育体系。特别是，要大力发展高等专业教育体系。现代化国家建设的过程就是从普通劳动力为主的劳动力市场，向专业性劳动力为主的劳动力市场转化的过程，只有建立专业教育体系，才能满足普通劳动力市场日益向专业性劳动力市场转型与升级的需求。

“作为为专门职业培养专门人才的专业教育，‘专门职业’指向性是其本质属性，其基本特征是实践性、研究性、复合性和终身性，与职业高等教育相比，研究性与复合性是其根本性特征。”① 因此，一方面，要加大人力资本投入，增强职业技术教育的适应性，深化职普融通、产教融合、校企合作，探索中国特色的学徒制，大力培养技术技能人才；另一方面，要将传统的职业高等教育升级为专业高等教育，支撑起现代化国家建设对创新型、专业化、高素质劳动力的要求。要提高高等教育质量，分类建设一流大学和一流学科。我国要构建一个由工程师教育体系、医师教育体系、教师教育体系、律师教育体系、社区管理教育体系等构成的高等专业教育体系，并构建该专业教育体系的目标、课程与教学、师资队伍，加快培养理工农医类专业的紧缺人才。

家庭教育是我国教育形态中一个相对薄弱的体系。为了帮助幼儿扣好人生的第一粒扣子，不仅需要每位家长重视家庭教育，更需要建构适切的家庭教育体系。鉴于家庭的社区性和生活性，家庭教育体系建构需要获得社区的充分支持。“为完善幼儿家庭教育的社区支持，政府需要完善社区支持制度与经费保障机制；社区需要加强重视，丰富支持内容与形式；管理部门需要对社区支持状况加强评估与监测。” ② 也就是说，需要建构社区家庭教育指导与服务体系。此外，针对家庭教育的生活性，需要建构打破现实时空界限的家庭网络教育体系，以实现随时随地都能进行家庭教育。概言之，我们需要以社区家庭教育指导体系和网络

① 徐今雅，朱旭东．“专业教育”辨析——兼论专业教育与高等职业教育的关系［J］．复旦教育论坛，2007（6）：29-34．

② 李晓巍，刘倩倩，王梦柯．幼儿家庭教育的社区支持指标体系：构建与应用［J］．教育学报，2019（2）：66-76．

教育体系为两翼，推进家庭教育体系建构，健全学校、家庭、社会协同育人机制。

相对于学校教育体系，我国的社会教育体系建构显得滞后与不足。社会教育体系需要充分发挥社会文化机构和文化环境的教育作用，协同学校教育与家庭教育，共同致力于为社会主义现代化建设培养人才。如果说学校教育体系更多是一种知识传播教育，那么文化环境则更多是一种文化体验教育。在社会教育体系中，要构建校外教育体系、博物馆教育体系、红色革命基地教育体系，同时还要构建一个公益慈善教育体系或者社会支持公益教育体系。

三位一体的教育形态体系同时应该有线上教育体系。在信息化、数字化、网络化的时代背景下，我国需要大力发展线上教育体系，构建线上线下混合学习体系。线上教育体系，是一种新型的教育体系。与学校教育体系、家庭教育体系和社会教育体系相比，它具有开放性与兼容性。它既能打破家庭教育、学校教育与社会教育的时空局限，又能渗透与融合学校教育体系、家庭教育体系和社会教育体系，促使其他三大教育形态实现数字化升级与完善。

三、构建一个促进人类命运共同体需要的国际教育体系

社会主义现代化强国，不是霸权强国，而是秉持“命运共同体”精神的友善型、文明型强国。它强调“中国梦”与“世界梦”美美与共。我国社会主义现代化强国建设，需要构建促进人类命运共同体需要的国际教育体系。

首先，促进人类命运共同体需要的国际教育体系，是教育强国重要的组成部分。综观世界，美国、日本等教育强国，都有一整套国际教育

体系，从国际教育理念到国际教育实践，从国际教育法到国际教育政策，从国际学校到国际教育项目，从国际教育引进到国际教育输出，从民间国际教育力量到政府国际教育支持，都体现了一个强国应当具有的国际教育质量。而我国虽然在国际教育方面取得了长足进步，但与世界教育强国的国际教育体系相比，仍存在一定的差距，因此需要大力推进我国的国际教育体系建设。

其次，构建促进人类命运共同体需要的国际教育体系，是现代国际政治强国建设的内在要求。世界教育强国之所以有完备的国际教育体系，是因为它们有提升国际地位的内在需要。而随着我国国际地位的不断提升，我国也需要构建一套完备的国际教育体系。我国已经成为全球最大的出境游输出国，全球最大的消费市场，全球最大的制造“王国”。我国拥有全球最高效、最齐全的产业链集群，全球最具性价比的制造系统。此外，世界还初步形成了对中国力量的依赖，包括从技术到资本再到市场的综合依赖，以及对人力资源的依赖等，但这种依赖还是初级阶段的，必须提质增效，以期实现全球对中国高层次与高质量的依赖。达成这一目标，不仅要讲好中国发展故事，讲好与世界相处的内外关系故事，讲好中国对世界产生影响的故事，更重要的是要加快实施文化国际化战略，实现文化产品的国际输出，同时深度推进企业全球化和国际化，正如习近平总书记提出的，要推动构建人类命运共同体，落实“一带一路”倡议，使中国早日成为国际政治强国。这一切都离不开国际教育体系的整体构建。

我国需要构建什么样的国际教育体系呢？首先，我国需要构建以人类命运共同体为思想依据的国际教育理念。人类命运共同体是一种新型文明观，一种正确的义利观，一种新型国际秩序观。[①] 它强调人类共在、共存与共发展。它对我国高等教育国际合作具有重要的规范和引领作用。[②] 不仅如此，它对我国国际教育也具有重要指导意义。以人类命运共同体为指导理念的国际教育，更能彰显我国作为新型文明国家的精神风貌。其次，制定符合我国实际的国际教育法。国际教育法是国际教育发展重要的法律保障。1966 年，美国出台了《国际教育法》，该法在美国国际教育史上占有极其重要的位置，为美国国际教育进入制度层面提供了法律依据。我国也需要以人类命运共同体为指导思想，制定一部符合时代要求与国情的国际教育法。最后，构建“引进来、走出去”的双向国际学校教育体系，全面构建矢志影响世界的中国文化传播的教育目标、课程和教学、师资等体系。概言之，我们需要从理念、法律法规与学校教育体系等一系列维度，建构起完备的、成熟的国际教育体系，以促进人类命运共同体和社会主义现代化政治强国建设。

四、构建一个促进社会主义现代化文化的互联网、人工智能环境下的数字化教育体系

社会主义现代化强国必须是一个文化强国，其核心是学习型强国。学习型强国是对学习型社会建设的继承与发展。学习型社会的本质是以学习求发展。[③] 学习型强国也是以学习求发展，但立意更加高远，我国

---

① 徐艳玲，李聪. “人类命运共同体”价值意蕴的三重维度［J］. 科学社会主义，2016（3）：108-113.

② 周作宇，马佳妮. 人类命运共同体：高等教育国际合作的价值坐标［J］. 教育研究，2017（12）：42-50.

③ 顾明远，石中英. 学习型社会：以学习求发展［J］. 北京师范大学学报（社会科学版），2006（1）：5-14.

学习型社会建设主要是基于小康社会建设来谈的，而学习型强国的建设则是站在社会主义现代化强国建设与实现“中国梦”的高度来谈的。学习型强国，具有三个基本特征：学习资源强国、学习力强国、学习文化强国。学习资源强国，强调学习供给侧改革，以丰富、便利、高质量的学习资源，以满足人人皆可学、时时皆能学、处处皆便学的需求；学习力强国，强调国民学习力提升，以满足创新型国家建设需求；学习文化强国，强调愿学、乐学成为浓厚的社会风气，以形成良好的学习文化生态。学习型强国的建设需要构建互联网、人工智能环境下的数字化教育体系。何谓数字化教育体系？数字化教育体系可以概括为“一个中心、两类环境、三个内容库、四种技术、五类用户、六种业务”。“一个中心”即数字化教育云中心；“两类环境”即支持学校教育的数字化校园与支持终身教育的学习型数字化城区；“三个内容库”即学习资源库、开放课程库与信息管理库；“四种技术”即物联网、云计算、大数据、泛在网络四种关键数字化技术；“五类用户”即教师、学生、家长、教育管理者与社会公众；“六种业务”即数字教学、数字化学习、数字化管理、数字化科研、数字化评价与数字化服务。①从学习视角看，数字化教育体系由数字化的学习资源体系、智能化的学习过程体系、数字化的学习评价与服务体系构成。

为何学习型强国的建设需要建构互联网、人工智能环境下的数字化教育体系？首先，传统的实体空间学习难以满足学习型强国的时代需求。工业化时代的产物——传统实体空间场所学习，主要是通过教室、图书馆、博物馆、剧场、戏院等场所来提供学习资源。这固然能在一定程度

---

① 杨现民，余胜泉．智慧教育体系构架与关键支撑技术［J］．中国电化教育，2015（1）：77–84.

上满足人们的学习需求，但还远远不够。由于实体空间场所具有边界性和时空限制性，因而难以满足学习资源强国的需求。其次，数字化教育体系具有学习资源的数字化、共享化、机会均等化等特征，学习方式的无边界化、无时空限制化、智能化等特征，学习力的数字化、信息化等特征，学习文化的全民化、终身化、民主化等特征，能够为建设学习型强国提供丰富优质的学习资源，大力提升国民学习力，养成良好的学习文化生态。

如何构建互联网、人工智能环境下的数字化教育体系？首先，需要进行数字化教育供给侧改革。我们应充分挖掘和利用先进的信息技术，例如凭借我国5G网络的先进技术，构建一个全民可享用的数字化教育体系。其次，需要优化数字化学习过程，以提升国民数字化、信息化学习能力。“现代技术实现了物联物通，延展了学习空间，空间中的因子组合的多样性，使得学习生态实现了从原生态向新生态的转向。”① 新的学习生态催生新的学习能力。最后，需要健全与优化数字化教育的评价和服务体系建设。

五、构建一个促进和谐社会现代化的民办教育体系

社会主义现代化强国，不仅是政府善治强国，也是社会力量强国。这里的社会力量，泛指非政府的参与促进国家发展的积极力量，主要包括自然人、法人（社会组织、非政府组织、企业等）。社会力量是使一个国家充满活力的重要因素之一。社会主义现代化强国，是一个政府与社会携手共进的强国。社会力量在世界各国以不同形式存在，通过社会

① 沈书生. 学习新生态：建构信息化学习力［J］. 苏州大学学报（教育科学版），2020（1）：1-8.

力量促进国家发展既是发达国家的历史经验，也是中国社会主义现代化强国建设的重要议题。我国在社会主义现代化建设进程中，应充分吸引、利用社会力量，协同社会力量，促进各项事业的发展，这其中包括教育事业。民办教育是社会力量参与和发展教育事业的集中体现。经过将近四十年的发展，民办教育已经成为中国教育体系的一个重要组成部分，但需要基于中国民办教育的丰富实践构建一个健全成熟的民办教育体系。在构建一个促进社会发展的民办教育体系时，应注重以下几大体系建设。

首先，要构建完善的民办教育法规和政策体系，以支持与规范民办教育为主线，规范校外培训机构。近些年来，我国民办教育虽然取得了较大发展，但相对于公立教育仍然处于弱势地位，甚至被边缘化，因此更需要得到大力支持。只有在有力的政策支持环境下，民办教育才能迸发出更大的活力。如果说支持可以激发活力，那么规范则可以保持活力。因此，吸引民间资金进入教育领域，必须厘清“支持什么”与“规范什么”两大根本问题。[①] 其次，要加强民办学校现代治理制度体系建设。加强非营利性和营利性民办学校作为法人的规章制度建设，加强民办教育制度创新建设，例如，基金会办学是一种很好的民办教育制度创新，实现了从自然人与企业法人向基金会办学的转变，体现了非营利民办高校的制度创新。“国际经验表明，基金会不仅是非营利性私立高校的重要办学主体之一和主要资金来源，还越来越多地从战略规划、学科布局、大学自治、教师发展等方面为其提供专业服务。”[②] 再次，要建立

---

① 周海涛，闫丽雯．支持和规范社会力量兴办教育的新作为［J］．教育与经济，2019（1）：3-6.

② 刘金娟，方建锋．我国基金会参与非营利性民办高校办学探索［J］．复旦教育论坛，2019（6）：41-47.

基于分类管理的民办学校法人治理体系。分类管理是我国民办教育发展的一个重要特征。“对民办教育分类管理有利于我国民办教育管理体制改革和民办教育的发展。”[①]2017年初国务院印发的《关于鼓励社会力量兴办教育促进民办教育健康发展的若干意见》明确提出“实行非营利性和营利性分类管理”。2017年9月1日施行修订的《中华人民共和国民办教育促进法》，标志着我国正式步入民办教育分类管理的新时代。[②]民办学校法人治理体系也需要基于非营利性和营利性这两类民办学校的不同特点，建构其法人治理结构，形成决策、执行、监督相互独立、相互制约的法人治理机制。最后，要建立民办学校风险防范体系，具体包括民办教育领域社会信用体系建设，资产、财务和会计制度设计，信息公开、举办者变更等机制。

六、构建一个促进党对教育工作全面领导的教育治理体系

社会主义现代化强国也是一个治理体系完善和治理能力现代化的强国，它有力地保障了社会主义现代化各项事业的运转。教育事业也是如此，教育治理强国有力地保障了教育体系的有效运转。为此，我们需要构建一个中国共产党全面领导的教育治理体系，以推进社会主义现代化治理强国建设。我们可以在以下几个方面进行构建。

首先，建设教育治理的专业人才体系，为教育治理强国奠定人才基础。“教育治理是多元主体共同管理教育公共事务的过程。”[③]现代化教

① 王善迈. 民办教育分类管理探讨［J］. 教育研究，2011（12）：32-36.

② 周海涛，闫丽雯. 支持和规范社会力量兴办教育的新作为［J］. 教育与经济，2019（1）：3-6.

③ 褚宏启. 教育治理：以共治求善治［J］. 教育研究，2014（10）：4-11.

育治理离不开治理主体的治理能力和素养。治理能力越强，往往治理效果越好。因此，需要在党的领导下全面提高相关治理主体的治理能力，使其达到科学化、专业化和人文化的治理水平。例如，提升教育局局长的治理能力，实现教育局局长的专业化；提高教育财务人员的专业化、科学化水平。

其次，有针对性地构建一系列保障体系，以保障相关教育体系的有效运行。具体来说，要注重以下几个方面的保障体系建设。构建一个保障教育投入和产出有效的财务分析体系；构建一个保障教育质量的监测、评估、督导、诊断和干预的运转体系，建立学生学习成果评估体系，全面提升人才培养质量；构建一个保障高等教育内部运转的辅助人员体系，进行教育人事制度改革；构建一个保障职业技能质量的国家框架体系，为专业教育提供框架；构建一个保障儿童发展的生涯指导教育体系，突破以传统心理健康为主的体系，为儿童成长保驾护航；构建一个保障教育基础信息准确真实的公开数据体系，为管理、咨询和研究提供数据；构建一个保障教育体系运营的科研体系，建设教育科研课题的问题解决导向体系、数据库体系、管理循证化体系、智库体系；构建一个保障促进深度贫困地区教育发展的自主、陪伴和帮扶、内涵和外延、基础和提升相结合的后扶贫时代的教育脱贫体系，系统构建乡村产业、人才、文化、生态和组织振兴的教育新体系，促进完善民族地区教育质量和水平的保障体系，加大国家通用语言文字推广力度；构建一个高质量的教师教育体系，使其具备高质量的教师教育机构和教师教育者队伍；构建一个将现代科技、网络和人工智能应用于教育的辅助体系。

本套丛书是在国家高端智库中国教育与社会发展研究院的指导下，由高端智库主建单位北京师范大学中国教育政策研究院精心组织完成。

这套丛书也是教育部哲学社会科学研究重大课题委托研究项目“中国共产党百年教育史研究”（20JZDW006）成果的一部分。今年是中国共产党成立一百周年，我们怀着无限的热情投入这套丛书的研究和撰写工作中，以此向建党一百周年献礼。担任这套丛书编写工作的主要负责人有：李芒、张志勇、薛二勇、张伟远、周海涛、李琼、余胜泉、刘宝存、余雅风。他们都是中国教育政策研究院的团队首席专家或专家。在组织编写过程中，北京师范大学中国教育政策研究院薛二勇教授、教育部普通高校人文社会科学重点研究基地北京师范大学教师教育研究中心博士后刘丽莎付出了很大努力。本套丛书的编写工作得到了中国教育出版传媒集团、人民教育出版社的大力支持，在此一并表示感谢。

本套丛书主题宏大、体系庞大、价值重大，在研究和写作过程中我们克服了不少困难。我们的研究水平有限，因而难免存在不足之处，敬请读者批评指正。

朱旭东

2021年3月

本书前言

《中国教育现代化2035》是我国首个以教育现代化为主题的中长期战略规划，是新时代优先发展教育事业、建设教育强国的纲领性文件。基本公共教育服务均等化是教育现代化的基本要求，《中国教育现代化2035》对实现基本公共教育服务均等化的总体思路、战略任务、实施路径与保障措施等进行了系统规定，提出建立健全基本公共教育资源均衡配置机制，逐步缩小区域、城乡、校际差距，推进城乡义务教育一体化发展，对困难群体进行精准帮扶，努力让全体人民享有更公平的教育。这是新时代推进教育公平、促进优质发展的基本战略和政策设计。

一、实现义务教育学校建设标准化

标准化是现代国家和国际组织管理经济活动和公共服务的重要政策工具与治理方式。[①] 教育发展标准化的实现，有助于教育资源配置优化、教育发展规范有序及教育质量提升。义务教育学校建设标准化是教育事业发展的基础工程与重要抓手，是教育现代化的重要组成部分。义务教育学校标准化建设具有双重政策目标，既是解决教育均衡发展的适切途

① 程晋宽，缪舒敏. 指向义务教育均衡优质发展的学校标准化建设路径——基于政策目标与政策手段的分析［J］. 教育发展研究，2017（18）：8-14.

径与突破口，也是学校优质特色发展的政策手段。[①]学校标准化建设是扭转义务教育学校发展的非均衡状态、促进教育均衡与优质发展的重要突破口，是义务教育均衡优质发展的基本抓手。对于如何实现基本公共服务均等化，《中国教育现代化2035》指出，首先要实现义务教育学校建设标准化，主要内容包括学校办学、经费保障、教育资源、课程准备、师资配置与素质等的标准化等。为实现义务教育学校建设标准化，我国已经针对性地颁布了系列政策文件，如《国家中长期教育改革和发展规划纲要（2010—2020年）》《关于深入推进义务教育均衡发展的意见》《关于深入推进义务教育均衡发展的意见》《义务教育学校校长专业标准》《义务教育学校管理标准》等。

怎样实现义务教育学校建设标准化？第一，完善义务教育标准化建设体系，实现底线达标。明确义务教育学校标准化建设的基本内容要素及建设时间点、路线图，对各地义务教育学校标准化建设提出底线要求，保障标准化建设内容指标的一致性、相容性，促进义务教育阶段学校公平发展。第二，建立学校标准化建设的长效机制，促进内涵式发展。关注标准化建设要素达标，推动教育从规模增长走向质量提升，以课程教学、优质师资和有效管理等为重点，促进学校内涵发展的一致性，以内涵式发展引领标准化建设。健全教师校长交流机制、集团化办学机制、名校办分校机制，建立学校设施设备标准化配备和维护更新机制。第三，健全评价督导机制，明确教育行政部门和督导部门责任，成立义务教育学校标准化建设督导专项小组，科学监督和评价学校标准化建设，推进学校建设的标准化。各地根据实际情况分类建立并推进监测

① 王善迈，赵婧．教育经费投入体制的改革与展望——纪念改革开放40周年［J］．教育研究，2018（8）：4-10.

学校标准化建设指标体系。建立义务教育学校标准化建设年度报告制度，明确标准化建设工作台账。第四，鼓励创新，推动具有特色的学校个性化发展。完善学校章程、内部治理结构，凝练特色发展制度，注重学校文化建设，突出学校特色建设。

二、推进城乡义务教育的均衡发展

城乡义务教育均衡发展是推进教育公平发展的重中之重。《中国教育现代化2035》明确提出，要健全城乡一体化的学校布局建设、师资配备、经费保障、督导评估等机制；推行教师“县管校聘”，完善城乡校长教师交流轮岗制度；建立健全城乡对口帮扶机制，鼓励各地通过多种有效方式，持续扩大优质教育资源覆盖面。受地理空间集聚特点、所处社会空间经济发展程度、区域性教育政策供给和各级政府教育职责履行状况等方面的制约，我国城乡义务教育在过去较长时间内处于不均衡状态。城乡二元结构“重城轻乡”的教育格局以及向城取向的发展逻辑在不同程度上造成了城乡教育的不均衡。这不仅损害了处于弱势一方的农村学生和其家庭的教育权益与获得感，也制约了义务教育的优质均衡，破坏了义务教育公平发展的教育生态体系。因而，要从根本上建立健全城乡一体化义务教育发展的机制，在财政拨款、学校建设、教师配备等方面向农村倾斜，有针对性地解决好偏远地区、贫困地区和民族地区的义务教育均衡发展问题，加快缩小城乡差距，扎实推进城乡义务教育的均衡发展。

如何推进城乡义务教育的均衡发展？第一，科学规划城乡学校布局，满足学龄人口教育需求。准确把握学龄人口及其教育需求在城乡空间的转换态势，综合考虑“新生学龄人口”“常住人口+在校生”与

“劳动力人口流动+学龄人口流动”，结合城乡经济社会发展规划与当地教育承载力，精确识别与预测常住人口教育需求的空间变化，构建适应城乡空间布局和常住人口增长趋势的城乡义务教育学校布局，实现城乡学校布局的动态性与精准性。第二，拓宽优质师资补充渠道，落实师资配置政策。完善教师管理制度及其相关政策，平衡好“数量+结构+质量”的城乡教师队伍建设关系。一方面完善教师补充机制，创新教师编制管理，精准配置农村教师；另一方面完善城乡教师校长交流轮岗机制，深入推进“县管校聘”管理改革，盘活区域内城乡教师资源。第三，改进经费投入与分担体制，保障经费投入持续增长，优化支出结构，提升教育经费使用效益，明确各级政府的经费支出责任。在测定供求均衡基础上，确定各级各类教育的生均经费标准和拨款标准，在确定层级政府间教育事权与支出责任划分基础上，明确中央与地方政府间的教育支出责任。①加大中央和省级政府教育经费监管和审计，防止地方政府因中央和省级政府介入，县级政府搞“上进下退”，产生“挤出效应”，造成农村教育经费的实际供给不足。②第四，加强均衡发展的督导评估，夯实地方政府的教育责任。完善教育督导评估与政府问责的体制机制，逐步转变督导评估与地方政府在推进义务教育均衡中的着力点，将质量均衡作为最重要的评价指标。第五，建立健全城乡对口帮扶长效机制，鼓励地方政府和学校创新对口帮扶模式，完善城乡教育对口帮扶协调机制；健全监督评估机制，确保帮扶资源的合理有效利用，推动城乡教育对口帮扶的可持续、有效发展。

---

① 邬志辉等. 中国农村教育：政策与发展（1978—2018）[M]. 北京：社会科学文献出版社，2018：185.

② 习近平. 摆脱贫困 [M]. 福州：福建人民出版社，2016：129.

三、办好乡村学校以支撑乡村振兴

乡村学校是乡村振兴的基点，是乡村文化建设、乡村现代化建设的重要抓手。办好乡村学校，不仅能为乡村建设培养人才、推进教育脱贫，而且能为乡村建设本身提供文化动力。《中国教育现代化2035》提出，要办好乡村学校，推动学校融入乡村振兴发展。办好乡村学校一定要放在乡村振兴的宏观背景与国家战略高度来认识与把握，明确乡村学校在乡村振兴中的独特价值与基础地位。学校是乡村的文化中心，乡村要振兴，必须办好乡村学校，乡校兴，则乡村兴。乡村振兴背景下的乡村学校如何建设与发展，其根本路径就是“融入”，乡村学校必须融入乡村、乡土与本土，融入乡村振兴的国家战略，乡村学校还必须在融入的同时发挥引领作用，通过乡村学校改变文化、氛围与格局，培养大批乡村建设的人才，进而推动乡村振兴。

如何办好乡村学校，支撑乡村振兴？第一，优化顶层设计，革新发展理念。乡村教育必须坚持城乡互益、互鉴、互补，融合乡村优秀文化和城市现代文明，体现新的发展理念与价值。乡村学校、乡村教师主动参与乡村文明、乡村建设的进程，将乡村教育融入乡村生活。同时，乡村社会为乡村学校的改革和发展提供必要的物质支持与文化支撑，探索一条乡村学校、乡村社区、公益组织、地方政府等多主体参与的发展之路，合力推动乡村学校发展。第二，完善教育经费投入制度，保障教育经费充足。加大政府统筹力度，财政拨款实施“均等+补偿”政策，在统一城乡学校财政拨款标准的基础上，对乡村学校，尤其是薄弱学校与乡村小规模学校等实施额外的拨款制度，进行补偿性投入，优化财政支出结构，提升经费使用效益。第三，提升乡村小规模学校建设质量，做好科学布局。县级政府层面要基于本地人口分布、城镇化进程和学龄人口的变化趋势、地理特征以及交通资源，统筹县域教育资源，做好乡村小规模学校布局。县级财政、教育行政等重要部门要及时向社会公布小规模学校以及乡镇中心学校公用经费的预算额度。同时，为保证小规模学校正常运转，县级财政要提前为其拨付部分公用经费，教育行政等部门要发挥小规模学校小班小校的教学优势，采用更加灵活多样的教育教学方式，因材施教，强化对学生的个性教学和针对辅导，切实提高育人水平。第四，加强乡村教师的本土定向培养，提升教师职业吸引力。加大乡村教师的本土定向培养力度，加强乡村教师培训的针对性与实效性，采取多种激励措施，提升乡村教师的职业吸引力，同时在农村学校教职工周转宿舍建设、身体健康检查制度、重大疾病救助等方面都做出专门的制度性安排，提升乡村教师的职业吸引力，吸引更多的优秀人才流向乡村，扎根乡村，献身乡村。

四、促进义务教育的优质均衡发展

办好每一所学校、教好每一个学生，是义务教育改革和发展的基本要求，也是办好人民满意教育的关键环节。初步均衡、基本均衡与优质均衡是义务教育发展的不同阶段，初步均衡是在部分具备条件的县域内率先实现的发展目标；基本均衡是在全国大部分县域内实现的发展目标；优质均衡是义务教育向更高质量、更广范围、更高层次的发展目标。程度上，初步均衡是在教育投入、教育设施、教师资源等办学条件方面达到基本标准；基本均衡是在义务教育发展的基本条件和教育水平上实现一定程度的均衡；优质均衡是以教育质量为核心的高水平均衡，教育质量差距大幅度缩小。《中国教育现代化2035》提出，提升义务教育均等化水平，在实现县域内义务教育基本均衡的基础上，进一步推进优质均衡，鼓励有条件的地方在更大范围实现均衡发展。

如何推动县域内义务教育从基本均衡到优质均衡？第一，强化地方政府责任，统筹主体逐步适当上移。在县（区）基本实现均衡后，“以县为主”应逐步上升到市级层面，强化市级的统筹推进与组织管理作用。充分发挥地方政府职能部门作用，形成合力，协同推进。第二，加强科学规划和精准投入，以优质均衡标准提升教育质量，切实把教育事业放在优先发展地位，将教育发展作为经济社会发展规划的优先项，保障财政经费对教育的优先投入。第三，深化教师队伍政策改革，推进教师资源科学配置。加大教师编制统筹调配力度，建立健全省级统筹、市级调剂、县级为主的教师编制动态调配机制，通过周转编制、机动编制、购买工勤服务等多种方式建设教师队伍。统筹管理县域中小学教师，建立校长、教师交流轮岗管理体制机制，推动“县管校聘”管理改革，实现县域内教师“系统人”的转变。完善乡村教师生活补助政策，实行差别化补助。第四，创建优质学校，提升均衡发展水准。以内涵发展为核心，以创新素养为突破口，以综合改革为动力，加大课程改革实施力度，培养学生的关键能力。第五，强化教育督导，保障均衡发展。继续强化国家级、省级、市级、县级教育督导，注重督导责任、目标、任务完成情况等。基于义务教育优质均衡发展督导评估办法，切实制定县域义务教育优质均衡发展评估标准和实施办法，对所辖区域义务教育优质均衡发展情况进行督导评估。

五、优化和完善城镇学校布局规划

义务教育资源配置最主要、最直接的方式是学校布局，其配置的方式和结果对学生、教师、家长等相关利益者产生极大影响。新型城镇化的核心是人的城镇化，随着不同区域之间人口的快速流动，学龄人口与学校布局之间的矛盾将更加明显。此外，随着国家生育政策的调整、城镇空间结构的优化，必然造成人口分布与学校布局之间的矛盾。《中国教育现代化2035》提出，建立按城镇化总体规划和常住人口规模编制城镇学校布局规划、建设学校的制度，有序扩大城镇学位供给，推进随迁子女入学待遇同城化。优化和完善城镇学校布局规划，要根据经济社会发展水平、新型城镇空间布局、人口存量和变量等，对学校的位置、数量、结构、规模等进行科学、合理的配置；同时，科学预测区域内学龄人口流动变化趋势，统筹配置城乡学校，逐步使随迁子女接受公平且有质量的教育。

如何优化和完善城镇学校布局规划？第一，要将学校布局规划纳入城镇化总体规划，实现学校规划和总体规划的对接，统筹考虑区域内自然地理、生态环境、人口分布的实际情况，把握好目标制定、现状评估、科学预测、方案建立、政策保障、督导评估等重要环节。第二，科学测算人口变化，统筹配置城镇教育资源，逐步解决学龄人口分布和学校布局不匹配的问题。实时监测学龄人口变动趋势，建立健全随迁子女流动监测机制，建立健全新增学龄人口预测机制，将随迁子女、新增适龄人口的数量考虑在内。第三，制定学校规模、班级规模的底线标准和弹性标准，将其作为学校布局规划的基准，自上而下和自下而上的方式相结合，充分考虑利益相关者的意见，形成科学的学校规划。第四，合理预留、增加教育用地，综合考虑学校覆盖半径、学校规模、班级规模、人口增减等多种因素，确定各级各类学校的用地需求、建设规划。第五，针对学校规划的关键环节，以中小型城市和镇（县）为着力点优化和完善城市学校布局，以小规模学校为抓手调整农村学校布局，各级政府和有关部门协同联动，为优化和完善学校布局提供保障。

六、保障随迁子女的教育公平发展

随迁子女应平等享受基本公共教育服务，包括针对随迁子女普遍教育需求的普惠性公共教育服务、特殊教育需求的补偿性公共教育服务。《中国教育现代化2035》提出，根据就近入学原则，保障随迁子女平等享受基本公共教育服务；完善特大城市和随迁子女特别集中地区的随迁子女就学政策，加快人口流入地学校建设，积极稳妥解决新型城镇化进程中新增市民和进城务工人员随迁子女的就学问题。目前，我国针对随迁子女的就学问题，实行“两为主”政策，即以流入地的政府为主、公办学校为主，政策实施后，基本解决了随迁子女的入学机会问题，但其教育质量有待提升，尤其与城市学生相比，其享受基本公共教育服务的水平还比较低。

如何保障随迁子女平等享受基本公共教育服务？第一，在流入地切实推进以居住证为主要依据的入学办法，有序放宽流动人口获得居住证的条件，建立健全居住证所依附的公共服务提供机制，尽可能地缩小随迁子女与本地户籍子女教育资源之间的差异，逐步由教育起点的公平过渡到教育过程与结果的公平。第二，减少随迁子女入学审批环节和办事程序，简化入学手续；减少限制性证明材料，精简与入学无关且会增加务工人员负担的材料，增加替代性材料；非必需的审批条件予以放宽。第三，在深入落实“两为主”政策的基础上，结合特大城市和随迁子女特别集中地区的发展规划、经济规模、人口现状、控制目标及义务教育资源承载力等情况，科学合理地制定特大城市和随迁子女特别集中地区义务教育专项政策，做到一地一策、一校一策。第四，建立适龄随迁子女数量与学位数量动态监测平台。中央政府主导，随迁子女流入地、流出地政府协同，在教育资源承载力的基础上，统筹规划、合理配置教育资源。第五，健全政府购买教育服务的体制机制。中央政府、流入地及流出地省、市、县（区）政府协同合作，对教育经费、师资、设施等提供必要支持，探索中央转移支付、地方平行转移支付的体制机制，建立健全精准预算、投入、使用和评估的制度。

七、调整优化异地升学考试政策

流动人口在流入地完成义务教育以后，继续接受更高阶段教育成为其现实与客观需求，高中阶段教育及就地高考问题逐步凸显，异地中考、高考成为流动人口的利益诉求，也成为教育政策与实践领域的热点和棘手问题。中考、高考密不可分，中考是义务教育转入高中教育的基本途径，也是不同类型和水平的高中选拔人才的基本手段。同样，高考是基础教育转入高等教育的基本途径，也是不同类型和水平的大学选拔人才的基本手段，对基础教育的发展具有重要导向作用。《中国教育现代化2035》提出，完善流动人口子女异地升学考试制度，健全符合条件的随迁子女在流入地参加中、高考政策。异地中、高考是在流入地完成了义务教育、高中教育的随迁子女，拟继续升入高中阶段、高等教育阶段而参加的选拔性考试。流入地的高中教育资源相对短缺、高等教育资源比较紧张，在此背景下，解决流动人口子女异地考试问题，需要因地因时制宜。异地考试政策的完善和优化是城镇化背景下推进教育公平、促进社会公平、化解社会矛盾的重要手段。

如何完善流动人口子女异地升学考试政策？第一，优化流动人口子女异地考试政策的顶层设计。回应流动人口子女异地升学期待，继续将其纳入政策议程，以教育部门为主，统筹协调多部门的力量，切实履行与流动人口子女异地考试相关的工作职责，进一步做好公共教育财政规划和预决算安排，合理确定流动人口子女教育问题的一般转移支付和专项转移支付的比例、标准，优化各层级政府在异地考试升学政策制定和执行上的权力和责任。第二，衔接好户籍制度、居住证制度改革与异地考试政策，调整就地升学政策条件，提高居住与流动人口子女升学机会公平的匹配度，破除不合理的规定、标准与程序等。第三，优化流入地政府与流出地政府协同机制。不同层级政策分步有序统筹安排、协作实施、有效监督等，做好有关政策的协调和对接，提升流动人口子女教育质量。第四，灵活运用多种方式开展政策宣传，提升政策知晓度。灵活运用受众面广、群众喜闻乐见、传播效果好的新媒体和方式传播政策信息，提供便捷的政策咨询服务，及时解答家长、教师和学生关于异地考试政策相关内容的疑问。

八、健全经济困难学生的资助体系

经过多年努力，我国建立并形成了较为稳定的覆盖学前教育、义务教育、普通高中教育、中等职业教育、高等教育等各个教育阶段的完备学生资助政策体系。义务教育资助政策包括“两免一补”和营养餐计划，全面免除城乡义务教育阶段学生学杂费，对农村学生和城市家庭经济困难学生免费提供教科书，为家庭经济困难的寄宿学生提供各种生活补助，推行农村义务教育学生“营养改善计划”。面向全体学生免学杂费和免费提供教科书，这是普惠性的政策；在少数地区开展营养餐计划，对义务教育阶段家庭经济困难寄宿生提供生活补助，这是补偿性的政策。《中国教育现代化2035》提出，健全家庭经济困难学生资助体系，不断完善家庭经济困难学生的认定标准，建立健全精准化追踪家庭经济困难学生的认定机制；进一步提升家庭经济困难学生奖助学金和助学贷款政策的效度，改进资助方式，提高资助水平和精准度。通过不同资助方式保障家庭经济困难学生公平地享有接受教育的权利，给予每个学生成长发展的平等机会。

如何健全家庭经济困难学生资助体系？第一，科学设计贫困生识别系统，完善认定标准。实现贫困生资助工作的系统化管理，以互联网为基础进行信息化管理，充分运用科学技术手段，提高资助工作的效率和准确度。基于类型丰富、措施密集的资助手段，整合资助资源，实现针对性和个性化的资助。在不同阶段，对他们给予不同补助，将资助工作贯穿家庭经济困难学生学习的始终。第二，完善资助监督，健全追踪认定机制。一是完善公示－投诉机制。家庭经济困难学生资格公示是家庭经济困难学生资格认定中不可或缺的程序，可以降低“暗箱操作”的可能性，较大程度上保证资助活动的公开透明；同时建立相应的投诉机制，确保学生在提出质疑后有渠道进行投诉。二是健全资助工作事后监管机制。学校及各负责的部门应主动面向社会公开资助任务、资助资金使用情况、名额分配情况、监督方式等详细信息，自觉接受监督。第三，丰富资金来源渠道，提高资助标准。依据建立公共财政体制的事实要求，大幅度增加财政投入；同时，充分调动全社会的积极性，激发各界的教育责任心和使命感，多渠道筹措资助经费，扩大资助主体的来源。统筹管理全国社会各界的捐资助学情况，基于尊重资助者的意愿，加强引导和管理社会捐资助学活动，提高社会捐资助学投入资金支持的精准度。第四，强化价值观教育，实现扶贫育人目标。以心理帮扶为重点，鼓励贫困生进行准确的自我评价；加强励志教育，引导贫困生通过努力奋斗改变自身命运。第五，加强资助管理机构和人员队伍建设，完善学生资助管理机构建设。可以把学生资助管理机构建设成为学校的独立部门，提升专业管理的水平；同时提高资助管理人员的理论知识水平，加强学生资助工作人员队伍的业务培训，形成全员参与的助困育人体系。

九、通过教育培育脱贫的内生动力

教育脱贫的关键是提升贫困人口脱贫的知识和能力。教育在阻断贫困代际传递中具有重要功能。教育脱贫就是营造扶志扶智的环境，发挥教育在扶贫开发中的关键性作用，通过激发贫困主体的内生动力，转变贫困人群的“等靠要”观念，阻断代际贫困。党的十八大以来，以习近平同志为核心的党中央针对扶贫脱贫工作做了系列阐述，习近平同志多次明确教育脱贫在阻断贫困代际传递中的作用，他指出“越穷的地方越难办教育，但越穷的地方越需要办教育，越不办教育就越穷”。① 把下一代的教育办好，特别是把贫困山区孩子的教育办好，把贫困地区的孩子培养出来，才是根本的扶贫之策。② “扶贫必扶智，让贫困地区的孩子们接受良好教育，是扶贫开发的重要任务，也是阻断贫困代际传递的重要途径。”③ 通过“提升劳动者的综合素质，促进贫困人口掌握脱贫致

① 习近平论扶贫工作——十八大以来重要论述摘编［J］. 党建，2015（12）：5-7.

② 让贫困地区的孩子们接受良好教育，是扶贫开发的重要任务［EB/OL］.（2015-09-10）. http://www.cpad.gov.cn/art/2015/9/10/art_624_24133.html.

③ 王嘉毅，封清云，张金. 教育与精准扶贫精准脱贫［J］. 教育研究，2016（7）：12-21.

富本领”[①]；通过教育，发挥它的长久有效作用，培养更多的知识型劳动者，实现真正脱贫不返贫[②]。教育脱贫是国家脱贫战略的重要一环，是阻断贫困代际传递的根本之策与基本方式。《中国教育现代化2035》提出，推进教育精准脱贫，重点帮助贫困家庭子女接受教育。实现困难群体帮扶精准化，让贫困家庭的孩子可以得到接受公平、有质量教育的机会，阻断贫困代际传递。“要推进教育精准脱贫，重点帮助贫困人口子女接受教育，阻断贫困代际传递，让每一个孩子都对自己有信心、对未来有希望。”[③]帮助困难家庭子女接受公平有质量的教育，提高科技文化素质、掌握一技之长、提高自我发展能力，实现稳定脱贫、高质量脱贫。

如何通过教育脱贫阻断代际贫困？第一，基于教育脱贫实践，构建系统完善的政策制度体系。优化教育脱贫制度，完善教育脱贫攻坚的顶层设计，从制度层面为教育脱贫提供保障。完善中央政府及地方政府之间教育脱贫的协同机制。加强各主体间的交流对话与协作，加强教育脱贫与其他脱贫战略，以及教育公共服务均等制度化的衔接与融合，避免政策的冲突导致教育脱贫资源的分散。第二，瞄准教育脱贫成效，形成教育脱贫的持续机制。继续推动贫困地区基础教育均衡发展，结合时间紧迫性与资源有限性，基于成效性与可持续性，突出重点，确定资助标准，做到“扶真贫”“真扶贫”，通过精准识别教育脱贫问题进行效果评价，推进教育精准脱贫。第三，构筑以政府为核

① 习近平. 摆脱贫困［M］. 福州：福建人民出版社，2016：130.

② 习近平：让每个孩子都对自己有信心［EB/OL］.（2016-09-10）. http://news.ifeng.com/a/20160910/49946595_0.shtml.

③ 赵中建. 教育的使命——面向二十一世纪的教育宣言和行动纲领［M］. 北京：教育科学出版社，1996：135-150.

心，多元协同参与的教育脱贫格局，有效激发、激活多元社会集体力量共同参与。政府承担并发挥多方共治立体架构中的主导、统筹、协同作用，有效地承担起元治理的角色。第四，针对教育脱贫短板，瞄准教育脱贫深入实施的靶心。更加注重“靶向性”，对目标人群直接加以扶贫干预，瞄准脱贫对象，准确掌握不同群体的致贫原因和脱贫需求，健全家庭困难学生资助体系，创新教育精准帮扶区域模式。

十、以融合教育推进特殊教育发展

党的十八大报告提出合理配置教育资源，支持特殊教育。党的十九大报告强调办好特殊教育。《中国教育现代化2035》提出，推进适龄残疾儿童少年教育全覆盖；全面推进融合教育，优先让残疾儿童少年在普通学校接受教育；全面普及残疾儿童少年义务教育，提供残疾青少年高中阶段教育普及水平，鼓励高等学校积极招收符合录取标准的残疾学生；建立健全特殊教育监测和督导制度。融合教育是特殊教育发展的新趋势，联合国教科文组织在《萨拉曼卡宣言》中指出，融合教育需要让有特殊需要的儿童在普通班级接受教育，让其潜能最大限度地发挥，与普通班级的儿童共同成长。融合教育接纳所有学生，不考虑学生的身体状况、智力状况、社会状况、情感状况以及语言等其他状况，认识和照顾不同学生的不同需要，顺应不同学生的学习类型和速度，通过适宜的学校课程、班级组织安排、教育教学策略、资源有效利用及学校社区合作，保证全体学生的教育质量。融合教育既包括物理空间的融合，即普通教室接受特殊儿童的身体，也包括教育观念和模式、教学方式、评估方式的根本变化。融合教育强调所有人享有平等受教育的权利，也强调教育应主动满足所有人的需求。

如何推进融合教育，办好特殊教育？第一，推进适龄残疾儿童少年教育的全覆盖。积极探索适宜残疾儿童发展的学前教育模式，努力提高残疾儿童少年义务教育普及水平，发展残疾儿童少年的中等教育，加快推进残疾人高等教育建设，逐步提升非义务教育阶段残疾人接受教育的比例。第二，全面推进融合教育，优先让残疾儿童少年在普通学校接受教育。根据学生不同需求实施教育计划，包括个别化教学、合作教学、差异教学等。第三，促进医教结合，建立多部门多领域合作机制。落实医教结合政策，完善特殊教育服务体系。第四，建立健全监测和督导制度，落实各级政府法定责任。以政府为主导，建立相对独立的特教督导体制，建设多元化的督导队伍，形成民主监督的制度，实现督学队伍专业化，制定特殊教育监督评价人员的专业标准。形成积极的评价模式，以“导”促智，注重发展性监督评价，转变以考试或考察为主的特殊教育评价，从过去强调外部监督评价转变为学校主动地自我评价，将“你做我评”转变为“全程服务”，促进特殊教育的健康发展。

目 录

第一章　实现义务教育学校建设标准化

《中国教育现代化2035》明确指出，实现基本公共教育均等化是教育现代化的基本要求，义务教育是基本公共教育服务体系的核心部分。如何提升义务教育均等化水平，关键在于实现义务教育学校建设标准化。义务教育学校标准化建设是基础工程，是国家教育现代化治理体系责任所在。明确义务教育公共社会服务的性质，强调义务教育学校的基础和均衡，这是义务教育发展的应有之义。有学者从学校规模、基础设施、师资队伍和课程开设来认识学校标准化建设；①也有学者将其概括为硬件建设、师资队伍、经费保障、办学行为、教育质量和文化建设。②还有学者将标准分为硬件和软件两方面，具体由“人、财、物、事、气”五个彼此关联的方面构成。③义务教育学校建设标准化的要素包括办学条件、师资配置、学校管理、教育教学等方面。

---

① 杨兆山，张海波．标准化学校：教育均衡发展视角下农村义务教育的发展路径［J］．东北师大学报（哲学社会科学版），2008（1）：24-29.

② 孙向阳．义务教育学校现代化办学标准的价值转向——兼论省级义务教育学校现代化办学标准的研制［J］．教育发展研究，2011，33（24）：42-46.

③ 张新平．关于基础教育阶段学校办学标准的若干思考［J］．教育研究，2010，31（6）：37-43.

第一节 义务教育学校建设标准化的政策分析

我国义务教育学校标准化建设的发展变迁历程，体现了党和国家对于义务教育阶段学校建设要求的变化和调整。义务教育学校标准化建设是综合工作，经济、政治、文化等因素都影响着学校的标准化建设。对义务教育学校标准化建设相关政策进行梳理和分析，有助于发现学校标准化建设演变的阶段性特征，从而更好地把握《中国教育现代化2035》在义务教育学校标准化建设政策发展中的定位，提高标准化建设水平。

一、义务教育学校建设标准化政策的初步构建

义务教育学校建设标准化政策初步构建阶段的核心特征是着力解决学校危房问题，初步探索学校建设标准。

改革开放后，大力加强实现现代化所必需的科学和教育工作成为我国现代化建设面临的紧迫任务。①中共中央提出，“教育方面要大干快上，各级各类学校加快发展速度，扩大发展规模，提高教育质量”。②1980—1992年，我国颁布了8项关于义务教育学校标准化建设的重要政策文件，此阶段政策的内容主要聚焦在危房修缮和学校房屋建设标准。20世纪80—90年代，党和国家调动社会各方面积极性，大力

① 本书编写组．十一届三中全会以来历次党代会、中央全会报告公报决议决定［M］．北京：中国方正出版社，2008.

② 中央教育科学研究所．中华人民共和国教育大事记1949—1982［M］．北京：教育科学出版社，1984：495.

普及九年义务教育。为保证学校环境，消除“土桌、土凳、草房”，各地在党中央领导下坚持“两条腿走路”的方针，实行“集体办学，国家补助”的办法，修缮危房，增建校舍，添置课桌，改善办学条件。1980年12月，中共中央、国务院发布《关于普及小学教育若干问题的决定》要求在20世纪80年代全国基本实现普及小学教育，有条件的地方进而普及初中教育。其中提到，中央希望经过集体与国家共同努力，切实改善农村办学条件。用两三年或稍长一些的时间，做到“校校无危房，班班有教室，学生人人有课桌凳”（以下简称“一无两有”），以保证教学工作的正常进行。随着国家对义务教育普及要求的提出，学校的危房改造以及其他基本办学条件建设得到关注和重视。1982年4月，教育部发布《中等师范学校及城市一般中、小学校舍规划面积定额（试行）》，这是我国第一部对义务教育阶段学校的建设情况给予标准规定的政策文件。其中明确了城市一般中小学校舍规划面积定额的参考指标，包括教学用房、行政用房、生活用房等校舍建筑和建筑用地、运动场地、绿化用地等规划用地。1986年12月，国家计划委员会发布《中小学校建筑设计规范》的通知，从选址和布局，教学及教学辅助用房，行政和服务用房，各类用房面积指标、层数、净高和建筑构造，交通与疏散，室内环境和建筑设备等方面对中小学的基本校舍条件进行具体周到的安排，该规范适用于城镇、工矿区新建改建和扩建的普通中小学校、中等师范学校和幼儿师范学校。义务教育学校建设标准化政策初步构建阶段的主要政策文件见表1–1。

表 1-1 义务教育学校建设标准化政策初步构建阶段的主要政策文件

序号	时间	文件名称	发文机构
1	1980年	《关于普及小学教育若干问题的决定》	中共中央、国务院
2	1981年	《关于抓紧解决中小学危房倒塌不断发生重大伤亡事故问题的请示报告》	教育部
3	1982年	《中等师范学校及城市一般中、小学校舍规划面积定额（试行）》	教育部
4	1986年	《关于进一步加强中小学危房修缮和改造的通知》	中共中央办公厅、国务院办公厅
5	1986年	《中小学校建筑设计规范》	国家计划委员会
6	1987年	《关于制定义务教育办学条件标准、义务教育实施步骤和规划统计指标问题的几点意见》	国家教育委员会
7	1991年	《中小学图书馆（室）规程》	国家教育委员会
8	1992年	《中华人民共和国义务教育法实施细则》	国家教育委员会

这一时期义务教育学校标准化建设呈现出以下特点。第一，由于许多地区校舍出现危房从而引发安全问题，因此着力解决危房问题，保障学校基本办学条件成为政策中的一项重要内容。第二，学校建设的指标开始呈现出一定操作化、标准化的特点，学校建设呈现出新的局面。第三，有城镇和农村区别对待的现象。1982年《中等师范学校及城市一般中、小学校舍规划面积定额（试行）》和1986年《中小学校建筑设计规范》适用对象均为城市中小学或城镇中小学，《中等师范学校及城市一般中、小学校舍规划面积定额（试行）》中提到，“县、镇和农村中小学的校舍规划面积定额，由各省、市、自治区教育厅（局）会同有关部门结合本地区的实际情况制定”，将城镇和农村中小学校区别对待，进一步拉开了城市农村发展差距。总体上看，这一时期的义务教育学校建

设努力与社会经济发展相适应，首先保证基本教学条件的满足，着力解决危害学生安全的危房问题，并开始对学校标准化建设进行初步的探索。

二、义务教育学校建设标准化政策的逐步调整

义务教育学校建设标准化政策逐步调整阶段的核心特征为：分类改善学校办学条件，开启标准化建设新进程。

党的十四大报告指出："我们必须把教育摆在优先发展的战略地位，努力提高全民族的思想道德和科学文化水平，这是实现我国现代化的根本大计。"教育成为我国现代化建设的重要组成部分和战略重点。1993年2月，中共中央、国务院印发《中国教育改革和发展纲要》为我国20世纪90年代乃至21世纪初的教育改革发展指明方向，将"基本普及九年义务教育"和"基本扫除青壮年文盲"作为当时我国教育的奋斗目标，是建设有中国特色社会主义教育体系的纲领性文件。文件指出要"发展基础教育，必须继续改善办学条件，逐步实现标准化"，开启了义务教育学校建设标准化的新进程。1994年7月，《关于〈中国教育改革和发展纲要〉的实施意见》明确提出要"研究制定各级各类学校的基本办学条件标准和质量标准"。1994年9月，国家教育委员会发布《普及义务教育评估验收暂行办法》，明确义务教育实施评估验收的指标规定，对办学条件提出基本要求，包括校舍、教学设备仪器和图书资料等，以保障20世纪末在全国普及初等义务教育和大部分地区普及九年义务教育。《农村普通中小学校建设标准（试行）》和《城市普通中小学校校舍建设标准》分别对农村中小学校和城市新建普通中小学学校的建设规模、校舍建筑面积指标、校园规划建设用地指标等学校建筑标准进行专门的规定。之后，教育部印发《中学体育器材设施配备目录》《小

学体育器材设施配备目录》《九年义务教育阶段学校音乐、美术教学器材配备目录的通知》以及《中小学图书馆（室）规程（修订）》等分别对学校建设中的体音美器材和图书馆进行规定，全面完善学校办学条件的分类。义务教育学校建设标准化政策逐步调整阶段的主要政策文件见表1–2。

表1–2 义务教育学校建设标准化政策逐步调整阶段的主要政策文件

序号	时间	政策文件	发文机构
1	1993年	《中国教育改革和发展纲要》	中共中央、国务院
2	1994年	《关于〈中国教育改革和发展纲要〉的实施意见》	国务院
3	1994年	《普及义务教育评估验收暂行办法》	国家教育委员会
4	1996年	《全国教育事业“九五”计划和2010年发展规划》	国家教育委员会
5	1996年	《农村普通中小学校建设标准（试行）》	建设部、国家计划委员会、国家教育委员会
6	1998年	《关于加强大中城市薄弱学校建设，办好义务教育阶段每一所学校的若干意见》	教育部
7	2002年	《城市普通中小学校校舍建设标准》	教育部、建设部、国家发展计划委员会
8	2002年	《中学体育器材设施配备目录》《小学体育器材设施配备目录》	教育部
9	2002年	《九年义务教育阶段学校音乐、美术教学器材配备目录的通知》	教育部
10	2003年	《中小学图书馆（室）规程（修订）》	教育部

这一时期以《中国教育改革和发展纲要》为标志开启学校标准化建设新征程。关于学校建设标准化政策内容呈现出五个特点。第一，学校标准化建设路径逐渐明晰，逐步改善办学条件，推进标准化建设。第二，建设标准逐渐完善，更为契合经济、社会、人口等实际发展需要。建设标准对学校各类科技、心理、体育活动室和图书馆（室）以及体育、音乐、美术器材等进行了专门明确的规定，保障教学活动的进行。第三，开始建立义务教育普及的评估验收办法并借此评估学校办学条件标准化的进展。第四，建设标准主要针对学校校舍建筑以及教学设备等办学条件进行规定，着眼于学校基本硬件设施，尚未形成完善的义务教育学校标准化建设体系。第五，城乡二元结构明显。《农村普通中小学校建设标准（试行）》与《城市普通中小学校校舍建设标准》分别针对农村和城市学校建设，这与当时“优先建设重点校”的观念是一致的，但也进一步导致了城乡教育的不均衡。这一阶段义务教育学校标准化建设得到较大推进，但同时城乡差距也逐渐拉大。

三、义务教育学校建设标准化政策的逐步确立

义务教育学校建设标准化政策逐步确立阶段的核心特征为：关注义务教育均衡发展，进行标准化建设改革。

1986年《中华人民共和国义务教育法》颁布后，我国用25年全面普及了城乡免费义务教育，从根本上解决了“有学上”问题。但义务教育全面普及后，区域之间、城乡之间、学校之间办学水平和教育质量差距问题凸显出来。2005年5月，教育部发布《关于进一步推进义务教育均衡发展的若干意见》，文件明确提出，省级教育行政部门要根据国家有关规定和当地实际情况，制定和完善本地区义务教育阶段办学条件基

本要求，逐步实现义务教育均衡发展。从此在推进义务教育均衡发展的问题上形成一个清晰的思路，即通过改善农村学校和城镇薄弱学校的办学条件，逐步实现义务教育的均衡发展。2006年6月修订的《中华人民共和国义务教育法》将义务教育学校建设标准纳入法律。2007年5月，国务院批转教育部《国家教育事业发展“十一五”规划纲要的通知》，明确提出“义务教育公共资源均衡配置取得重要进展，所有学校的办学条件和教学质量均达到基本标准，基本实现区域内义务教育的均衡发展”的目标，以学校标准化建设推进义务教育均衡发展。2008年9月，住房和城乡建设部、国家发展和改革委员会发布关于批准《农村普通中小学校建设标准》。《农村普通中小学校建设标准》与《农村普通中小学校建设标准（试行）》（1996年）相照应，在原有基础上更新、细化标准，如增加心理健康室、扩大实验室等功能室的使用面积，设置旗杆和旗台等，积极创建适合农村青少年德智体美全面发展的办学条件，促进办学条件的均衡发展。义务教育学校建设标准化政策逐步确立阶段的主要政策文件见表1-3。

表1-3 义务教育学校建设标准化政策逐步确立阶段的主要政策文件

序号	时间	文件名称	发文机构
1	2005年	《关于进一步推进义务教育均衡发展的若干意见》	教育部
2	2006年	《中华人民共和国义务教育法》	全国人大
3	2006年	《关于发布〈中小学理科实验室装备规范〉等四个教育行业标准的通知》	教育部
4	2007年	《国家教育事业发展“十一五”规划纲要的通知》	国务院
5	2008年	《农村普通中小学校建设标准》	住房和城乡建设部、国家发展和改革委员会

这一时期国家关注义务教育发展不均衡现状和教育公平问题，以教育部的《关于进一步推进义务教育均衡发展的若干意见》为起点，国家将学校的标准化建设作为义务教育均衡发展的突破口，有意改变城乡教育不均衡现状。义务教育学校标准化建设承担了更大的使命，成为义务教育均衡发展的抓手和基本内容。但同时这一阶段仍旧延续了前一时期的城乡二元分化特点，处于改革与发展的调整时期。

四、义务教育学校建设标准化政策的优化完善

随着我国社会主义现代化建设进入新的发展阶段，优先发展教育、提高教育现代化水平对于全面实现小康社会的奋斗目标和建设富强、民主、文明、和谐的社会主义现代化国家的决定性意义更加凸显。义务教育学校建设标准化政策优化完善阶段的核心特征为：补齐短板推动优质发展，建设学校标准化体系。

第一，义务教育学校标准化建设开始全面步入正轨，更新学校标准化配备。2010年7月，《国家中长期教育改革和发展规划纲要（2010—2020年）》（以下简称《纲要》）指出“推进义务教育学校均衡发展。推进义务教育标准化建设，均衡配置教师、设备、图书、校舍等资源”。《纲要》正式启动实施义务教育学校标准化建设项目，将义务教育学校标准化建设作为义务教育均衡发展的突破口。2010年12月，《中小学校设计规范》对原有的《中小学校建筑设计规范》进行修订，主要就以下三个方面进行：（1）从仅“适用于城镇中小学”到“适用于城镇和农村中小学的新建、改建和扩建项目的规划和工程设计”，体现了对城乡一元化发展的推进；（2）校舍建筑要求从“实用、经济、美观”扩展到“安全、适用、经济、绿色、美观”，尤其对关乎学生的身心健康成长

方面增加了规定，比如，对视听教学器材班的视线条件有了量化的规定等；（3）设计原则有所扩展，可以概括为“满足教学功能要求”“有益于学生身心健康成长”“校园本质安全，师生在学校内全过程安全”“绿色设计建设校园”四个原则，就教学楼窗开启扇问题，即窗扇内开会造成学生与窗碰撞受伤，但如果首层窗扇外开，也会造成室外活动的学生与窗碰撞等进行详细规定。[①] 与1987年的《中小学校建筑设计规范》相比，2010年《中小学校设计规范》整体上更加体现了学校校舍建筑以人为本的设计理念。

第二，补短板，以义务教育学校标准化建设助推义务教育均衡发展。各地义务教育均衡发展取得新的进展，但择校、学生课业负担过重以及薄弱学校发展迟缓等问题依然严峻。推进义务教育均衡发展，保障所有学生接受公平而有质量的义务教育成为新时期义务教育的战略性任务。首先，将义务教育学校是否达成基本办学标准作为义务教育均衡发展督导评估的先决条件。2012年1月，《县域义务教育均衡发展督导评估暂行办法》开展评估认定工作，其中规定县域内义务教育学校只有达到本省基本办学标准才有资格接受均衡督导评估认定。其次，补短板，重点关注薄弱学校基本办学标准的建设。2013年12月，教育部、国家发展和改革委员会、财政部印发《关于全面改善贫困地区义务教育薄弱学校基本办学条件的意见》，从基本办学条件、学校生活设施、必要教学点、县镇学校大班额问题、农村学校教育信息化和教师队伍素质六个方面解析改善贫困地区义务教育薄弱学校基本办学条件的重点任务。“全面改薄”是“补短板”工程，是促进教育公平发展的重要

① 朱晓琳. 规范解读：中小学校设计规范修编——访《中小学校建筑设计规范》主编黄汇［J］. 建筑技艺，2014（1）：118-120.

举措，也是推进义务教育标准化建设、基本实现义务教育均衡发展的紧迫任务。[①]受历史、地理等因素制约，乡村小规模学校和乡镇寄宿制学校仍是教育的短板，存在规划布局不合理、办学条件差、师资保障不到位、校园文化建设相对滞后等问题，迫切需要进一步全面加强，提升育人质量。[②]为进一步加强对各地“全面改薄”工作指导，明确基本办学标准，2014年7月，教育部办公厅、国家发展和改革委员会办公厅、财政部办公厅联合发布《全面改善贫困地区义务教育薄弱学校基本办学条件底线要求》，提出了“全面改薄”20项底线要求，要求各地教育督导部门将“底线要求”纳入农村义务教育学校基本办学条件专项督导，加强督导检查。2015年12月，国务院教育督导委员会办公室印发了《全面改善贫困地区义务教育薄弱学校基本办学条件工作专项督导办法》，对贫困地区义务教育薄弱学校的基本教学条件、学校生活设施、必要教学点、大班额问题、农村学校教育信息化和教师队伍素质六项重点任务以日常监督、动态监测、地方自评等方式进行督导，并建立了清晰的专项督导评估指标体系。

第三，完善学校建设标准化体系，推动学校优质发展。2014年8月，教育部印发《义务教育学校管理标准（试行）》，首次全面系统地梳理了我国义务教育学校管理的基本理念、基本内涵、基本框架和基

---

① 教育部. 教育部有关负责人就《全面改善贫困地区义务教育薄弱学校基本办学条件工作专项督导办法》答记者问［EB/OL］.（2015-12-04）. http://www.moe.gov.cn/jyb_xwfb/xw_fbh/moe_2069/xwfbh_2015n/xwfb_151215/151215_sfcl/201512/t20151215_225054.html.

② 中华人民共和国教育部政府门户网站. 教育部有关负责人就《国务院办公厅关于全面加强乡村小规模学校和乡镇寄宿制学校建设的指导意见》答记者问［EB/OL］.（2018-05-11）. http://www.moe.gov.cn/jyb_xwfb/s271/201805/t20180511_335607.html.

本要求，标志着义务教育学校管理进入了规范化、科学化、标准化时代。①2017年12月，《义务教育学校管理标准》对2014年试行政策做了修改完善，从保障学生平等权益、促进学生全面发展、引领教师专业进步、提升教育教学水平、营造和谐美丽环境、建设现代学校制度方面明确了学校的主要管理职责，促进学校标准化建设的内涵发展。《国家贫困地区儿童发展规划（2014—2020年）》《关于印发国家标准化体系建设发展规划（2016—2020年）的通知》和《关于完善教育标准化工作的指导意见》分别提出要“推动各地制定义务教育阶段学校标准化的时间表、路线图”②“加快城乡义务教育公办学校标准化建设”以及使教育标准化建设引领教育改革发展实践并与教育现代化需求相适应。《中国教育现代化2035》将义务教育学校标准化建设作为实现教育现代化的战略基础工程。

义务教育学校建设标准化政策优化完善阶段的主要政策文件见表1-4。

表1-4　义务教育学校建设标准化政策优化完善阶段的主要政策文件

序号	时间	文件名称	发文机构
1	2010年	《国家中长期教育改革和发展规划纲要（2010—2020年）》	中共中央、国务院
2	2010年	《中小学校设计规范》	住房和城乡建设部、国家质量监督检验检疫总局

① 吕玉刚. 义务教育学校管理进入规范化、科学化、标准化时代——对《义务教育学校管理标准（试行）》实验工作的总结与思考［J］. 中小学管理，2017（4）：5-8.

② 中华人民共和国教育部政府门户网站. 国务院办公厅关于印发国家贫困地区儿童发展规划（2014—2020年）的通知［EB/OL］.（2015-01-16）. http://www.moe.gov.cn/jyb_xxgk/moe_1777/moe_1778/201501/t20150116_183064.html.

续表

序号	时间	文件名称	发文机构
3	2012年	《县域义务教育均衡发展督导评估暂行办法》	教育部
4	2012年	《关于深入推进义务教育均衡发展的意见》	国务院
5	2013年	《关于全面改善贫困地区义务教育薄弱学校基本办学条件的意见》	教育部、国家发展和改革委员会、财政部
6	2014年	《全面改善贫困地区义务教育薄弱学校基本办学条件底线要求》	教育部办公厅、国家发展和改革委员会办公厅、财政部办公厅
7	2014年	《义务教育学校管理标准（试行）》	教育部
8	2014年	《国家贫困地区儿童发展规划（2014—2020年）》	国务院办公厅
9	2015年	《关于印发国家标准化体系建设发展规划（2016—2020年）的通知》	国务院办公厅
10	2015年	《全面改善贫困地区义务教育薄弱学校基本办学条件工作专项督导办法》	国务院教育督导委员会办公室
11	2016年	《关于统筹推进县域内城乡义务教育一体化改革发展的若干意见》	国务院
12	2017年	《义务教育学校管理标准》	教育部
13	2018年	《关于全面加强乡村小规模学校和乡镇寄宿制学校建设的指导意见》	国务院办公厅
14	2018年	《关于完善教育标准化工作的指导意见》	教育部
15	2019年	《中国教育现代化2035》	中共中央、国务院

这一时期教育改革全面深化，义务教育学校标准化建设内容比以往任何时期都更加丰富，义务教育学校标准化建设呈现出六个特点。第一，标准进一步得到更新和完善。将城乡纳入统一的建设标准，打破城乡对立。《中小学校设计规范》在说明中明确指出："《原规范》不含农村学校，修订中将农村学校纳入，有利于提升农村中小学校建筑建设的标准，构建城乡一元化的学校建设新格局。"另外，学校校舍的建设标准更加符合学生身心健康的需要，指向素质教育的内涵。第二，补短板，精准推进标准化建设。以标准化建设推进城乡义务教育均衡发展，关注贫困地区薄弱学校和乡村小规模及寄宿制学校基本办学条件建设。第三，前3个阶段学校建设以"达标"为目的，关注学校的基本办学条件，这一时期还注重学校建设质量，关注学校管理，包括教师专业发展、教育教学水平等。第四，义务教育学校标准化建设的督导评估工作展开。贫困地区义务教育薄弱学校的基本办学条件专项督导工作以较为规范的程序展开，通过组织地方自查、开展网络测评和实地督导等方式进行。但尚未有完善的学校标准化建设督导评估机制。第五，关注整个义务教育学校标准化建设体系的建立与完善，但亟待落实。第六，这一时期，以国务院为主体共出台了7项政策文件，数量是以往3个阶段的总和，义务教育学校标准化建设得到前所未有的重视。

改革开放以来，我国义务教育学校建设的政策和实践处于不断的发展更新中。保障义务教育学校标准化建设的督导评估机制和整个建设体系也在开展中，义务教育学校建设稳步发展。2018年9月10日，习近平同志在全国教育大会上指出，党的十八大以来，教育现代化加速推进，教育方面人民群众获得感明显增强，并强调"我们要抓住机遇、超前布局，以更高远的历史站位、更宽广的国际视野、更深邃的战略眼光，对加快推进教育现代化、建设教育强国做出总体部署和战略设计”。《中国教育现代化2035》将义务教育学校标准化建设作为实现教育现代化的基础工程，进一步强调了其重要地位，为推进义务教育学校标准化建设的发展，也为实现教育现代化、实现义务教育优质均衡发展奠定坚实的基础。

第二节 义务教育学校建设标准化的实践分析

一、义务教育学校建设标准化的基本状况

（一）学校建设标准化体系持续完善

20世纪90年代末各省（自治区、直辖市）开始探索中小学标准制定与学校标准化建设工作，根据本地实际情况制定义务教育学校建设标准并开启标准化建设工程，构建建设标准化体系。

2006年湖北省武汉市开始推进全市公办初中标准化建设，颁布了《关于推进我市公办初中标准化学校建设工作意见的通知》。江苏省2007年印发《江苏省小学基本办学条件标准》与《江苏省初中基本办学条件标准》，从校舍、食堂、图书馆、计算机教室、音体美器材和教师资格等方面规定了学校的基本办学标准。江苏省人民政府办公厅2015年印发《江苏省义务教育学校办学标准（试行）》，在国内率先建立了全面完整、成体系的义务教育学校办学标准。① 南京市2018年启动义务教育学校标准化建设的3年攻坚计划，包括学校建设、教育准备、教师设备、教育教学、学校管理。同时按照各地区义务教育学校标准化建设新增达标数，以每年不得低于未达标学校总数30%的要求层层落实。② 浙江省2011年在对原来的《浙江省九年制义务教育标准化学校评定标准（试行）》进行修订后，重新颁布了《浙江省义务教育标

---

① 张新平，张冉．义务教育学校标准化建设：现况、问题与理路选择［J］．教育发展研究，2017，37（18）：1-7.

② 下好教育先手棋——江苏省南京市优先发展教育纪实［EB/OL］．（2019-01-08）．http://www.moe.gov.cn/jyb_xwfb/s5147/201901/t20190108_366326.html.

准化学校基准》。河南省把学校体育设施列为义务教育学校标准化建设的重要内容，建设优质体育场地设施，配备充足的体育器材，目前正在探索并实行校园体育活动课程化管理，采取“每天两个大课间”“每天一次活动课”“大课间与活动课相结合”等多样化形式，从制度层面保证学生体育锻炼的时间。[①] 全国已有20多个省（自治区、直辖市）制定了本地区义务教育学校建设标准或办学标准，启动学校建设标准工程。

从各地区义务教育学校标准化建设文件看：首先，各地区虽然重点关注办学条件标准化建设，但在硬件建设的基础上追求“软件建设”，基本都包含了教师队伍、教育教学和学校管理等方面，寻求内涵式发展。其次，各地区的标准化建设都体现了义务教育均衡发展的目标，以促进公共教育服务的均等化。最后，各地区的标准化建设充分体现了信息化的应用，在教学设备等方面凸显了较高的现代化水平，将教育信息技术装备充分运用于教育教学中。

（二）学校办学条件得到大幅提高

办学条件主要指学校的基本硬件条件，包括校舍建筑面积、占地面积、图书（册）、计算机数、体育运动场面积，音体美器械设备，教学自然实验仪器，是否建立校园网和接入校园网等。《国家中长期教育改革和发展规划纲要（2010—2020年）》启动实施义务教育学校标准化建设项目以来，义务教育办学条件得到明显改善。

一是义务教育生均校舍建筑面积显著增加。校舍是师生日常教育教学活动的最主要场所。据统计，全国中小学生均校舍建筑面积一直呈稳定增长的趋势（见图1-1）。2017年，全国小学生均校舍建筑面积为

---

① 河南探索校园体育课程化管理［EB/OL］.（2018-01-15）. http://www.moe.gov.cn/jyb_xwfb/s5147/201811/t20181115_354863.html.

7.44平方米，比2011年增长29.84%；全国初中生均校舍建筑面积为13.73平方米，比2011年增长52.73%。校舍建筑具体包括教学及辅助用房、生活用房、行政用房和其他用房。其中教学及辅助用房包括教室、实验室、图书室、微机室、语音室、体育馆。以区域生均教学及辅助用房面积为例，2005—2016年，东部、中部和西部地区的小学生均教学及辅助用房面积分别增长了12.1%、14.2%和30.3%；初中生均教学及辅助用房面积分别增长了102.9%、97.6%和119.0%。①

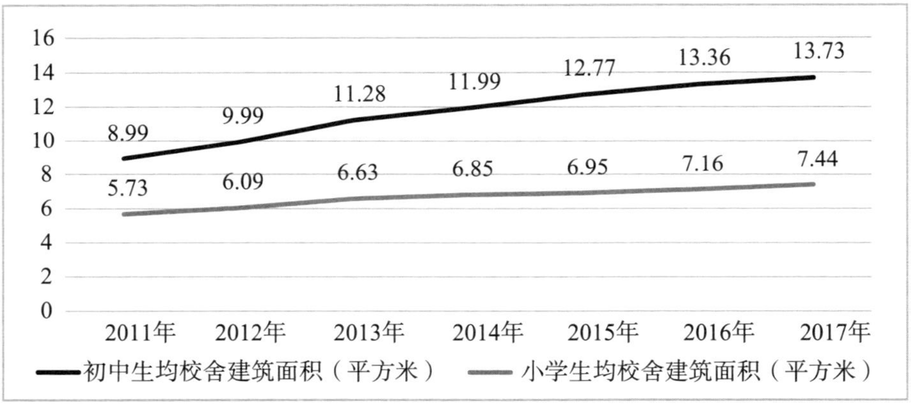

图1-1 2011—2017年中小学生均校舍建筑面积（平方米）变化情况

资料来源：根据2011—2017年全国教育事业发展统计公报整理。

二是教学设施设备配置水平继续提升。2010—2014年，全国小学生均固定资产增长47.17%；初中生均固定资产增长96.63%。2014年，小学音、体、美教学设备和实验室达标率分别为60.71%、62.05%、60.55%和63.17%，分别比2010年增长12.16%、9.86%、12.91%和8.55%；初中音、体、美教学设备和实验室达标率分别为76.09%、77.75%、

① 宋乃庆，肖林，辛涛. 改革开放以来义务教育办学条件建设：成就、反思与建议——基于数据分析的视角［J］. 教育学报，2019（1）：47-55.

75.90%和81.37%，分别比2010年增长13.69%、9.75%、14.23%和6.82%。[①] 以美术器械配备达标比例为例，2011—2017年，达标比例整体上呈直线上升（见图1-2）。教学设备的逐渐完善，为更好地开展教学活动提供了保障。

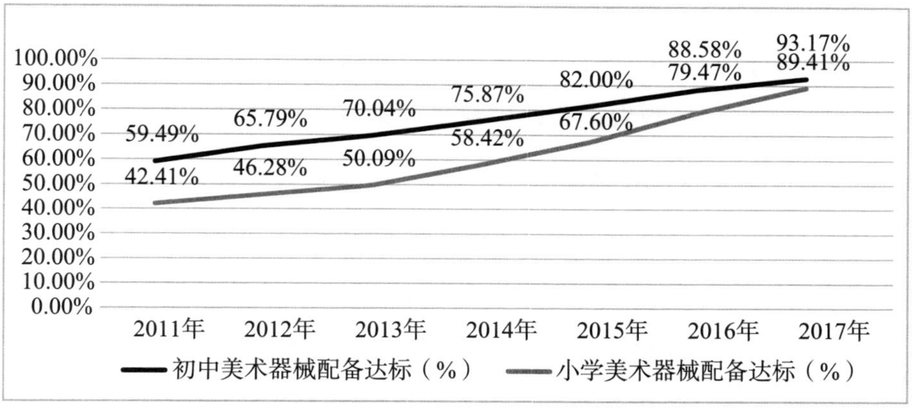

图1-2　2011—2017年中小学美术器械配备达标比例变化情况

资料来源：根据2011—2017年全国教育事业发展统计公报整理。

三是教育信息化水平不断提高。《国家中长期教育改革和发展规划纲要（2010—2020年）》提出，"到2020年，基本建成覆盖城乡各级各类学校的教育信息化体系，促进教育内容、教学手段和方法现代化"。[②] 教育信息化是在更高层次上促进教育公平，加快教育现代化的进程。《2016年全国教育信息化工作专项督导报告》显示：23个省份已基本建成教育资源公共服务平台，15个省份全面或基本建成省级教育数据中心，信息化教学应用基本普及，融合创新案例不断涌现，信息技术安

① 教育部召开发布会介绍《教育规划纲要》义务教育中期评估［EB/OL］.（2015-11-26）. http://education.news.cn/2015-11/26/c_128472234.html.

② 国家中长期教育改革和发展规划纲要（2010-2020年）［EB/OL］.（2010-07-29）. http://www.moe.gov.cn/srcsite/A01/s7048/201007/t20100729_171904.html.

全体系初步建立，覆盖城乡的教育信息化体系初步形成。[①]全国小学每百名学生拥有教学用计算机台数由2016年的9.5台增加到2017年的10.5台，初中由2016年的13.9台增加到2017年的14.8台。2016年和2017年全国中小学接入互联网的比例分别为98.6%和96.3%。学校建立校园网的比例继续提高。[②]

四是农村办学条件得到极大改善。为改善农村办学条件，实施了国家贫困地区义务教育工程、农村义务教育薄弱学校改造计划、农村中小学危房改造工程、农村中小学现代远程教育工程、全国中小学校舍安全工程以及乡村小规模学校和乡镇寄宿制学校建设等项目，促进农村义务教育学校标准化建设。（1）教学条件得到根本改善。2017年，乡村义务教育学校危房面积占校舍建筑面积比例由2003年的6.1%下降至0.6%。[③]2018年，全国新建、改扩建校舍2.2亿平方米、体育场地2.1亿平方米，购置学生课桌椅3 420万套、图书6.24亿册、教学仪器设备2.99亿台，农村学校功能室、实验室、音乐室、美术室一应俱全。[④]（2）生活设施配套齐全。截至2018年年底，全国新建、改扩建学生宿舍2936万平方米、学生食堂1 316万平方米，购置学生用床、食堂、饮水、洗浴等生活设施设备1 809万台。农村寄宿学校学生“睡通

---

① 2016年全国教育信息化工作专项督导报告［EB/OL］.（2016-01-31）. http://www.moe.edu.cn/jyb_xwfb/gzdt_gzdt/s5987/201610/t20161031_287128.html.

② 中国教育概况［EB/OL］.（2018-10-18）. http://www.moe.edu.cn/jyb_sjzl/s5990/201810/t20181018_352057.html.

③ 宋乃庆，肖林，辛涛. 改革开放以来义务教育办学条件建设：成就、反思与建议——基于数据分析的视角［J］. 教育学报，2019，15（1）：47-55.

④ 这张成绩单，有看点［EB/OL］.（2019-02-27）. http://edu.people.com.cn/n1/2019/0227/c1006-30903914.html.

铺、站着吃饭、洗不上澡”现象基本消除。①（3）乡村信息化水平大幅提升。2017年，全国小学接入互联网的比例为96.3%，其中城市小学为98.1%，农村小学为95.9%，城乡差距较2016年缩小；全国初中接入互联网的比例为98.6%，城市初中为98.3%，农村初中为98.7%，城乡间已无差距。②

（三）教师队伍建设工作稳步开展

教师担当着“培养人”的国之大任，是实现中国梦的梦之队的“筑梦人”。教师资源配置是影响一所学校和一个地区学校建设和教育质量的核心因素，自然是义务教育学校标准化建设的关键。时代的发展对教师的综合素养提出了更高的要求。中央多项政策文件的出台和落实将教师工作提到了前所未有的高度，教师队伍建设工作力度逐渐加大并稳步展开。

一是义务教育学校本科以上学历教师比例继续提升。2018年，全国普通小学共有专任教师609.19万人，比2017年增长2.47%。专任教师学历合格率达到99.97%，专任教师中本科及以上学历的比例为59.12%。初中共有专任教师363.90万人，比2017年增长2.54%。专任教师中学历的合格率为99.86%。专任教师中本科及以上学历的比例为86.22%。③从2011—2017年义务教育普通初中阶段教师的学历比例（见图1-3）可以看出，初中阶段研究生学历教师占比每年小幅上升，本科学历的教师所占比例和专科教师所占比例分别呈稳步上升和下降趋势。

---

① 晋浩天. 师资齐备，农村学校面貌焕然一新［N］. 光明日报，2019-03-01.

② 中国教育概况［EB/OL］.（2018-10-18）. http://www.moe.gov.cn/jyb_sjzl/s5990/201810/t20181018_352057.html.

③ 介绍2018年教育事业发展有关情况［EB/OL］.（2019-02-26）. http://www.moe.gov.cn/fbh/live/2019/ 50340/twwd/201902/t20190226_371310.html.

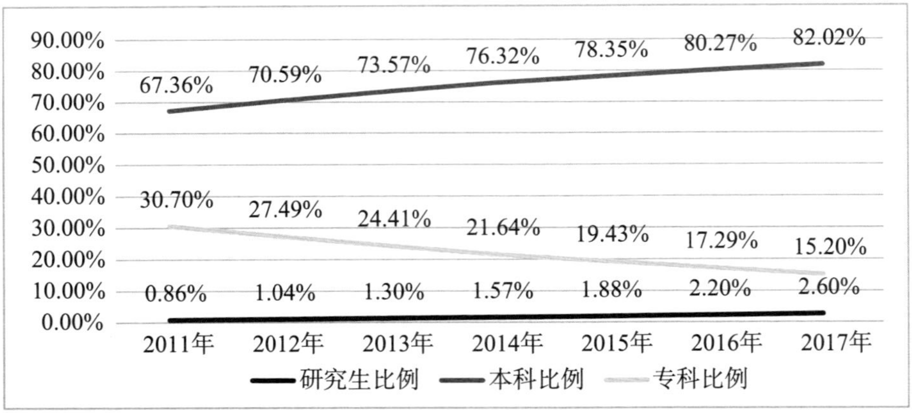

图1-3　2011—2017年普通初中教师学历比例情况

资料来源：根据教育部2011—2017年教育统计数据整理。

二是有效缓解不同地区不同科目教师短缺的情况。2015—2018年，实现基本均衡发展的338个县共新补充教师约22万人。其中，音乐、体育、美术、科学等学科教师约4万人。新疆启动地方特岗计划，改革招聘方式，形成上下联动的教师补充格局，2017年13个县共补充义务教育阶段教师1.4万人。湖南实行向农村倾斜的差别化待遇，落实了每人每月200—1 400元的多项农村教师补助政策。①

三是教师管理机制更加完善。2018年参与督导评估的县中参加交流的校长和教师29万人次。山东省137个县（市、区）已全部实施“县管校聘”管理改革。通过实施县管校聘改革，2015—2018年，全省交流轮岗校长教师达14.83万人，城镇学校到农村学校交流教师3.58万人，有2 753名城镇校长到农村学校任职、交流，城乡学校师资配置得到优

① 2018年全国义务教育均衡发展督导评估工作报告［EB/OL］.（2019-03-26）. http://www.moe.gov.cn/fbh/live/2019/50415/sfcl/201903/t20190326_375 275.html.

化，有效提高了编制使用效益。[①]安徽省在重新核算中小学教职工编制基础上，采取区域统筹、保障急需、动态流转、定时段平衡的管理方法，按照5%的比例，建立中小学教职工编制周转池，用于保障临时急需和阶段性用编需求。全省运用周转池制度再增加编制近2万名。[②]

（四）教育教学和学校管理更科学

一是加大对教育教学课程体系的完善力度。2001年教育部印发《义务教育课程设置实验方案》，以均衡设置、综合性、选择性的原则详细地说明了义务教育各年级课程设置门类及其比例等。2019年2月，天津市发布《天津市推进高中阶段学校考试招生制度改革的实施意见》，将国家课程方案所设定的科目均纳入初中学业水平考试范围，考试成绩以分数或等级形式呈现。同时，天津市也进一步完善初中生综合素质评价实施办法，细化和完善学生思想品德、学业水平、身心健康、艺术素养、社会实践5个方面的评价内容和要求，充分反映学生德智体美劳全面发展情况和个性特长。[③]另外，教育部高度重视学校美术工作，将美育类课程纳入国民教育体系，明确规定基础教育阶段义务教育学校美育课程课时量占总课时的9%—11%。2019年全国教育工作会议为落实立德树人的根本任务，对体育美育进行刚性要求，提出改进体育教学，切忌“放羊”“跑圈”，做到“教会”“勤练”“常赛”。建立中小学美育课

---

① 中华人民共和国教育部政府门户网站．山东省中小学教师编制改革经验介绍［EB/OL］．（2019-02-15）．http://www.moe.gov.cn/fbh/live/2019/50256/sfcl/201902/t20190215_369484.html.

② 中华人民共和国教育部政府门户网站．安徽省中小学教师编制改革经验介绍［EB/OL］．（2019-02-15）．http://www.moe.gov.cn/fbh/live/2019/50256/sfcl/201902/t20190215_369483.html.

③ 人民网．天津：中考改革将实施“全科开考”［EB/OL］．（2019-02-15）．http://edu.people.com.cn/n1/ 2019/0225/c1006-30900396.html.

程刚性管理机制，开齐开足上好美育课程。党的十八届三中全会对全面改进美育教学做出重要部署。2017年9月，教育部与北京、上海、江苏、福建、山东、重庆、四川、甘肃等8省（市）签署学校美育改革发展备忘录。其中甘肃省将构建以音乐、美术课程开设为主，舞蹈、戏剧、曲艺、摄影、民间文艺等其他课程为辅，探索国家课程、地方课程和校本课程相衔接的中小学美育课程体系。每年组织开展美育教师基本功大赛、美育精品课程评选活动，推进中小学美育课程标准化、规范化建设。①

二是推动学校管理的内涵式发展。在学校标准化管理方面，教育部在《义务教育学校管理标准（试行）》颁布之时确立的8个实验区，经过近两年的实验，学校管理改进成效显著。各实验学校普遍树立了科学管理意识，形成了全员参与管理，全方位实施《管理标准》，以《管理标准》促教育教学改革创新的有效机制。实验学校普遍制定了学校章程，构建起依章程管理，依法治教、依法治校、依法执教的良好局面；普遍完善了共同治理机制，健全了学校、家庭、社会联动的治理格局。学校标准化建设不仅仅是政府达标验收的标准和政策工具，义务教育的优质发展也依赖于学校的标准化建设，从均衡到优质均衡是学校内涵式的发展提升，是义务教育学校标准化建设的应有之势。义务教育学校标准化建设理应走一条兼具内涵发展、特色发展的个性化发展道路。②这符合《中国教育现代化2035》中义务教育优质均衡的发展目标。

---

① 中华人民共和国教育部政府门户网站. 教育部与甘肃省人民政府签署学校美育改革与发展备忘录［EB/OL］.（2017-09-12）. http://www.moe.gov.cn/s78/A17/A17_ztzl/ztzl_gbmyjy/myyj_mybwl/201709/t20170912_314309.html.

② 田贤鹏，陈恩伦. 后标准化时代义务教育学校发展方式的转变［J］. 现代中小学教育，2014，30（8）：19-22.

二、义务教育学校建设标准化挑战与问题

义务教育学校建设标准化取得了较大的成就，但从发展质量和水平看，义务教育学校建设标准化还处于一种粗放型的发展状态，难以与人民日益增长的对更公平更有质量的教育需求相匹配。因此，在加快推进教育现代化、建设教育强国的目标上，义务教育建设标准化还依然面临挑战。

（一）学校建设标准化缺乏系统可测的标准

义务教育学校建设标准化没有统一的标准，各地在制定标准时缺乏规范的参照，对标准的规定不全面，部分内容不完全科学合理，给实际的督导评价工作带来了困难。首先，地方性的政策文本规范程度不够。第一，标题不统一，既有“建设标准”，也有“办学标准”还有“办学基本标准”。第二，义务教育学校建设标准化的内容存在一定的交叉模糊性，基本问题有待厘清。各地陆续印发义务教育学校的建设标准，但对比其中的指标发现，标准建设内容有较大的不一致。以江苏省①、天津市②、河南省③、四川省④为例，学校建设标准化的框架结构如表1-5所示。天津市将学校规划、校舍、教学装备以及教育经费和信息化统归

① 江苏省人民政府．省政府办公厅关于印发江苏省义务教育学校办学标准（试行）的通知［EB/OL］．（2015-05-05）．http://www.jiangsu.gov.cn/art/2015/5/5/art_46144_2545342.html.

② 中华人民共和国教育部政府门户网站．关于实施天津市义务教育学校现代化建设标准（2013—2015年）意见的通知［EB/OL］．（2015-07-06）．http://www.moe.gov.cn/jyb_xwfb/xw_zt/moe_357/s7865/s8513/qmgs_gkgs/201507/t20150706_192674.html.

③ 河南省人民政府．河南省人民政府办公厅关于印发河南省义务教育学校办学条件基本标准（试行）的通知［EB/OL］．（2016-08-23）．https://www.henan.gov.cn/2016/08-23/248150.html.

④ 中华人民共和国教育部政府门户网站．关于印发《四川省义务教育学校办学条件基本标准（试行）》的通知［EB/OL］．（2015-06-30）．http://www.moe.gov.cn/jyb_xwfb/xw_zt/moe_357/s7865/s8513/qmgs_gkgs/201506/t20150630_191771.html.

表 1-5　义务教育学校建设标准化政策地方标准对比

江苏省义务教育学校办学标准（试行）		天津市义务教育学校现代化建设标准（2013—2015年）		河南省义务教育学校办学条件基本标准（试行）		四川省义务教育学校办学条件基本标准（试行）	
一级指标	二级指标	一级指标	二级指标	一级指标	二级指标	一级指标	二级指标
总则		办学条件	教育经费、校舍场地、教学装备、学校信息化、生活设施、校园环境	总则		总则	
学校设置	学校布局、学校选址、学校班级规模、标准班额等	学校管理	办学思想、班子建设、运行机制、教育科研、交流合作、办学特色	学校设置	学校布局、办学规模	学校设置与规划	学校设置、学校规模、校园规划与设计
校园建设	校园规划、建设用地、生均占地面积、运动场地和绿化面积、校舍建筑	教师队伍	队伍结构、教师素质、教师教育	校园规划	学校选址、校园总体规划、占地面积、教师周转宿舍	建设用地标准	建设用地组成、学校建设用地面积
教育装备	图书馆、校园网、实验室、音乐美术舞蹈教室等	素质教育	课程管理、德育工作、教学工作、体育卫生、艺术教育、劳动教育、课外活动、社会实践、教育质量	校舍建设	校舍安全标准和组成、教学用房、生活用房等	校舍建筑标准	校舍建筑构成、学校建筑标准、校舍建筑面积标准
教师队伍	编制标准、配备专职教师、资格证书、校长专业标准、定期交流等			运动场地及绿地		装备条件标准	通用教育技术装备、专用教育技术装备、图书馆（室）、办公及生活设备、校园安全设备

续表

江苏省义务教育学校办学标准（试行）		天津市义务教育学校现代化建设标准（2013—2015年）		河南省义务教育学校办学条件基本标准（试行）		四川省义务教育学校办学条件基本标准（试行）	
一级指标	二级指标	一级指标	二级指标	一级指标	二级指标	一级指标	二级指标
教育教学	素质教育、三级课程、德育工作、教学常规管理、规范办学行为等			教学装备	黑板、多媒体系统、课桌凳、实验室设施、图书馆设施、照度和功率、校园网、饮水设备等	经费保障	学校经费、农村学校生均经费和城市义务教育学校免学杂费补助资金、财务管理机制
学校管理	现代学校制度、民主管理、学生社团、招生政策、财务管理、校园文化建设等			师资队伍	编制标准、学历证书等	师资队伍	教职工编制、教师资格准入制度、校长管理、教师培训以及其他人员
质量评价	综合素质评价、体质评价、教育督导和评估			教育经费	教师工资、教师培训经费、学校规划建设	附则	
经费保障	办学经费、生均公用经费、扶困助学制度、校舍维修改造经费保障			附则			
附则							

在办学条件里进行说明，江苏省、河南省、四川省则将教育（学）装备和教育经费方面单独说明。另外，共同的一级指标下二级指标包含的内容不一致。第三，标准中的部分内容不够完善。学校建设标准中对于教育经费的规定不够全面，没有提到学校建设教育经费预算及拨付等内容，更没有对义务教育学校建设经费投入情况进行细致的分类设定，对学校安全问题、学校特色化建设问题规定也不完善。①其次，缺乏统一的城乡一体建设标准。《四川省义务教育学校办学条件基本标准（试行）》提到，农村学校校舍构成按《农村普通中小学校建设标准》执行，城市学校校舍构成按《城市普通中小学校校舍建设标准》基本指标执行，城乡学校建设标准不一致。

（二）学校建设标准化的办学条件还需补齐短板

1. 农村贫困地区薄弱学校仍是短板

随着义务教育学校建设标准化的推进，城乡学校建设标准化取得了较大的进展，办学条件得到改善，但农村偏远贫困地区的薄弱学校还无法达到标准化建设的办学条件。2017年对贫困地区薄弱学校基本办学条件进行的督导检查显示，全国还有18 351所学校未达到“底线要求”，其中小学15 108所，初中3 243所，个别地方办学条件达到“底线要求”的比例仅为58%，低于全国平均水平36个百分点。②2018年实现基本均衡发展的县域虽达到基本标准，但存在不少薄弱环节。部分地区教学设备和生活设备仍不够健全，农村学校校舍陈旧，实验设备老

① 高士晶，和学新. 城乡义务教育学校建设标准的问题审视及优化策略［J］. 教育科学研究，2017（1）：40-47.

② 中华人民共和国教育部政府门户网站. 2017年全面改善贫困地区义务教育薄弱学校基本办学条件工作专项督导报告［EB/OL］.（2018-05-10）. http://www.moe.gov.cn/jyb_xwfb/gzdt_gzdt/s5987/201805/t20180510_335564.html.

旧，计算机、电子白板需要更新，图书配置复本量大，适合中小学生阅读的书籍不多。部分农村寄宿制学校生活设施差，床位紧张，宿舍条件简陋，洗澡间热水供应不足，食堂设施不完善，使用未做无害化处理的旱厕。个别地方未落实“对农村不足100人的小规模学校按100人拨付公用经费”政策。①

2. 区域、城乡、校际差距依旧存在

首先，区域发展不均衡。2017年全国29.1万所义务教育学校办学条件达到“底线要求”，占义务教育学校总数的94%，②但中西部地区部分学校离标准化建设还有一段距离。以生均固定资产总值为例，2014—2016年，中部地区小学生均固定资产总值依次低于东部地区3 196.64元、3 251.15元、3 156.98元，依次低于西部地区1 713.17元、2 163.92元、2 779.42元。③其次，城乡差距依旧存在。我国部分义务教育学校尤其是农村地区学校功能室配备不足，生均教学仪器设备值偏低以及校园网建设滞后等。虽然全国义务教育学校建立校园网比例持续提高，2020年中小学建立校园网学校比例分别为77.4%和70.4%，但城乡还存在差距，其中农村初中为74.1%，农村小学为67.3%，分别比城

① 中华人民共和国教育部政府门户网站. 2018年全国义务教育均衡发展督导评估工作报告［EB/OL］.（2019-03-26）. http://www.moe.gov.cn/fbh/live/2019/50415/sfcl/201903/t20190326_375275.html.

② 中华人民共和国教育部政府门户网站. 2017年全面改善贫困地区义务教育薄弱学校基本办学条件工作专项督导报告［EB/OL］.（2018-05-10）. http://www.moe.gov.cn/jyb_xwfb/gzdt_gzdt/s5987/201805/t20180510_335564.html.

③ 宋乃庆，肖林，辛涛. 改革开放以来义务教育办学条件建设：成就、反思与建议——基于数据分析的视角［J］. 教育学报，2019，15（1）：47-55.

市低12.6个和17.2个百分点。[①]最后，校际差异明显。受历史等因素影响，区域内重点学校的实力相对较为雄厚，普通学校在办学设备、师资队伍和生源等都无法与之相比。目前虽然已经取消重点校制度，但部分地区在推进义务教育学校标准化建设的均衡发展中，没有重点改造薄弱学校，而是继续建设城镇学校，甚至变相办重点校，择校热、负担重等问题没有得到真正解决。

3. 大班额现象突出以及农村空心化

随着城镇化进程加快，大量农村人口向城镇集中，义务教育人口城镇化水平已经显著高于常住人口城镇化水平，增速也明显快于常住人口城镇化率。[②]其结果是城镇在校生人数快速增加，而校舍和设备等标准化建设未能及时跟进，大班额现象出现。城镇化义务教育面临着人们日益增长的对优质教育资源的需求难以得到满足的矛盾，这已成为发展新常态。2017年，城镇小学在校生7 318.33万人，比2016年增加297.05万人，增长4.23%；初中在校生3 798.65万人，比2016年增加136.32万人，增长3.72%。2018年，全国义务教育均衡发展督导评估认定的结果显示，338个县中分别有252个、239个、228个县不同程度上存在占地面积不足、运动场地面积不足、校舍面积不足的问题；有281个县存在2 000人以上大规模学校；大班额比例依然较高，55人以上小学班级比例为6.92%，60人以上初中班级比例为6.21%。消除大班额问题，加快城镇义务教育学校建设标准化依然任务艰巨。

农村大量人口往城镇迁徙，客观上减少了农村生源，农村教育质量

---

① 中华人民共和国教育部政府门户网站. 中国教育概况［EB/OL］.（2018-10-18）. http://www.moe.gov.cn/jyb_sjzl/s5990/201810/t20181018_352057.html.

② 靳晓燕. 义务教育如何应对城镇化的挑战［N］. 光明日报，2015-02-10.

也相对较低，不少家庭为了选择更有质量保障的教育将孩子送入城镇就读。因此，农村逐步空心化，硬件设施既匮乏又闲置，教师结构性短缺。大量投入建设可能造成资源浪费，但不加强农村办学又难以维系正常教学。

（三）学校建设标准化内涵式发展任务艰巨

学校建设标准化不仅在于学校校园建设、教学设备、生活设施等办学基本条件的标准化，也在于师资队伍、教育教学、学校管理等内涵式发展，它们是关乎质量提升最具能动性的力量，最终指向于立德树人这一根本任务的实现，也有学者将其称为“后标准化时代”。在一定时间和区域范围内，学校办学资源往往是有限的，因此实现学校的纵向发展需要学校内在治理管理能力的提升，形成办学特色，减小变革阻力。

义务教育学校建设标准化目前主要关注的还是硬件条件达标，学校“软件”条件建设还需进一步关注。义务教育优质均衡发展存在着教师短缺、生源流失、教育观念落后以及校园文化缺失等软性指标不合格或不达标的现象。调查显示，农村薄弱学校80%的教师仍然采用传统授课方式，未在教学中应用新理念、新技术，14.8%的教师认为教师的任务是传授知识，学生成绩好就可以了。少数学校常规管理不规范、安全管理意识不强，人防、物防、技防等存在漏洞。部分学校没有形成鲜明的办学理念和办学特色，课程改革能力不足，素质教育落实不到位等。以学校文化建设为例，学校文化是学校的隐形课程，是影响一所学校最深沉、最持久的力量。但当前学校文化建设存在着主体参与度不高、制度形态长期遭到忽视、文化根基不深等亟待解决的问题。[①] 教育现代化

---

① 薛二勇，刘淼，栾少波．新形势下中小学学校文化建设的新路径［J］．中国教育学刊，2018（7）：37–42.

发展需要现代化的办学标准，而现代化的办学标准更加注重促进学校内涵发展中必不可缺的先进思想文化、办学理念、学校教育哲学、精神气质等方面的“软件”标准。①

（四）学校建设标准化的保障机制尚不健全

督导评估工作是义务教育学校标准化建设的重要抓手，针对贫困地区义务教育薄弱学校的基本办学条件及义务教育均衡发展的督导评估工作已稳步展开并取得了良好的成效，其中学校建设标准化尤其是办学条件的达标是一项重要指标。义务教育学校建设标准化的关注点主要在于对学校建设标准化的设计和实施，对于学校建设标准化的“监督评估”和“反馈更新”等促进义务教育学校建设标准化持续性发展的保障机制较为薄弱。义务教育学校的标准化建设具有过程性、生成性和灵活性，不是一朝一夕可以实现的。《中小学校设计规范》规定，城镇完全小学的服务半径宜为500米，城镇初级中学的服务半径宜为1 000米，但在新型城镇化推进过程中，农村学校经过大规模调整，学生就读的范围早已超过其规定的学校服务半径。②大班额现象的出现需要及时调整与完善教育资源配置，满足学校发展需要。随着社会经济条件的发展及义务教育学校建设的推进，标准化建设的内容需要及时更新，通过完善的督导评估与更新机制，保障和深入推进学校建设标准化，以实现政策的落地。

① 孙向阳. 义务教育学校现代化办学标准：价值转向及指标体系建构——以江苏省义务教育学校现代化办学标准研制为例［J］. 教育理论与实践，2012，32（35）：15-17.

② 高士晶，和学新. 城乡义务教育学校建设标准的问题审视及优化策略［J］. 教育科学研究，2017（1）：40-47.

第三节　义务教育学校建设标准化的路径分析

为推进义务教育的优质均衡发展，《中国教育现代化2035》对义务教育学校建设标准化工作进行了部署：完善义务教育阶段学校国家基本标准，各地根据实际情况制定本地区义务教育阶段学校办学标准。建立长效机制，探索建立学校教学设施设备标准化配备和定期更新机制。完善督导检查机制，推进城乡学校在办学条件、师资配备等方面普遍达标。

一、规范完善建设体系，实现底线达标

《全面改善贫困地区义务教育薄弱学校基本办学条件底线要求》从国家层面对“全面改薄”提出了20项底线要求，为各地义务教育学校基本办学条件建设提供参照，从而精准推进“全面改薄”工作，并取得了较好的成效。由国家适时制定义务教育学校建设标准化的文件，明确义务教育学校建设标准化的基本内容以及建设的时间点、路线图，对各地学校标准化建设提出底线要求，以使各地的标准化建设内容指标相一致，促进义务教育阶段学校现代化整体全面发展。国家层面的义务教育学校建设标准是底线标准，是全国范围内所有义务教育学校必须达到的合格性建设标准；同时确立引领性标准，引领较发达地区学校标准化建设的方向，以底线达标的合格性标准保障学校标准化建设全面发展。

各地根据本地的经济发展水平和义务教育发展情况在国家强制性标准的基础上和引领性标准的指导下制定本地区的义务教育学校建设标准。《国家标准化体系建设发展规划（2016—2020年）》对学校标准化建设的定位是，加快城乡义务教育公办学校标准化建设，“基本建成具

有国际视野、适合中国国情、涵盖各级各类教育的国家教育标准体系”，研究借鉴发达国家的义务教育学校标准化建设经验并立足中国，寻找适合中国国情的义务教育学校建设标准。厘清义务教育学校标准化建设的基本政策框架，明确义务教育学校建设标准化的内涵、内容、主体等。《国家标准化体系建设发展规划（2016—2020年）》明确提出，要培育发展团体标准，鼓励具备相应能力的学会、协会、商会、联合会等社会组织和产业技术联盟协调相关市场主体共同制定满足市场和创新需要的标准，供市场自愿选用，增加标准的有效供给。制定义务教育学校标准化建设体系应考虑多元主体的共同参与，研究人员、教师、家长及教育相关行业利益相关者应参与其中。

二、建立长效机制，关注内涵发展

学校标准化建设是系统工程，并非简单的硬件条件标准化，还要指向师资队伍等“软件”方面的标准化。关注标准化建设各要素的发展，在此基础上推进校际、城乡、区域均衡发展并及时更新建设标准。

首先，关注各标准化建设要素的达标。推动教育从规模增长向质量提升，以课程教学、师资队伍和学校管理等促进学校质量提升，以内涵式发展引领持久长效发展。这不仅呼应了教育作为“人之自我建构的实践活动”的本质属性，也能避免学校陷入对硬件设施的片面追求，超标准地进行新学校建设与老学校改造，造成学校教学设施与设备的人为浪费。①

其次，寻求均衡发展。推进义务教育学校建设标准化已经成为义务

---

① 张新平，张冉. 义务教育学校标准化建设：现况、问题与理路选择［J］. 教育发展研究，2017，37（18）：1-7.

教育均衡发展的有效突破口，区域、城乡和校际的均衡发展状态反过来能使整个义务教育阶段学校标准化联动建设形成良性循环。东西部的区域教育差距，主要在于经济水平差异带来教育经费投入水平的差距，确立东西部地区相对统一、符合地区实际的学校经费投入标准，有利于缓解东西部区域教育差距。加快城乡一体化进程，健全教师校长交流机制及校际集团化办学，促进标准化建设协同发展。

最后，探索建立学校设施设备标准化配备和各要素定期更新机制。我国经济、社会和教育各方面都在快速发展，义务教育学校的实际建设情况可能无法满足发展的实际需求，甚至和已有的建设标准冲突，这就要求义务教育学校标准化建设的设施配备应及时更新。在城镇化进程较快地区，根据城镇发展规划、城乡人口出生率、进城务工人口等数据前瞻性规划布局城镇学校建设，增强容纳能力，配齐配足学校设施。建立城乡义务教育学校标准化建设风险预警机制，尽可能避免出现城市资源紧张的“大班额”现象和农村资源浪费的“空心化”现象。在贫困地区的薄弱学校保障资金投入，实现基本设施达标并且及时更新改造升级老化设备。

三、建立健全评估和督导机制，指向优质均衡

教育部对2018年以前通过认定的2 379个县进行的监测复查显示，有10个省份的23个县出现较大滑坡。因此，要进一步健全督导评估机制，确保标准化建设标准得到严格执行，巩固和发展标准化建设成果。

首先，完善督导工作机制。明确教育行政部门和督导部门责任，成立义务教育学校建设标准化督导专项小组，有效监督和评价建设成果，严格把关标准化工作实施。实行问责制，对没有完成建设任务的责任人

进行责任追究，避免出现地方政府及教育行政部门推诿扯皮的情况，督促督导部门积极履行自己的监督职责，将建设情况作为各级政府年度考核的依据之一。

其次，建立监测义务教育学校建设标准化的指标体系。各地根据实际情况建立指标体系，监测标准化建设情况，以优质均衡为目标进行推进。从发展规划、财政投入、资源配置上优先保障经济薄弱地区学校标准化建设，确保义务教育学校（含教学点）基本办学条件都达到底线要求，补齐短板；优化学校布局，不断适应新的入学变化和需求，控制重点校、大班额等现象；加强学校科学精细化管理、教师队伍建设、课程教学等方面的工作。

最后，建立本地区义务教育建设标准化年度报告制度，明确标准化建设工作台账。定期发布监测结果以及时发现学校标准化建设的薄弱之处，更加强调学校办学理念、校园文化建设和教育教学观念等的发展提升，通过不断巩固标准化建设成效，促进义务教育的优质均衡发展。

四、鼓励创新学校建设标准化，推动个性发展

义务教育学校建设标准化，不是建构常模，而是划定底线，保障义务教育学校的规范发展、有序发展，并在此基础上鼓励学校层面的教育创新。① 义务教育学校建设标准化不是统一化和同质化，它不排斥也不应该排斥学校具有特色的个性化发展。相反，这正是建设标准化不断深入后新的发展目标。实现义务教育学校个性化发展的根本要求是充分尊重学校的主体性，核心关键点在于满足个人和社会发展的个性化需

① 魏峰. 义务教育学校标准的制定：内涵、目标与方法论［J］. 教育发展研究，2017，37（18）：15-21.

求。① 个性化是建立在标准化基础上的一种更高层次的发展理念，是在学校内涵式发展基础上延伸。

首先，完善学校内部治理结构。《义务教育学校管理标准》在落实学校办学自主权方面倡导“一放一收”。“一放”就是明确学校的办学自主权，提升学校自主办学能力；“一收”就是明确学校的管理标准，确保学校的教育质量。在此基础上，最大限度地发挥学校的主动性，推进学校个性化发展。

其次，建立教师队伍的专业发展长效机制。教师是学校个性化发展的有力支撑，引导教师进行行动研究，给教师提供更多专业学习培训的机会，建立教师发展激励机制，从内部和外部共同促进教师专业成长，帮助教师养成反思实践、课程开发和终身学习等能力。

最后，丰富学校文化建设。学校文化是学校个性化发展的精神沃土，依托本土特色，深入挖掘有价值的文化，丰富学校文化内涵，凸显学校建设特色。基于学校自身的地理、文化、历史资源，打造学校特色教育内容，促进学生个性发展，提升教师自主开发教育内容和教育教学能力。

---

① 田贤鹏，陈恩伦. 后标准化时代义务教育学校发展方式的转变 [J]. 现代中小学教育，2014，30（8）：19-22.

第二章　推进城乡义务教育的均衡发展

义务教育是国家统一实施的所有适龄儿童、少年必须接受的教育，在促进儿童的健康成长方面发挥着奠基性作用。然而，由于地理空间集聚特点、所处社会空间经济发展程度、区域性教育政策供给逻辑和各级政府教育职责履行状况等方面存在的差异，我国城乡义务教育发展在过去较长的时间段内处于不均衡状态。为了让城乡学生能够享受到均等化的义务教育服务，党和国家陆续采取调整城乡学校布局、优化城乡师资配置、增加教育经费投入、改进相关督导评价机制和开展城乡教育对口帮扶等措施，着力缩小城乡义务教育发展差距，大力推动城乡义务教育均衡发展。在层级累加的政策作用下，我国城乡义务教育的办学条件得到实质性改善，并呈现均衡化发展态势。但是，当前的城乡义务教育的发展差距和不均衡问题并未全部得到妥善解决，我们仍需在经费供给和师资配置等方面给予特别关注。尤其在建设教育强国、加快教育现代化和推动乡村振兴的时代背景下，一方面需要保障政策的持续供给，巩固已取得的义务教育均衡发展的成果，另一方面需要加大相关政策的落实力度，针对性地解决好部分偏远地区、贫困地区和民族地区的城乡义务教育均衡发展问题。以此为基础，进一步推进我国城乡义务教育优质均衡发展。

第一节 城乡义务教育均衡发展政策分析

为推进城乡义务教育的均衡发展，党和国家一方面陆续颁布和实施系列政策，不断提高与强化对义务教育发展的政策支持，不断提升义务教育质量、调整学校布局，逐渐实现让适龄儿童从“有学上”到“上好学”，不断调适与缓解广大人民群众的教育需求与义务教育资源供给之间的矛盾。另一方面，明晰人、财、物等资源的配置主体及其职责关系，并精细化相应政策资源的供给方式，同时改革教育体制机制，建构起义务教育均衡发展的督导评估体系，旨在从制度层面确保城乡义务教育均衡发展的有序性与持久性。

一、调整农村学校布局、适应学龄人口变动的政策分析

在农村税费改革、学龄人口变动和城镇化进程持续等多种因素叠加影响下，为积极应对办学经费压力、合理布局农村教育资源、方便教育行政管理和促进教育均衡发展，各地方政府陆续开展农村学校布局调整。2000年，中共中央、国务院发布的《关于进行农村税费改革试点工作的通知》拉开了农村学校布局调整的序幕。2001—2010年是我国农村学校大规模撤并的阶段。在这期间，我国立足于教育资源优化配置和提高办学效益的政策取向，以集中办学集中管理兼顾学生就近入学的政策思路，颁布了系列政策引导农村学校的布局调整（见表2-1）。国务院《关于进一步做好农村税费改革试点工作的通知》提出，“合理调整农村中小学校布局，根据实际情况适当撤并规模小的学校和教学点。”国务院《关于进一步加强农村教育工作的决定》指出，“继续推进中小

学布局结构调整，努力改善办学条件，重点加强农村初中和边远山区、少数民族地区寄宿制学校建设”。另一方面努力巩固提高“两基”成果，兼顾效率与公平的教育发展理念，关注并解决学校撤并带来的问题，不断调适农村学校布局政策。教育部、财政部《关于进一步加强农村地区“两基”巩固提高工作的意见》指出，要“稳步推进农村学校布局结构调整工作”，也重点强调要加强寄宿制学校建设和为避免因就学路程较远造成小学生失学、辍学，偏僻的教学点应予以保留。教育部《关于进一步推进义务教育均衡发展的若干意见》注意到城镇大班额问题，提出“适当调整和撤销一批生源不足、办学条件差、教育质量低的薄弱学校，并解决好人口集中的乡镇、县城及周边学校的大班额问题”。教育部办公厅《关于切实解决农村边远山区交通不便地区中小学生上学远问题有关事项的通知》关注到了家校距离远和上下学交通安全问题。教育部《关于进一步加强和改进对省级实现“两基”进行全面督导检查的意见》提出，重点检查中小学布局不合理、大班额、教学仪器设备不足的问题，以及农村寄宿制学校建设设施配套问题。

表 2-1　义务教育布局调整的主要政策文件

序号	时间	文件名称	发文机构
1	2000年	《关于进行农村税费改革试点工作的通知》	中共中央、国务院
2	2001年	《关于进一步做好农村税费改革试点工作的通知》	国务院
3	2001年	《关于基础教育改革与发展的决定》	国务院
4	2001年	《关于继续做好农村教育费附加征收管理工作的通知》	教育部、财政部、农业部
5	2002年	《关于完善农村义务教育管理体制的通知》	国务院办公厅
6	2003年	《关于进一步加强农村教育工作的决定》	国务院

续表

序号	时间	文件名称	发文机构
7	2004年	《关于进一步加强农村地区“两基”巩固提高工作的意见》	教育部、财政部
8	2005年	《关于进一步推进义务教育均衡发展的若干意见》	教育部
9	2006年	《关于实事求是地做好农村中小学布局调整工作的通知》	教育部
10	2006年	《关于切实解决农村边远山区交通不便地区中小学生上学远问题有关事项的通知》	教育部办公厅
11	2007年	《关于进一步加强和改进对省级实现“两基”进行全面督导检查的意见》	教育部
12	2009年	《关于当前加强中小学管理规范办学行为的指导意见》	教育部
13	2010年	《关于贯彻落实科学发展观进一步推进义务教育均衡发展的意见》	教育部
14	2012年	《关于规范农村义务教育学校布局调整的意见》	国务院办公厅
15	2016年	《关于统筹推进县域内城乡义务教育一体化改革发展的若干意见》	国务院
16	2016年	《关于农村义务教育学校布局调整有关问题的通报》	教育部办公厅
17	2016年	《教育脱贫攻坚“十三五”规划》	教育部等六部门
18	2017年	《关于进一步加强控辍保学提高义务教育巩固水平的通知》	国务院办公厅
19	2018年	《关于全面加强乡村小规模学校和乡镇寄宿制学校建设的指导意见》	国务院办公厅

随着学校布局调整工作的深入，以及学龄人口变动趋势与空间分布趋于稳定，相关政策重心逐步由规模效率取向转向公平质量以及底线关注。一方面规范农村学校布局调整工作，遏制农村学校“撤并浪潮”。教育部《关于当前加强中小学管理规范办学行为的指导意见》《关于贯彻落实科学发展观进一步推进义务教育均衡发展的意见》等文件着重指出，学校布局调整要充分考虑到社会发展、人口变动、群众需要、低龄学生、自然环境不利的小学低年级学生和办好村小教学点等因素影响，突出对处境不利的农村低龄学生的教育关怀，具体要“方便低龄学生入学”，对条件尚不成熟的农村地区，要暂缓实施布局调整，自然环境不利的地区小学低年级原则上暂不撤并，对必须保留的小学和教学点，要加强师资配备。国务院办公厅《关于规范农村义务教育学校布局调整的意见》从宏观层面提出了农村学校布局调整的总体要求、科学规划、撤并程序和专项督查等政策要求，其中明确提出要充分考虑学生的年龄特点和成长规律，处理好提高教育质量和方便学生就近入学的关系。另一方面推动农村教育底部攻坚，着力提高寄宿制学校、村小和教学点的教育质量。近些年我国先后颁布了《关于统筹推进县域内城乡义务教育一体化改革发展的若干意见》《关于进一步加强控辍保学提高义务教育巩固水平的通知》和《关于全面加强乡村小规模学校和乡镇寄宿制学校建设的指导意见》等文件，提出要尊重学生身心发展规律与方便学生就近入学，科学合理布局学校，严格学校撤并程序，办好农村寄宿制学校和小规模学校，落实学校标准化建设，切实改变农村教育的办学条件及其教育面貌，大力提升农村教育质量。

二、优化师资配置、提升农村教师质量的政策分析

2003年召开的“全国农村教育工作会议”指出了农村教师队伍建设的重要性。近年来，系列教师政策陆续出台落实，不断落实“办好农村学校，关键在教师”的政策理念，大力推动城乡义务教育师资数量的精准配置（见表2-2）。

表 2-2　义务教育均衡师资配置的主要政策文件

序号	时间	文件名称	发文机构
1	2002年	《关于完善农村义务教育管理体制的通知》	国务院办公厅
2	2003年	《关于全面推进农村税费改革试点工作的意见》	国务院
3	2004年	《关于启动新一轮民族、贫困地区中小学教师综合素质培训项目暨新课程师资培训计划（2004—2008年）的通知》	教育部
4	2005年	《关于进一步推进义务教育均衡发展的若干意见》	教育部
5	2006年	《关于组织开展高校毕业生到农村基层从事支教、支农、支医和扶贫工作的通知》	中组部等八部门
6	2006年	《关于实施农村义务教育阶段学校教师特设岗位计划的通知》	教育部等四部门
7	2006年	《关于大力推进城镇教师支援农村教育工作的意见》	教育部
8	2007年	《关于大力推进师范生实习支教工作的意见》	教育部
9	2008年	《关于义务教育学校实施绩效工资的指导意见》	国务院办公厅
10	2012年	《关于加强教师队伍建设的意见》	国务院

续表

序号	时间	文件名称	发文机构
11	2012年	《关于大力推进农村义务教育教师队伍建设的意见》	教育部等五部门
12	2012年	《关于深化教师教育改革的意见》	教育部、国家发展和改革委员会、财政部
13	2012年	《关于深入推进义务教育均衡发展的意见》	国务院
14	2013年	《关于落实2013年中央1号文件要求对在连片特困地区工作的乡村教师给予生活补助的通知》	教育部、财政部
15	2014年	《关于推进县（区）域内义务教育学校校长教师交流轮岗的意见》	教育部、财政部、人力资源和社会保障部
16	2014年	《关于统一城乡中小学教职工编制标准的通知》	中央编办、教育部、财政部
17	2015年	《乡村教师支持计划（2015—2020年）》	国务院办公厅
18	2015年	《关于深化中小学教师职称制度改革的指导意见》	人力资源和社会保障部、教育部
19	2018年	《关于全面深化新时代教师队伍建设改革的意见》	中共中央、国务院
20	2019年	《关于开展中西部乡村中小学首席教师岗位计划试点工作的通知》	教育部办公厅

一是提高乡村教师薪酬待遇，增强乡村教师职业吸引力。乡村教师的工资收入不仅水平偏低，而且时常面临工资被拖欠的窘境。为此，我国一方面颁布实施《关于全面推进农村税费改革试点工作的意见》等文件，逐步明确和提升乡村教师工资发放主体，建立、完善和巩固“在国务院领导下，由地方政府负责，分级管理，以县为主”的农村义务教育管理体制和乡村教师工资保障机制，从而保障乡村教师工资的足额发

放；另外，促进《关于义务教育学校实施绩效工资的指导意见》(2008年)等文件的落实，通过绩效工资倾斜支持以及分级分类发放生活津贴的方式提高乡村教师的工资水平。《乡村教师支持计划（2015—2020年)》提出了系统性的八大举措，特别对周转宿舍和职称评定等关涉乡村教师切身利益的问题做了进一步规定。《关于全面深化新时代教师队伍建设改革的意见》重点指出，要“大力提升乡村教师待遇”，关注乡村青年教师。

二是统一城乡教师编制配置标准，实行向农村边远地区倾斜政策。《关于进一步推进义务教育均衡发展的若干意见》提出，要“保质保量地为所有中小学配齐合格教师”，“核定教师编制时要向农村学校倾斜，新增教师要优先满足农村学校、城镇薄弱学校的需求”。先后出台的《关于制定中小学教职工编制标准意见的通知》《关于大力推进农村义务教育教师队伍建设的意见》和《关于统一城乡中小学教职工编制标准的通知》逐步推动教师编制标准由城乡倒挂到城乡统一，实行向农村边远地区倾斜政策，切实保证农村学校教师编制配备需求。

三是扩展农村教师的补充渠道，提升农村教师的来源层级。通过组织实施志愿支教、农村硕师计划、选拔“特岗教师”和部属师范大学专项培养“公费师范生”等多种渠道与形式引导优秀大学生投身农村教育，力求为农村教师队伍补充优质师资。2018年出台的《关于全面深化新时代教师队伍建设改革的意见》明确强调，在大力推动研究生层次教师培养的同时，要着重向中西部地区和农村地区倾斜。2018年出台的《教师教育振兴行动计划（2018—2022年)》也提出“乡村教师素质提高行动”，从培养内容、培养方式到职后培训，全面优先满足乡村教师建设。

四是开展城乡教师校长轮岗交流，推动城乡优质师资交流共享。

2005年,《关于进一步推进义务教育均衡发展的若干意见》提出，建立区域内骨干教师巡回授课、紧缺专业教师流动教学、城镇教师到农村学校任教服务期等制度，积极引导超编学校的富余教师向农村缺编学校流动。[①]2017年,《国家教育事业发展“十三五”规划》提出，要进一步完善校长教师轮岗交流机制和保障机制，推进城乡校长教师交流轮岗制度化、常态化。[②]2017年,《关于全面深化新时代教师队伍建设改革的意见》创造性地提出新的乡村教师补充方式——“银龄讲学计划”。

三、改革投入机制、优化教育经费供给的政策分析

如何充分发挥义务教育经费供给的杠杆作用是推进城乡义务教育均衡发展的重要内容。中央和各地政府不断健全城乡教育投入机制，并明确将向农村地区和薄弱学校倾斜作为教育投入的重点（见表2-3）。

表 2-3　义务教育均衡经费配置的主要政策文件

序号	时间	文件名称	发文机构
1	2001年	《关于基础教育改革与发展的决定》	国务院
2	2001年	《关于继续做好农村教育费附加征收管理工作的通知》	教育部、财政部、农业部
3	2001年	《关于做好农村中小学公用经费标准定额核定工作　确保学校正常运转有关问题的通知》	财政部、教育部
4	2001年	《关于坚决落实贫困地区农村义务教育阶段试行“一费制”收费制度的通知》	国家计划委员会、财政部、教育部

① 教育部. 关于进一步推进义务教育均衡发展的若干意见［EB/OL］.（2005-05-25）. http://www.moe.gov.cn/srcsite/A06/s3321/200505/t20050525_81809.html.

② 国务院. 国家教育事业发展“十三五”规划［EB/OL］.（2017-01-19）. http://www.moe.gov.cn/jyb_xxgk/moe_1777/moe_1778/201701/t20170119_295319.html.

续表

序号	时间	文件名称	发文机构
5	2002年	《关于完善农村义务教育管理体制的通知》	国务院办公厅
6	2003年	《关于进一步加强农村教育工作的决定》	国务院
7	2004年	《关于印发〈西部地区农村寄宿制学校建设工程专项资金管理暂行办法〉的通知》	国家西部地区"两基"攻坚领导小组办公室
8	2005年	《关于深化农村义务教育经费保障机制改革的通知》	国务院
9	2006年	《关于深化农村义务教育经费保障机制改革的通知》	国务院
10	2006年	《关于确保农村义务教育经费投入加强财政预算管理的通知》	财政部、教育部
11	2006年	《农村义务教育经费保障机制改革中央专项资金支付管理暂行办法》	财政部、教育部
12	2011年	《关于实施农村义务教育学生营养改善计划的意见》	国务院办公厅
13	2012年	《农村义务教育学生营养改善计划专项资金管理暂行办法》	财政部、教育部
14	2013年	《关于进一步做好村小学和教学点经费保障工作的通知》	教育部
15	2015年	《农村义务教育薄弱学校改造补助资金管理办法》	财政部、教育部
16	2015年	《关于进一步完善城乡义务教育经费保障机制的通知》	国务院
17	2016年	《关于统筹推进县域内城乡义务教育一体化改革发展的若干意见》	国务院

从相关体制机制改革方面来看，在落实农村税费改革的过程中，针对农村义务教育，2001年，教育部、财政部、农业部联合发布《关于继续做好农村教育费附加征收管理工作的通知》，其中提出，没有实行

农村税费改革试点的地区，继续做好农村教育费附加征收和管理工作。实行农村税费改革试点的地区，取消包括农村教育费附加在内的“三提五统”，把农村税费改革与促进农村义务教育健康发展结合起来。推进义务教育管理体制改革的过程中，《关于进一步加强农村教育工作的决定》强调，要“落实农村义务教育‘以县为主’管理体制的要求，加大投入，完善经费保障机制”。

从农村义务教育具体经费供给方面来看，国家相关教育政策主要集中在农村教育公用经费使用、相关收费制度改革，以及相关办学条件改善与教师工资待遇提升等方面。例如，《关于基础教育改革与发展的决定》主张，由省级人民政府根据当地农村中小学实际公用经费支出情况，核定本地区该项经费的标准和定额。除从学校按规定收取的杂费中开支外，其余不足部分由县、乡两级人民政府予以安排，同时针对农村贫困地区，建议实行由中央有关部门规定的“一费制”收费制度；对其他地区，由省级人民政府按照国家有关规定，结合当地实际，确定本地区杂费、书本费的标准。长期以来，农村教师工资待遇的发放与提升问题是影响农村教育持续发展的重要原因，《关于完善农村义务教育管理体制的通知》将“确保农村中小学教职工工资按时足额发放”作为一项重要内容，要求“在合理确定农村中小学教职工编制的基础上，省级人民政府要统筹安排解决财力困难县农村中小学教职工工资的发放问题，并实行省长（主席、市长）负责制。”

随着国家不断加大对农村义务教育的经费支持力度，为提高农村义务教育阶段中小学公用经费保障水平，《关于深化农村义务教育经费保障机制改革的通知》提出，在免除学杂费的同时，先确定农村中小学预算内生均公用经费拨款标准，所需资金由中央和地方按照免学杂费资金的分担比例共同承担。在此基础上，为促进农村义务教育均衡发展，由中央适时制定全国农村义务教育阶段中小学公用经费基准定额，所需资金仍由中央和地方按上述比例共同承担。为完善农村教师待遇保障机制，《关于统筹推进县域内城乡义务教育一体化改革发展的若干意见》进一步提出，要实行乡村教师收入分配倾斜政策，落实并完善集中连片特困地区和边远艰苦地区乡村教师生活补助政策，因地制宜稳步扩大实施范围，越往基层、越往艰苦地区补助水平越高。随着国家社会经济发展水平的不断提升，以及义务教育改革的深入推进，在农村教育经费供给力度逐步加大的同时，为推进城乡义务教育均衡发展提供了重要的经费供给基础。

四、督政与督学相结合、开展教育督导评估的政策分析

教育督导评估是落实检验义务教育政策，实现义务教育发展目标的保障制度。我国城乡义务教育督导评估的基本经验和特色是“督政与督学相结合”，在督导考察各级政府的教育职责履行情况的同时，对各类学校开展督导检查，推动学校落实教育政策（见表2–4）。

表 2–4 义务教育均衡发展督导评估的主要政策文件

序号	时间	文件名称	发文机构
1	2001年	《关于加强基础教育督导工作的意见》	国家教育督导团
2	2006年	《关于加强农村义务教育经费保障机制改革督导工作的意见》	教育部、财政部
3	2007年	《关于成立教育部基础教育质量监测指导委员会的通知》	教育部办公厅
4	2012年	《县域义务教育均衡发展督导评估暂行办法》	教育部
5	2014年	《关于开展农村义务教育学校基本办学条件专项督导的通知》	国务院教育督导委员会办公室

续表

序号	时间	文件名称	发文机构
6	2014年	《关于进一步做好县域义务教育均衡发展督导评估工作的通知》	国务院教育督导委员会办公室
7	2015年	《全面改善贫困地区义务教育薄弱学校基本办学条件工作专项督导办法》	国务院教育督导委员会办公室
8	2017年	《县域义务教育优质均衡发展督导评估办法》	教育部
9	2018年	《教育系统扶贫领域作风问题专项治理实施方案》	教育部

一是加强专项政策的督导评估，促进教育热点难点问题的解决。为推进基础教育的改革发展、农村义务教育经费保障机制改革、县域义务教育均衡发展等，先后开展了“加强基础教育督导工作”“加强农村义务教育经费保障机制改革督导工作”“县域义务教育均衡发展督导评估工作”“农村义务教育学校基本办学条件专项督导”和“全面改善贫困地区义务教育薄弱学校基本办学条件督导工作”，相关督导内容涉及“中小学危房改造和师生安全问题”“地方各级政府实施农村义务教育经费保障机制改革的工作情况”“控制农村初中辍学问题”和“教师资格制度、职务制度、聘任制度实施情况”等。根据督导评估情况，及时反馈给当地职能部门，促进教育热点难点问题的优先解决。

二是强化政府的教育职能责任，确保相关政策的有效实施。首先是实行地方政府领导参与、教育督导机构具体组织实施的运行机制，厘清地方相关行政部门在督导评估过程中的职能划分，通过职能部门人员的参与，借助相关专项督导评估，做好自查与整改工作。其次是明确指出以行政部门履行义务教育职责为主线，把义务教育督导评估结果作为考核、表彰以及责任追究地方各级领导干部的重要依据。最后是加大对地方政府的督促、指导和问责力度，“对‘拖后腿’的及时予以问责，要及时向当地人大、政协部门汇报项目落实情况，提请人大代表、政协委员带队定期检查、视察此项工作。”① 限期整改但逾期仍达不到规定要求的，可由省级人民政府撤销其相应取得的称号。

三是逐步完善督导评估制度，构建起三级教育督导体系。在2001年起倡导建立县级教育工作督导评估制度和分类分级教育督导评估机制，提出“义务教育学校和幼儿园一般由县级负责督导评估，高中阶段学校一般由地市级进行督导评估，有条件的地方经省级批准也可由县级负责督导评估。”② 针对义务教育均衡发展，构建起“三级督查三级报告”的工作机制。首先是以县为单位组织督学、学校开展督查，形成县级督查报告，制定整改方案。其次是省级教育督导部门根据各县督查报告、整改方案，跟踪整改进度，组织督学逐县复查，督促整改，并形成省级督查报告。最后是国务院教育督导委员会办公室在有关媒体及网站公布各地督查报告、整改方案，组织国家督学开展专项复查，综合各地督查、整改情况，形成国家督导报告。

五、开展教育对口帮扶、促进城乡互动的政策分析

为推动城乡义务教育均衡发展，除了发挥国家宏观政策杠杆效应，增强对农村义务教育的政策支持和制定实施城乡教育一体化发展机制之外，还需要在中观层面落实区域性城乡义务教育发展主体的教育责任担

---

① 教育部. 关于进一步做好全面改善贫困地区义务教育薄弱学校基本办学条件有关工作的通知［EB/OL］.（2015-05-13）. http://www.moe.gov.cn/srcsite/A11/moe_1789/201505/t20150513_18 9478.html.

② 国家教育督导团. 关于加强基础教育督导工作的意见［EB/OL］.（2001-09-08）. http://www.moe.gov.cn/srcsite/A11/moe_1789/200109/t20010908_81780.html.

当，引导城镇的优质教育资源主动向农村流动和共享，建构城乡教育发展互动体系，以及在微观层面指导区域性城镇优质校与农村薄弱学校的校际合作，实现教育资源需求与共享的精准对接，进而扩大优质教育资源覆盖面（见表2-5）。

表 2-5 义务教育均衡发展城乡互动的主要政策文件

序号	时间	文件名称	发文机构
1	2001年	《关于对全国部分贫困地区农村中小学生试行免费提供教科书的意见》	教育部、财政部
2	2003年	《关于进一步加强农村教育工作的决定》	国务院
3	2004年	《关于农村中小学现代远程教育工程试点工作教育教学资源采购有关事项的通知》	教育部办公厅
4	2004年	《农村中小学现代远程教育工程设备及教学资源招标采购管理办法》	教育部办公厅、国家发展和改革委员会办公厅、财政部办公厅
5	2005年	《关于进一步推进义务教育均衡发展的若干意见》	教育部
6	2006年	《农村中小学现代远程教育工程终端接收站点技术方案（修订）》	教育部办公厅
7	2012年	《关于深入推进义务教育均衡发展的意见》	国务院
8	2013年	《关于加强义务教育阶段农村留守儿童关爱和教育工作的意见》	教育部等五部门
9	2014年	《关于进一步扩大省级政府教育统筹权的意见》	国家教育体制改革领导小组办公室
10	2014年	《关于推进县（区）域内义务教育学校校长教师交流轮岗的意见》	教育部、财政部、人力资源和社会保障部
11	2015年	《关于进一步做好全面改善贫困地区义务教育薄弱学校基本办学条件有关工作的通知》	教育部
12	2016年	《关于加快中西部教育发展的指导意见》	国务院办公厅

续表

序号	时间	文件名称	发文机构
13	2016年	《关于统筹推进县域内城乡义务教育一体化改革发展的若干意见》	国务院
14	2016年	《教育脱贫攻坚“十三五”规划》	教育部等六部门
15	2017年	《义务教育学校管理标准》	教育部
16	2018年	《深度贫困地区教育脱贫攻坚实施方案（2018—2020年）》	教育部、国务院扶贫开发领导小组办公室
17	2018年	《关于全面加强乡村小规模学校和乡镇寄宿制学校建设的指导意见》	国务院办公厅

结合全国部分地区城乡教育帮扶的有效做法与成功经验，国务院《关于进一步加强农村教育工作的决定》提出，要建立和完善教育对口支援制度，“继续实施‘东部地区学校对口支援西部贫困地区学校工程’和‘大中城市学校对口支援本省（自治区、直辖市）贫困地区学校工程’，建立东部地区经济比较发达的县（市、区）对口支援西部地区贫困县、大中城市对口支援本省（自治区、直辖市）贫困县的制度。”国务院《关于深入推进义务教育均衡发展的意见》提出，要“发挥优质学校的辐射带动作用，鼓励建立学校联盟，探索集团化办学，提倡对口帮扶，实施学区化管理”。国家教育体制改革领导小组办公室《关于进一步扩大省级政府教育统筹权的意见》指出，要“完善多种形式的家庭经济困难学生资助、教育帮扶、对口支援等机制。”该文件明确地肯定“教育帮扶”“对口支援”等形式对缩小城乡义务教育发展差距的作用。此后，先后颁布印发了《关于统筹推进县域内城乡义务教育一体化改革发展的若干意见》《深度贫困地区教育脱贫攻坚实施方案（2018—2020年）》和《关于全面加强乡村小规模学校和乡镇寄宿制学校建设的指导

意见》等文件，旨在完善和加大对薄弱学校、乡村学校，尤其是深度贫困地区义务教育的扶持力度，推动城乡教育对口帮扶和一体化办学。

在教育对口帮扶的形式上，一是在市域范围内实施优质义务教育学校对口帮扶农村薄弱义务教育学校，二是鼓励东部地区开展义务教育结对帮扶，三是重点开展对深度贫困地区的教育对口帮扶。在教育对口帮扶的内容上，一是引导城乡学校对口帮扶和强化乡镇中心校的统筹作用，二是加强城乡师资轮岗交流和针对乡村师资的培训，三是利用信息技术共享优质资源和开展同步教研，四是优质高中招生分配指标向乡村初中倾斜。除此之外，积极发挥社会组织在帮扶乡村学校中的作用，一方面密切乡村学校与乡村及其所属城镇社区联系，主动争取社会资源和社会力量支持乡村学校改革发展；另一方面引导优质的慈善公益的教育资源流向乡村学校，采取多种途径提升乡村学校的办学质量。

在有效的系列教育政策的叠加作用下，城乡义务教育的各要素条件得到补充与完善，尤其在经费供给与办学条件改善这两大方面有了根本性改观，甚至在某些项目上已扭转了“城强乡弱”的局面。农村义务教育办学质量得到保障与提升，城乡义务教育的发展差距逐步缩小，并在持续的多重教育政策驱动下逐渐呈现出优质均衡化的发展态势。

第二节　城乡义务教育均衡发展实践分析

一、城乡义务教育均衡发展基本状况

（一）合理布局农村义务教育学校，确保学生就近入学

2012年国务院办公厅《关于规范农村义务教育学校布局调整的意见》和2018年国务院办公厅《关于全面加强乡村小规模学校和乡镇寄宿制学校建设的指导意见》对农村义务教育学校布局规划、学校撤并程序和行为、办好农村义务教育学校等方面做了明确规定，在城镇化的快速推进和城乡学龄人口变动呈现新形态的时代背景下，规范了各地方的农村义务教育学校布局调整工作，从政策制度层面促使学校布局调整取向由追求效率向重视公平转变，满足学龄人口就近入学和接受良好义务教育的需求。

1. 制定农村义务教育学校布局规划，优化城乡教育资源布局

首先，明确县级人民政府制定农村学校布局专项规划的主体责任，并且“专项规划经上一级人民政府审核后报省级人民政府批准，并由省级人民政府汇总后报国家教育体制改革领导小组备案”，构建农村义务教育学校布局调整规划的层级审核制度，确保专项规划的科学性。其次，提出农村义务教育学校布局规划的指导意见，既要“合理确定县域内教学点、村小学、中心小学、初中学校布局，以及寄宿制学校和非寄宿制学校的比例，保障学校布局与村镇建设和学龄人口居住分布相适应”，又要结合本地人口分布、地理特征、交通资源、城镇化进程和学龄人口流动、变化趋势，统筹县域教育资源，有序加强城镇学校建设，积极消除城镇学校大班额现象。最后，给出农村义务教育学校布局规划

的总体原则，“既要防止过急过快撤并学校导致学生过于集中，又要避免出现新的空心校”。

对此，全国各县级人民政府陆续出台了农村义务教育学校布局规划。一方面制定了中短期专项规划，例如，甘肃省通渭县制定了《通渭县2017—2020年中小学布局调整规划方案》，其中提到，在城区，新建义务教育阶段学校4所，新增学位6 500个，有效化解了大规模学校、大班额问题。在农村，改建寄宿制学校36所，投入400多万元，为寄宿制学校购置饮水设施、学生用床，大力改善食宿、饮用水、如厕等条件，满足师生基本生活需求。另一方面制定了中长期专项规划，例如，河南省郑州市依据城市建设规划和区域人口变化，预测分析该市中长期中小学校的发展规模，进而编制了2014—2030年中小学布局规划。有的地方制定了针对城市义务教育学校布局调整的专项规划，例如，湖南省湘潭市制定了《湘潭市城区中小学校布局专项规划（2016—2020年）》。目前，全国91.2%的县（区）制定了农村义务教育学校布局规划，85.6%的县（区）制定了闲置校园校舍综合利用方案。①

2. 规范学校撤并程序和行为，谨慎撤并农村的义务教育学校

首先，明确规定撤并方案的程序，其由制定、论证、公示、报批等组成，县级人民政府要充分保证程序的完整性和严格遵守。其次，相关利益主体可参与并监督决策过程，要求县级人民政府通过举行听证会等方式，广泛听取学生家长、学校师生，以及当地村民自治组织和乡镇人民政府的意见，保障利益主体各方对学校撤并的知情权和决策权。最

① 教育部. 关于政协十三届全国委员会第一次会议第3177号（教育类328号）提案答复的函［EB/OL］.（2019-01-01）. http://www.moe.gov.cn/jyb_xxgk/xxgk_jyta/jyta_jijiaosi/201901/t20190129_3 68476.html.

后，相关方案要逐级上报省级人民政府审批，由省级人民政府总体把关与统筹决定，并且在获得审批和备案之前，当地政府要暂停学校撤并。最后，学校撤并必须遵循“应先建后撤”原则，由省级政府统筹管理，强调公示公开和群众广泛参与。

在学校撤并程序和行为得到规范的大背景下，各地方政府逐渐谨慎撤并农村义务教育学校，一方面在国家政策文件的指导下各地方政府陆续颁布规范学校撤并程序和行为的政策规定，另一方面避免盲目撤并学校，撤并后带来突出问题的学校，依照规划、程序予以恢复。有鉴于此，在经历了之前大规模学校布局调整之后，2012年以来各地方城乡义务教育学校进入了城乡整体布局、农村微幅调整的阶段，一些必要的教学点得到保留。在2001—2012年，全国义务教育学校数总体减少了25 097所，其中城区和镇区分别增加了175所和302所，乡村学校减少了25 574所。而在2012—2017年，义务教育学校数总体减少了12 580所，其中城区增加了487所，镇区和乡村分别减少了452所和12 615所，其中乡村小学减少了11 791所，但乡村教学点增加了5 550所（见表2-6）。

表2-6　全国义务教育阶段学校数量变化情况①（单位：所）

类别	区域	学校数年平均变化数量	
		2001—2012年	2012—2017年
小学	城区	−15	203
	镇区	−121	−727
	乡村	−23 745	−11 791
	总体	−23 881	−12 315

① 邬志辉，秦玉友主编. 中国农村教育发展报告2019［M］. 北京：北京师范大学出版社. 2020：205-206.

续表

类别	区域	学校数年平均变化数量	
		2001—2012年	2012—2017年
教学点	城区	8	174
	镇区	291	917
	乡村	−4 352	5 550
	总体	−4 053	6 640
初中	城区	190	285
	镇区	423	275
	乡村	−1 829	−824
	总体	−1 216	−264
义务教育阶段	城区	175	487
	镇区	302	−452
	乡村	−25 574	−12 615
	总体	−25 097	−12 580

资料来源与说明：根据2001—2016年《中国教育统计年鉴》《中国教育事业发展统计简况（2017）》的数据整理。表中数据为计算所得，正数表示增加，负数表示减少。其中，初中学校数量统计口径为初级中学、九年一贯制学校和职业中学之和。

3. 大幅改善农村学校办学条件，努力办好基层乡村小学

当前农村义务教育学校的办学条件得到了较大改善。“建立校园网校数”和“音乐器械配备达标校数”两个代表性指标数据显示，城乡中小学的办学条件差距在缩小，乡村小学的办学条件有了极大改善。

在“建立校园网校数”方面，初中阶段在“建立校园网校数”占比存在城乡差距，2013年时依次为城区75.31%、镇区57.90%、乡村41.63%，到2017年时依次为城区86.31%、镇区77.16%、乡村68.33%。

在这5年间，城区、镇区和乡村初中的“建立校园网校数”的比例分别提升了11.00个百分点、19.26个百分点和26.70个百分点，并且乡村初中与镇区初中的差距由16.27个百分点缩小为8.83个百分点，与城区初中的差距由33.68个百分点缩小为17.98个百分点。小学阶段“建立校园网校数”占比也存在城乡差距，2013年时依次为城区62.42%、镇区34.94%、乡村15.50%，到2017年时依次为城区82.64%、镇区69.69%、乡村56.81%。5年间城区、镇区和乡村小学的比例分别提升了20.22个百分点、34.75个百分点和41.31个百分点，乡村小学与镇区小学的差距由19.44个百分点缩小为12.88个百分点，与城区小学的差距由46.92个百分点缩小为25.83个百分点（见图2-1）。

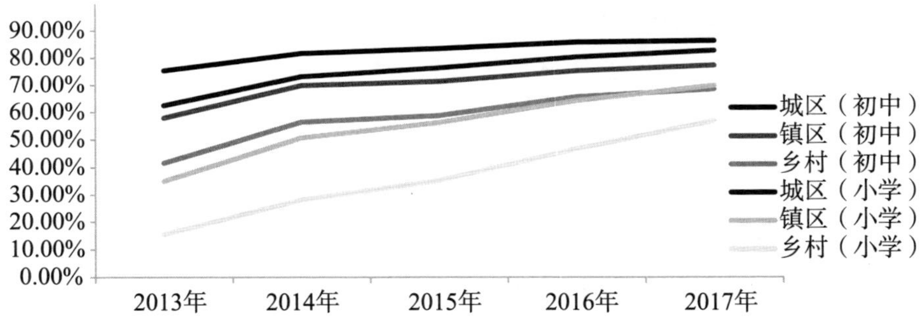

图2-1　城乡中小学建立校园网校数分布（2013—2017年）

资料来源：根据2013—2017年《中国教育统计年鉴》的数据整理。

在“音乐器械配备达标校数”方面，初中阶段的城乡差距逐步缩小，2013年的占比依次为城区81.89%、镇区72.04%、乡村61.25%，到2017年时依次为城区94.40%、镇区93.52%、乡村91.86%。从2013年到2017年，城区、镇区和乡村初中的“音乐器械配备达标校数”比例分别提升了12.51个百分点、21.48个百分点和30.61个百分点，乡村初中在此项目中比例的增幅最大，乡村初中与镇区的差距由10.79个百分点缩小为1.66个百分点，与城区的差距由20.64个百分点缩小为2.54个百分点。在“音乐器械配备达标校数”上，城乡初中学校的差距整体低于3个百分点。小学阶段，“音乐器械配备达标校数”占比中，2013年的数值依次为城区77.61%、镇区59.56%、乡村41.87%，2017年时数值依次为城区94.03%、镇区92.06%、乡村87.22%，5年间，城区、镇区和乡村小学的“音乐器械配备达标校数”比例分别提升了16.42个百分点、32.50个百分点和45.35个百分点，乡村小学比例增幅最大，乡村小学与镇区小学的差距由17.69个百分点缩小为4.84个百分点，与城区小学的差距由35.74个百分点缩小为6.81个百分点（见图2-2）。

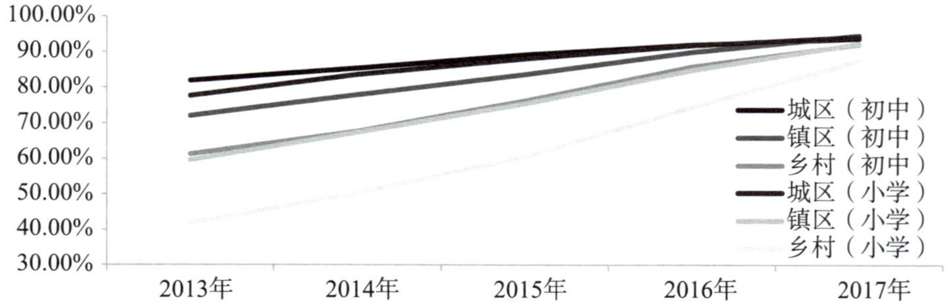

图2-2　城乡中小学音乐器械配备达标校数分布（2013—2017年）

资料来源：根据2013—2017年《中国教育统计年鉴》的数据整理。

（二）提升城乡义务教育师资质量，促进教师配置均衡

在相关教师政策的颁布实施、义务教育教师薪酬待遇的改善，以及师范教育的层次提升等各方面利好信息的影响下，城乡义务教育师资建设一方面在数量上得到大量补充，另一方面在结构上得到了优化，尤其在学历水平层面由以“中专和大专”当主体转变为以“大专和本科”为主体。而在持续的教师支持政策的影响下，乡村义务教育教师队伍建设取得了较大的进展，在诸如学历水平、职称结构和师生比等关键性指标

上有了明显好转，并呈现出城乡均衡化发展态势。

1. 优化城乡义务教育教师学历结构

初中阶段，城乡教师学历主体为“本科毕业”，并且“研究生毕业”的学历占比不断提高，而“专科毕业”“高中阶段毕业”和“高中阶段以下毕业”学历占比不断下降。在2017年，全国初中教师从“研究生毕业”到“高中阶段以下毕业”的学历占比分别为2.60%、82.02%、15.20%、0.16%和0.01%。2013—2017年，乡村初中教师的学历结构得到优化，“本科毕业”由65.65%提升到77.46%，“专科毕业”的学历主体不断降低，“研究生毕业”的学历比例略有提升（见表2-7）。

表2-7　城乡初中教师学历占比分布（2013—2017年）

类别	学历结构	2013年	2014年	2015年	2016年	2017年
全国	研究生毕业	1.30%	1.57%	1.88%	2.20%	2.60%
	本科毕业	73.57%	76.32%	78.35%	80.27%	82.02%
	专科毕业	24.41%	21.64%	19.43%	17.29%	15.20%
	高中阶段毕业	0.69%	0.46%	0.33%	0.23%	0.16%
	高中阶段以下毕业	0.02%	0.02%	0.01%	0.01%	0.01%
城区	研究生毕业	3.15%	3.72%	4.23%	4.83%	5.51%
	本科毕业	83.03%	84.09%	84.85%	85.44%	85.91%
	专科毕业	13.55%	12.01%	10.79%	9.64%	8.52%
	高中阶段毕业	0.26%	0.17%	0.12%	0.09%	0.06%
	高中阶段以下毕业	0.01%	0.01%	0.00%	0.00%	0.00%

续表

类别	学历结构	2013年	2014年	2015年	2016年	2017年
镇区	研究生毕业	0.54%	0.62%	0.81%	0.95%	1.13%
	本科毕业	71.16%	74.28%	76.57%	78.83%	80.81%
	专科毕业	27.51%	24.59%	22.23%	19.94%	17.85%
	高中阶段毕业	0.77%	0.50%	0.38%	0.27%	0.19%
	高中阶段以下毕业	0.03%	0.02%	0.01%	0.01%	0.01%
乡村	研究生毕业	0.41%	0.50%	0.66%	0.73%	0.92%
	本科毕业	65.65%	68.97%	71.92%	74.45%	77.46%
	专科毕业	32.76%	29.72%	26.84%	24.39%	21.33%
	高中阶段毕业	1.15%	0.79%	0.56%	0.41%	0.28%
	高中阶段以下毕业	0.03%	0.03%	0.02%	0.01%	0.01%

资料来源：根据2013—2017年《中国教育统计年鉴》的数据整理。

小学阶段，城乡教师学历主体逐渐转变为“本科毕业”，并且“研究生毕业”的学历占比不断提高，而“专科毕业”“高中阶段毕业”和“高中阶段以下毕业”学历占比不断下降。在2017年，全国小学教师从“研究生毕业”到“高中阶段以下毕业”的学历占比分别为0.95%、54.12%、40.19%、4.70%和0.04%。比较而言，从2013—2017年，乡村小学教师的学历结构得到优化，传统上作为学历主体的“专科毕业”占比由55.23%降为49.17%，而当前的学历主体“本科毕业”占比由2013年的24.87%提升到2017年的42.23%，这与全国平均值相差11.87个百分点，与镇区相差9.71个百分点，与城区相差26.64个百分点（见表2-8）。

表 2-8 城乡小学教师学历占比分布（2013—2017 年）

类别	学历结构	2013年	2014年	2015年	2016年	2017年
全国	研究生毕业	0.36%	0.48%	0.62%	0.78%	0.95%
	本科毕业	36.88%	41.20%	45.31%	49.64%	54.12%
	专科毕业	50.09%	48.16%	45.96%	43.23%	40.19%
	高中阶段毕业	12.50%	10.04%	8.02%	6.29%	4.70%
	高中阶段以下毕业	0.17%	0.12%	0.09%	0.06%	0.04%
城区	研究生毕业	1.02%	1.29%	1.61%	1.93%	2.28%
	本科毕业	57.04%	60.13%	62.90%	66.01%	68.87%
	专科毕业	37.38%	35.07%	32.80%	30.01%	27.26%
	高中阶段毕业	4.53%	3.48%	2.67%	2.03%	1.58%
	高中阶段以下毕业	0.04%	0.02%	0.02%	0.01%	0.01%
镇区	研究生毕业	0.16%	0.21%	0.28%	0.34%	0.40%
	本科毕业	35.24%	39.40%	43.65%	47.74%	51.94%
	专科毕业	53.91%	51.68%	49.06%	46.32%	43.39%
	高中阶段毕业	10.60%	8.64%	6.96%	5.55%	4.25%
	高中阶段以下毕业	0.10%	0.07%	0.05%	0.04%	0.02%
乡村	研究生毕业	0.10%	0.14%	0.18%	0.21%	0.28%
	本科毕业	24.87%	28.92%	32.96%	37.27%	42.23%
	专科毕业	55.23%	54.53%	53.35%	51.58%	49.17%
	高中阶段毕业	19.47%	16.17%	13.34%	10.81%	8.24%
	高中阶段以下毕业	0.33%	0.24%	0.18%	0.13%	0.08%

资料来源：根据2013—2017年《中国教育统计年鉴》的数据整理。

2. 优化城乡义务教育教师职称结构

城乡初中教师的职称主体为“中学一级”和“中学二级”（见表2-9）。从2013—2017年，乡村教师职称结构中“中学一级”和“中学二级”占比最大但在逐年降低，而“中学高级”的占比逐年递增，由2013年的11.40%增加到2017年的16.07%，增加近5个百分点，这项数值的增长速度高于镇区和城区，与镇区和城区的差距逐步缩小。

表 2-9 城乡初中教师职称结构分布（2013—2017 年）

类别	职称结构	2013年	2014年	2015年	2016年	2017年
全国	中学高级	16.00%	16.80%	17.48%	18.38%	18.99%
	中学一级	43.17%	43.25%	43.27%	42.88%	42.14%
	中学二级	32.37%	31.37%	30.62%	29.77%	28.71%
	中学三级	1.65%	1.46%	1.28%	1.11%	1.00%
	未定职级	6.81%	7.12%	7.35%	7.86%	9.15%
城区	中学高级	21.77%	21.93%	22.01%	22.34%	22.23%
	中学一级	43.59%	43.29%	42.97%	42.41%	41.72%
	中学二级	26.96%	26.58%	26.43%	26.09%	25.76%
	中学三级	0.87%	0.80%	0.78%	0.69%	0.67%
	未定职级	6.82%	7.40%	7.82%	8.46%	9.62%
镇区	中学高级	14.43%	15.32%	16.11%	16.96%	17.70%
	中学一级	44.06%	44.22%	44.32%	44.11%	43.26%
	中学二级	33.62%	32.56%	31.71%	30.76%	29.58%
	中学三级	1.73%	1.56%	1.35%	1.19%	1.08%
	未定职级	6.17%	6.34%	6.51%	6.97%	8.38%
乡村	中学高级	11.40%	12.28%	13.35%	14.84%	16.07%
	中学一级	40.52%	40.75%	40.99%	40.26%	39.60%
	中学二级	37.22%	36.06%	34.92%	34.00%	32.34%
	中学三级	2.57%	2.26%	1.93%	1.69%	1.49%
	未定职级	8.28%	8.65%	8.81%	9.22%	10.50%

资料来源：根据2013—2017年《中国教育统计年鉴》的数据整理。

城乡小学教师的职称主体是“小学高级”和“小学一级”（见表2-10），到2017年分别占比为46.48%和32.01%。乡村小学教师的“小学高级”和“小学一级”占比分别由49.41%、36.01%降低到44.31%、33.32%，而在“中学高级”和“小学二级”“小学三级”和“未定职级”等职称占比中有小幅提升，与城区和镇区差距逐年缩小。

表 2-10　城乡小学教师职称结构分布（2013—2017 年）

类别	职称结构	2013年	2014年	2015年	2016年	2017年
全国	中学高级	2.06%	2.26%	2.46%	2.87%	3.69%
	小学高级	52.28%	51.66%	50.71%	49.70%	46.48%
	小学一级	33.67%	33.13%	32.95%	32.47%	32.01%
	小学二级	3.17%	3.16%	3.28%	3.47%	4.48%
	小学三级	0.22%	0.22%	0.23%	0.29%	0.40%
	未定职级	8.60%	9.57%	10.36%	11.21%	12.94%
城区	中学高级	2.76%	3.01%	3.16%	3.55%	4.20%
	小学高级	55.06%	53.87%	52.38%	50.80%	47.18%
	小学一级	30.16%	30.02%	30.05%	29.83%	30.10%
	小学二级	2.22%	2.23%	2.37%	2.53%	3.38%
	小学三级	0.27%	0.27%	0.27%	0.28%	0.35%
	未定职级	9.53%	10.61%	11.78%	13.02%	14.79%
镇区	中学高级	2.34%	2.55%	2.77%	3.17%	4.04%
	小学高级	53.46%	52.99%	52.02%	51.08%	47.80%
	小学一级	33.66%	33.13%	33.08%	32.72%	32.49%
	小学二级	2.83%	2.91%	3.06%	3.20%	4.11%
	小学三级	0.21%	0.20%	0.20%	0.24%	0.32%
	未定职级	7.52%	8.21%	8.87%	9.59%	11.24%

续表

类别	职称结构	2013年	2014年	2015年	2016年	2017年
乡村	中学高级	1.34%	1.44%	1.60%	1.95%	2.79%
	小学高级	49.41%	48.79%	48.08%	47.29%	44.31%
	小学一级	36.01%	35.41%	35.14%	34.53%	33.32%
	小学二级	4.11%	4.09%	4.23%	4.57%	5.97%
	小学三级	0.21%	0.21%	0.22%	0.34%	0.55%
	未定职级	8.91%	10.05%	10.72%	11.32%	13.05%

资料来源：根据2013—2017年《中国教育统计年鉴》的数据整理。

3. 城乡义务教育师生比例向“乡高城低”转变

以往长期实行核定师资配置的师生比存在“城高乡低”的问题，这导致乡村教师数量配置与学生的教育需求存在落差，教师数量的不足极大影响教育教学质量。因此，国家开始整合多方力量力求解决乡村教师配置问题，出台相关政策，向乡村学校倾斜且优先配置师资。在城镇化快速推进的时代背景下，乡村学龄人口大量流向城市，乡村学校生源和在校生数出现逐步减少的情况。在这种“一增一减”的双重促进效应下，乡村义务教育的师生比总体上呈现逐渐递增趋势，城乡义务教育师生比例向“乡高城低”转变。

初中阶段师生比分别为，2013年时乡村为1∶11.14、镇区1∶12.89、城区1∶13.67，到2017年时乡村为1∶11.19、镇区1∶12.73、城区1∶12.83（见表2-11）。总体上呈现出持续且稳定地由城区向乡村依次递增的层级性关系，并且乡村初中的师生比高于全国的平均值。

表 2-11 城乡初中师生比值分布（2013—2017 年）

	2013年	2014年	2015年	2016年	2017年
全国	1∶12.76	1∶12.57	1∶12.41	1∶12.41	1∶12.52
城区	1∶13.67	1∶13.39	1∶12.96	1∶12.83	1∶12.83
镇区	1∶12.89	1∶12.70	1∶12.62	1∶12.64	1∶12.73
乡村	1∶11.14	1∶10.93	1∶10.89	1∶10.98	1∶11.19

资料来源：根据2013—2017年《中国教育统计年鉴》的数据整理。

小学阶段也呈现出持续且稳定地由城区向乡村依次递增的层级性关系，并且乡村小学的师生比高于全国的平均值。2013年时乡村为1∶15.61、镇区1∶19.35、城区1∶21.44，到2017年时乡村为1∶15.66、镇区1∶20.16、城区1∶21.67（见表2-12）。

表 2-12 城乡小学师生比值分布（2013—2017 年）

	2013年	2014年	2015年	2016年	2017年
全国	1∶18.37	1∶18.51	1∶18.96	1∶19.15	1∶19.11
城区	1∶21.44	1∶21.58	1∶21.82	1∶21.83	1∶21.67
镇区	1∶19.35	1∶19.57	1∶20.15	1∶20.29	1∶20.16
乡村	1∶15.61	1∶15.45	1∶15.68	1∶15.81	1∶15.66

资料来源：根据2013—2017年《中国教育统计年鉴》的数据整理。

（三）提高城乡义务教育经费供给，促进经费均衡配置

教育经费供给是义务教育发展的生命线，是学校办学的根本前提。因区域经济发展程度的差异，义务教育经费配置一直存在较大的区域与城乡差距，尤其在县域范围内相对独立自主的教育系统内，不统一的教育经费配置拉大了系统内部的教育差距。在相关国家政策的指导下，城

乡义务教育经费供给的具体数量与均衡状况均得到有效的改善。

1. 整体提高城乡生均公用经费的标准

国务院《关于进一步完善城乡义务教育经费保障机制的通知》规定，“中央确定2016年生均公用经费基准定额为：中西部地区普通小学每生每年600元、普通初中每生每年800元；东部地区普通小学每生每年650元、普通初中每生每年850元。”同时，为了确保政策落地实施和分解地方政府的财政压力，该文件进一步规范了央地两级政府的经费承担比例，规定了生均公用经费基准定额所需资金由中央和地方按比例分担，西部地区及中部地区与实施西部大开发政策的县（市、区）的比率为8∶2，中部其他地区为6∶4，东部地区为5∶5。该规定是为了消除义务教育生均公用经费拨付标准的城乡差异，统一定额小学和初中生均公用经费基准额度；同时，结合各个地区的物价水平，依据实际情况科学合理规定“中西部地区”和“东部地区”的生均公用经费基准额度。

省级政府为推进生均公用经费标准的城乡一体化，规定了本省的义务教育生均公用经费标准的具体额度。全国部分省（自治区、直辖市）所设定的义务教育生均公用经费标准均不低于国家规定，而“中西部地区”的青海省、河北省，和“东部地区”的江苏省、山东省、福建省、上海市、天津市、辽宁省和广东省的标准高于对应的国家规定，其中上海市小学和初中生均公用经费标准分别高于国家规定900元和800元（见表2–13）。在国家政策的宏观指导下，各级政府积极落实城乡义务教育均衡发展战略，加大教育经费投入力度，为城乡义务教育有质量的均衡发展提供了条件。

表 2-13 全国部分省（自治区、直辖市）义务教育生均公用经费标准分布（单位：元）

地区/学校		国家	青海	四川	河南	江西	河北	云南	安徽	贵州
中西部地区	小学	600	700	≥ 600	600	600	685	600	600	600
	初中	800	900	≥ 800	800	800	885	800	800	800
地区/学校		国家	江苏（2015）	山东	福建（2017）	浙江	上海	天津	辽宁	广东
东部地区	小学	650	700	710	750	650	1 600	≥ 1 300	850	1 150
	初中	850	1 000	910	950	850	1 800	≥ 1 450	1050	1 950

资料来源：根据《各地进一步完善城乡义务教育经费保障机制》《青海提高中小学公用经费标准》《四川省人民政府关于进一步完善城乡义务教育经费保障机制的实施意见》《河南统一城乡义务教育公用经费标准》《江西省人民政府关于进一步完善城乡义务教育经费保障机制的实施意见》《河北省人民政府关于进一步完善城乡义务教育经费保障机制的通知》《云南省人民政府关于进一步完善城乡义务教育经费保障机制的通知》《安徽省人民政府关于进一步完善城乡义务教育经费保障机制的实施意见》《贵州省义务教育阶段相关新政策明年施行，五大方面详解新规》《江苏省政府关于进一步完善城乡义务教育经费保障机制的通知》《山东省进一步完善城乡义务教育经费保障机制》《福建提高义务教育学校生均经费标准》《浙江省人民政府关于进一步完善城乡义务教育经费保障机制的通知》《各地进一步完善城乡义务教育经费保障机制》《天津市人民政府办公厅关于进一步完善城乡义务教育经费保障机制的通知》《辽宁统一城乡生均公用经费定额》《广东省人民政府关于进一步完善城乡义务教育经费保障机制的通知》整理。

2. 逐年提高城乡中小学生均教育经费

教育经费供给是制约城乡义务教育均衡发展的重要政策性因素。国家先后颁布了《关于深化农村义务教育经费保障机制改革的通知》（2005年）、《农村义务教育经费保障机制改革中央专项资金支付管理暂行办法》（2008年）和《关于进一步完善城乡义务教育经费保障机制的通知》（2015年），调整教育经费配置机制，提高教育经费配置额度和比例。统计数据表明，城乡中小学生均教育经费（预算）支出呈现整体性增长趋势。

初中生均教育经费预算支出方面，2013年地方普通初中和地方农村初中为8 493.66元和8 237.45元，到2017年增加到13 641.95元和12 644.58元，分别增加了5 148.29元和4 407.13元；初中生均教育经费支出方面，2013年地方普通初中和地方农村初中为10 219.79元和9 581.89元，到2017年增加到16 007.22元和14 391.64元，分别增加了5 787.43元和4 809.75元。小学生均教育经费预算支出方面，2013年地方普通小学和地方农村小学为6 279.95元和6 156.48元，2017年增加到9 686.16元和9 348.05元，分别增加了3 406.21元和3 191.57元；小学生均教育经费支出方面，2013年地方普通小学和地方农村小学为6 279.95元和7 132.7元，到2017年增加到11 397.25元和10 766.04元，分别增加了5 117.3元和3 633.34元（见图2-3和图2-4）。

结合义务教育学校办学的实际需求与市场物价变化，国家不断增加相应的教育经费投入，有些年份中地方农村中小学生均教育经费（预算）支出还高于地方普通中小学。地方普通和地方农村中小学生均教育经费（预算）支出虽有差距，但在小学阶段，其差距均保持在小于650元。

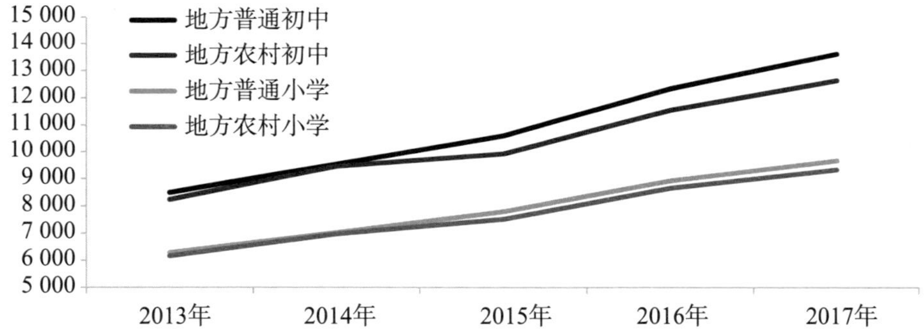

图2-3　城乡中小学生均教育经费预算支出分布（单位：元）

资料来源：根据2013—2017年《中国教育统计年鉴》的数据整理。

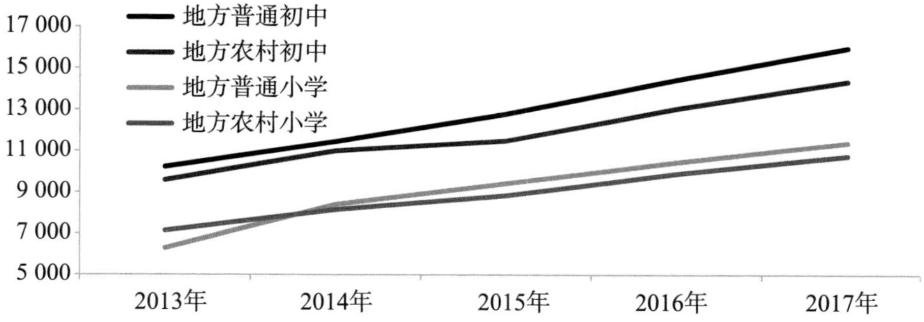

图2-4　城乡中小学生均教育经费支出分布（单位：元）

资料来源：根据2013—2017年《中国教育统计年鉴》的数据整理。

3. 底线保障乡村小规模学校办学经费

《关于规范农村义务教育学校布局调整的意见》（2012年）要求，提高村小学和教学点的生均公用经费标准，对学生数量不足100人的村小学和教学点按100人核定公用经费，保证其正常运转。此后，《关于进一步完善城乡义务教育经费保障机制的通知》（2015年）提出，建立城乡统一、重在农村的义务教育经费保障机制。《关于全面加强乡村小规模学校和乡镇寄宿制学校建设的指导意见》（2018年）着重强调，落实对乡村小规模学校按100人拨付公用经费。国家逐步构筑起“自上而下”的单向静态的公用经费拨付体系：一是区分不同经济发展程度地区的学生经费开销，制定以区域为分类的东中西部地区的学生公用经费标准；二是肯定不同学生群体的经费支出，确定以学段为类型的小学初中学生公用经费额度；三是厘清“小规模”的定义，规定以在校生数100人为分界线。①

正是在“不足100人按100人核定公用经费”的政策规定下，乡村

① 周兆海．农村小规模学校公用经费精准管理研究［J］．中国教育学刊，2017（8）：20-24.

小规模学校的办学经费得到了有效保障和补充。按照2016年国家规定的小学生均公用经费标准中“中西部地区”为600元和“东部地区”为650元，那么乡村小规模学校一年获得的生均公用经费额度为6万元或者6.5万元。尽管这些教育经费对于“麻雀虽小、五脏俱全”的乡村小规模学校办学而言仍然显得捉襟见肘，但在当前经费配给制度略显刚性、地方教育财政较为紧张和学校功能扩展带来办学费用增加的大背景下，有足额的生均公用经费配置依然是乡村小规模学校办出活力的根本前提。

（四）开展义务教育基本均衡评估，逐步认定县级地区

为推动县域层面城乡义务教育均衡发展，依据《关于深入推进义务教育均衡发展的意见》（2012年）及《县域义务教育均衡发展督导评估暂行办法》（2012年）的规定，同时以各地评估上报的申请认定全国义务教育发展基本均衡县（市、区）的相关材料为依据，国务院教育督导委员会以规定的评估内容和评估标准，分年度对全国各地县域义务教育发展基本均衡状况进行国家认定。全国地方政府明确政府的教育责任，分阶段、分年度落实义务教育均衡发展工作，有计划地增加教育经费投入，提升城乡教育教学质量，补齐农村教育短板，大力推进城乡义务教育均衡发展（见表2-14），2013—2018年，全国实现义务教育发展基本均衡的县（市、区）数分别有293个、464个、545个、522个、560个和338个。截至2018年12月底，全国累计有2 717个县通过国家认定，占全国总县数的92.7%，其中东部地区869个，中部地区861个，西部地区987个，并且有16个省（自治区、直辖市）整体通过认定。①

---

① 2018年全国义务教育均衡发展督导评估工作报告［N］. 中国教育报，2019-03-27.

表 2-14　2013—2018 年义务教育发展基本均衡县（市、区）数分布（单位：个）

	2013年	2014年	2015年	2016年	2017年	2018年	总计
全国参加评估县数	—	491	561	544	563	344	—
全国到要求县数	293	464	545	522	560	338	2 717①
全国参评达标年度比例	—	94.50%	97.15%	95.96%	99.47%	98.26%	—
北京	—	—	16	—	—	—	16
天津	11	—	5	—	—	—	16
河北	10	22	31	28	34	35	160
山西	1	21	30	33	25	9	119
内蒙古	7	2	25	34	32	8	108
辽宁	—	17	24	22	21	15	99
吉林	—	—	34	15	11		60
黑龙江	5	3	6	33	65	—	112
上海	—	17	—	—	—	—	17
江苏	65	24	11	—	—	—	100
浙江	33	42	15	—	—	—	90
安徽	6	34	30	24	12	—	106
福建	21	30	22	18	—	—	91
江西	—	11	11	42	28	20	112
山东	21	38	34	21	23	—	137
河南	18	20	19	12	33	32	134
湖北	29	43	18	12	10		112

① 每年数据值相加为2 722个县（市、区），但因行政区划调整，已经通过国家认定的县数减少5个，故实际值为2 717个。

续表

	2013年	2014年	2015年	2016年	2017年	2018年	总计
湖南	16	—	12	18	43	18	107
广东	—	57	51	13	—	—	121
广西	3	2	8	17	21	43	94
海南	4	2	4	4	5	—	19
重庆	4	6	5	11	9	3	38
四川	19	15	27	34	31	39	165
贵州	—	4	15	18	22	30	89
云南	—	—	9	43	45	23	120
西藏	2	6	12	16	15	11	62
陕西	5	16	29	20	30	—	100
甘肃		11	18	15	14	12	70
青海	5	4	6	5	13	10	43
宁夏	3	5	5	2	4	3	22
新疆	5	12	13	12	14	13	69
新疆生产建设兵团	—	—	—	—	—	14	14

资料来源：根据2013—2018年公布的《全国义务教育发展基本均衡县（市、区）名单》整理而得。

（五）运用多种形式教育对口帮扶，精准提升教育质量

为提升农村教育质量、推动城乡教育均衡发展，各地方政府和学校主动履行教育责任，尝试多种形式开展教育对口帮扶，促进政策经费资源和优质教育资源向农村学校流动，在不同程度上改变了区域性农村教育发展面貌，缩小了城乡义务教育发展差距。

一是地区间的教育对口帮扶，主要体现在社会经济先发地区和后发

地区教育行政部门之间的教育协作与帮扶，表现在两种形式上：一种是跨省跨地区的对口帮扶。例如，2013年贵州省安顺市教育局与青岛市教育局签署《教育友好合作协议》，基于两地12所中小学和幼儿园建立了“手拉手”结对帮扶关系，学校之间实现了课堂观摩和教研交流、教育资源共享，互派优秀教师、校长开展挂职锻炼、经验学习、远程研修与工作指导。① 广西壮族自治区与广东省结对帮扶，广西壮族自治区2018年以来各有关市县引入帮扶资金3.14亿元，援建小学16所，结对学校189所，派出1 005名教师到广东省学校跟岗学习，广东省也派出支教教师376名。② 另外一种是本省内部地区间的对口帮扶。例如，四川省在2017年秋季起，按照“一帮一”或“一帮多”方式，选择成都、绵阳等9市57县746所优质学校，对口帮扶涉藏地区32个深度贫困县763所学校，已选派支教教师和管理人员881名。③

二是政府机关单位对口帮扶农村学校，主要是当地县级及以上政府机关单位对口帮扶该地农村学校，具体体现在教育经费、办学条件改善等方面的帮扶。政府机关单位能够基于农村学校发展难题，较好地协同当地相关部门争取政策资源，给予针对性解决。例如，湖北省利川市颁布《利川市2008年市直部门对口帮扶农村教学点校舍改造工程实施方案》，该方案提出，全市103个市直单位对口帮扶103个农村教学点的校舍改造，投入相应教育经费，重点维修改造和改建该市农村教学点的教

---

① 平骄．推进校际结对合作，构建对口帮扶平台［N］．贵州民族报，2017-01-04.

② 广西壮族自治区教育厅．广西推进深度贫困地区教育脱贫攻坚［EB/OL］．（2019-04-03）．http://www.moe.gov.cn/jyb_xwfb/s6192/s222/moe_1752/201904/t20190403_376551.html.

③ 四川省教育厅．四川省精准施策推动藏区教育持续发展［EB/OL］．（2019-02-03）．http://www.moe.gov.cn/jyb_xwfb/s6192/s222/moe_1755/201902/t20190203_368877.html.

室、厨房和厕所等。[①]

三是大中专院校对口帮扶农村学校，大中院校充分发挥自身在资金、专业、理念和人才优势，对农村学校的帮扶具有带动性，具体体现在干部挂职、教育经费支持、办学条件改善、师资培训、学生资助和师生支教等方面。第一类是地方高校在省级政府的统筹安排下对口帮扶农村学校，例如，贵州省实施“省属院校帮百村”扶贫行动，推动45所省属院校帮扶100多个贫困村，大力推进教育帮扶。[②]第二类是部属高校对口帮扶所属地农村学校，例如，中南大学制定了《中南大学2014—2021年对口帮扶农村薄弱中小学工作计划》和《中南大学对口帮扶工作规程》，全面认真落实与湖南省江华县的对口帮扶。[③]第三类是部属高校跨省份对口帮扶农村学校，例如，天津大学制定了《天津大学定点扶贫宕昌县工作三年行动计划（2018—2020）》，每年选派2名研究生支教团成员到甘肃省宕昌县中小学支教一年，以及为宕昌县有需要的中小学、幼儿园开设第二课堂。[④]

四是校际的对口帮扶，主要是在所在地政府的协调安排下，当地教育质量较高和教育资源较为丰富的学校对口帮扶当地薄弱学校。一类是

① 梅文平，陈必学．让教育公平的阳光洒向大山深处——湖北省利川市市直单位帮扶改造农村教学点纪实［J］．中国民族教育，2009（5）：14-16.

② 教育部发展规划司．打赢教育脱贫攻坚战：贵州求解“四则运算”［EB/OL］．（2017-10-16）．http://www.moe.gov.cn/jyb_xwfb/xw_zt/moe_357/jyzt_2017nztzl/2017_zt12/17zt12_gssjy/201710/t20171016_316390.html.

③ 教育部发展规划司．中南大学多措并举，精准推进教育扶贫［EB/OL］．（2018-10-17）．http://www.moe.gov.cn/jyb_xwfb/xw_zt/moe_357/jyzt_2018n/2018_zt20/fpr_zsgx/zndx/201810/t20181017_351868.html.

④ 教育部发展规划司．做好扶贫这件“天大”的事——天津大学扎实做好宕昌县定点扶贫工作［EB/OL］．（2018-10-17）．http://www.moe.gov.cn/jyb_xwfb/xw_zt/moe_357/jyzt_2018n/2018_zt20/fpr_zsgx/201810/t20181017_351826.html.

较为松散的资源供给或共享的校际对口帮扶，例如，重庆市2010年建立重点中学和区县中学捆绑发展制度，让重点中学在办学思想、学校管理、教师队伍、教育科研等方面引领和扶持区县中学。另一类是组织化“紧凑型”的校际对口帮扶，强校和帮扶学校以教育联盟、集团化办学或大学区制等方式组织在一起。

二、城乡义务教育均衡发展的新挑战

随着城乡义务教育均衡发展政策的实施，农村学校的硬件设施、教学设备等办学条件有了很大的改善，但农村教育的累积性差距和城乡教育发展步调的不一致问题仍然存在，向农村倾斜性的政策未能根本性改变义务教育的城乡不均衡状态，当前县域内义务教育均衡发展已进入成果巩固与攻坚克难并存的阶段。

（一）城乡学校布局依然不能满足入学需求变化

在城镇化快速推进的影响下，农村人口加快向城市流动，这一方面导致农村人口的稀疏化，另一方面导致城市人口的过密化。学龄人口在城乡之间的分布产生了巨大的变化，现有的城乡学校布局难以满足城乡学生的入学需求。这既给农村学校布局调整带来挑战，也给城市学校布局调整带来新的难题。

1. 城镇学校规模与布局调整及教育负荷问题

随着各地大中城市落户条件的放开，人口流动由向中小城市流动为主转为向大中城市流动为主。城镇或者大中城市的义务教育阶段在校生也会随之增加。统计数据表明，一方面城镇义务教育阶段在校生数基数较大且逐年增加。从2013—2017年城区和镇区义务教育阶段在校生数在逐年增加，分别由4 202.99万人和5 566.11万人，增加到5 029.42万人和6 087.56万人，其中城区增加800多万人，镇区增加了500多万人，而乡村的在校生数逐年减少，由2013年的4 031.57万人减少到2017年的3 418.77万人，减少600多万人（见图2-5）。另一方面外来学龄人口不断进入城镇，增加城镇的教育负荷。义务教育阶段在校生中，随迁子女数2013年为1 613.59万人，2017年增加到1 897.45万人，增加280多万人，而进城务工人员随迁子女数由2013年的1 277.17万人，2017年增加到1 406.63万人，增加近130万人（见图2-6）。由此，城镇出现“大班大校”现象。在班级规模上，以小学为例，若以“45人以上”为大班额的参考标准，城区小学从一年级到六年级大班额比例均超过40%，镇区小学的占比在一年级为31.23%，到六年级达到42%，如果以“55人以上”为大班额，城区和镇区小学的大班额占比在一年级时分别为8.27%和6.89%，到了六年级增加到17.29%和15.85%（见表2-15）。在校均规模上，从2013—2017年，城区小学校均规模维持在1 000人以上，镇区小学维持在600人以上，城区初中校均规模均在1 200人以上，镇区初中均在900人以上（见表2-16）。

在此背景下，城镇义务教育学校布局面临三重挑战。一是优化学校布局和增加学校数量，以应对入学需求在城市空间扩张和绝对数量增加的变化；二是控制学校和班级规模，以提高教育教学质量，实现学校与区域之间教育的优质均衡；三是接纳和吸收随迁子女，尤其是进城务工人员随迁子女，以履行在地政府的教育责任和保障随迁子女的受教育权益。城镇义务教育学校布局要妥善处理好其“存量”与“增量”问题，而此问题的解决又必须面对四大矛盾：一是学校布局调整是以学校数量的增加为主，还是以学校内部的空间结构优化为主；二是如何协调学前、小学、初中和高中学段的学校布局，以确保教育资源的充分利用和基础教育升学系统的衔接性；三是优先满足城镇户籍学生，还是满足随迁子女的教育需求；四是不断吸收学龄人口和满足入学需求与当地教育经费、规划用地以及师资配置的负荷问题。

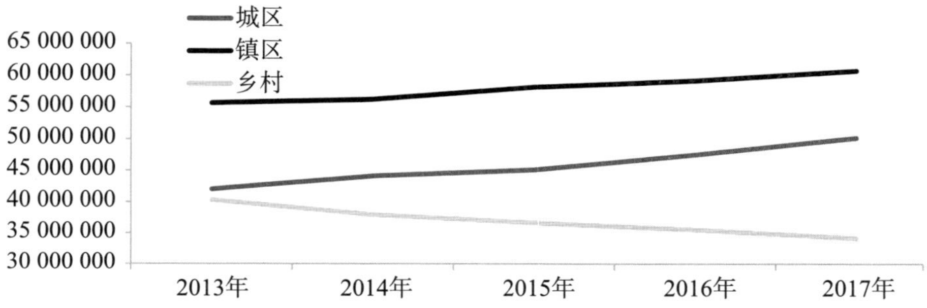

图2-5　义务教育阶段在校生数变化（2013—2017年）

资料来源：根据2013—2017年《中国教育统计年鉴》的数据整理。

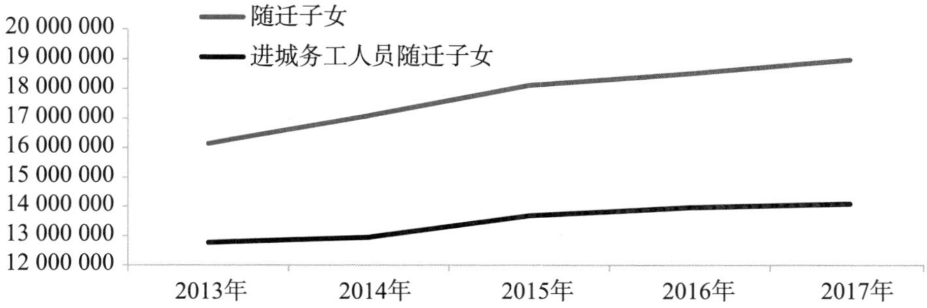

图2-6　义务教育阶段在校生中（进城务工人员）随迁子女数变化（2013—2017年）

资料来源：根据2013—2017年《中国教育统计年鉴》的数据整理。

2. 乡村学校布局再调整与寄宿制学校的问题

在学龄人口的大幅减少、进城务工人员随迁子女的持续增加，以及学校“撤点并校”和集中化办学等多重因素影响下，乡村学校发展呈现三大特征。一是学校小规模化。单所学校的在校生数减少，尤其是村小由完全小学向教学点转变。二是学校空间分布过疏化。经历前段时间的大规模撤并后，学校的绝对数量的减少，也在总体上改变了“一村一小”的农村学校分布格局，一所村小可能需要满足周边2个以上的村落的学龄儿童的教育需求，随之农村小学的教育服务半径增大，空间分布也逐渐变得分散化与过疏化。三是学校办学形态寄宿化。目前农村寄宿制学校占比偏大。例如，山西省长治市2018年义务教育阶段学校803所，在校生31万人，其中农村寄宿制学校381所，在校生13万人，占比分别为47.5%和41.9%①。农村学校日渐呈现出“小班小校”的发展趋势（见表2-15、表2-16）。

表2-15　2017年城乡小学班额占比分布

		班额	一年级	二年级	三年级	四年级	五年级	六年级
小学	城区	45人以上	40.98%	44.24%	46.40%	47.11%	48.47%	48.49%
		55人以上	8.27%	12.41%	13.97%	14.77%	16.78%	17.29%
		66人以上	1.45%	2.70%	3.12%	3.34%	4.01%	4.22%
	镇区	45人以上	31.23%	35.60%	37.84%	38.26%	40.13%	42.00%
		55人以上	6.89%	11.15%	13.08%	13.50%	14.67%	15.85%
		66人以上	1.39%	2.88%	3.36%	3.47%	3.92%	4.21%
	乡村	45人以上	7.16%	8.52%	10.18%	10.67%	12.59%	14.61%
		55人以上	1.15%	1.74%	2.14%	2.23%	2.93%	3.60%
		66人以上	0.19%	0.29%	0.40%	0.36%	0.52%	0.68%

资料来源：根据2017年《中国教育统计年鉴》的数据计算而得。班额占比＝该班额段班级数量/该年级段班级总数。

① 教育部. 建机构、定标准、管准入、强监督，积极推进农村义务教育寄宿制学校标准化建设［EB/OL］.（2018-05-11）. http://www.moe.gov.cn/jyb_xwfb/xw_fbh/moe_2069/xwfbh_2018n/xwfb_20180511/sfcl/201805/t20180511_335604.html.

表 2-16　2013—2017 年城乡中小学校均规模变化（单位：人）

学段	年份	城区	镇区	乡村
小学	2013	1 019.47	610.45	150.41
	2014	1 063.47	624.18	147.15
	2015	1 113.48	655.30	148.15
	2016	1 159.40	686.47	149.67
	2017	1 200.47	703.39	148.94
初中	2013	1 285.53	946.57	440.65
	2014	1 278.57	925.12	442.69
	2015	1 253.16	906.73	413.45
	2016	1 249.09	904.51	412.49
	2017	1 268.43	920.17	420.86

资料来源：根据2013—2017年《中国教育统计年鉴》的数据计算而得。校均规模＝在校生数/(学校数＋教学点数)。

针对在校生数持续减少的情况，农村学校不仅需要面对布局再调整的问题，也需要思考如何办好农村学校，尤其是农村小规模学校和寄宿制学校的问题。一是如何超越传统效能取向的学校布局调整取向，切实寻求“农村学龄人口空间分布与学校分布”的契合点和新时期下农村学校布局调整的科学标准，优化布局农村学校以满足农村学生的教育需求。二是如何尽可能地巩固既有的农村学校分布格局，着力提高农村小规模学校的教育质量，以积极应对教育扶贫和乡村振兴行动。有学者指出，2017年年底全国农村小规模学校有10.7万所，其学生基本上都是贫困程度较深、无力进城上学的弱势人群家庭的子女。广东省的统计数据显示，截至2018年12月底，广东省共有5 919个小学教学点，其中在校生不足100名的教学点共有4 298个，不足50名的有2 738个，这些教学点主要分布在粤东西北地区。① 三是如何规划和办好农村寄宿制学校，一方面如何依据学龄人口的变动规划好寄宿制学校的学段和空间设定，另一方面如何给予经费投入倾斜，升级改造寄宿制学校的教学和生活设备，增加和保障师资配置，为农村寄宿生创设良好的学习生活环境。学校寄宿化在悄然改变学校办学功能，由传统较为单一的教学功能扩展为教学与养育并重的功能，因此如何推动农村寄宿制学校的文化建设与内涵式发展是当前亟待解决的问题。

（二）城乡师资配置存在结构差距和制度性阻滞

农村教师队伍建设已得到极大发展，尤其在学历、职称和薪酬待遇等关键指标方面城乡差距进一步缩小。然而，城乡师资配置依然存在结构性差距与制度性阻滞等问题，这成为当前阶段阻碍城乡义务教育优质均衡发展的核心问题之一。

首先，农村教师存在数量缺口和结构性缺编。受制于农村学校办学环境、农村教师薪酬待遇和农村教师招考制度等多重因素影响，大学毕业生不愿意到农村任教和农村学校招不到教师现象并存，导致农村教师存在“有编未补”问题，针对此问题的解决策略是学校聘任代课教师或是临聘教师。此外，受制于规模取向的班师比和师生比的影响，农村小规模学校结构性缺编问题严重，无法依照国家规定开足相关课程。《2018年全国义务教育均衡发展督导评估工作报告》显示，2018年实现基本均衡发展的18个省（自治区、直辖市）的338个县中有162个县不同程度上存在“有编未补”问题，有128个县聘任了4.6万名合同制教师和代课教师，未做到编外教师与在编教师同工同酬，有257个县缺少

① 刘盾．广东：村小教学点“痛点”变“亮点”[EB/OL]．（2019-01-29）．http://www.moe.gov.cn/jyb_xwfb/s5147/201901/t20190129_368359.html.

音乐、体育、美术、科学、外语、信息技术教师2.8万名。[①]尤其在艰苦边远地区，农村专任教师数量配置不足和结构性缺编问题更为严重。

其次，农村教师队伍建设存在结构不合理。农村学校难以补充新教师，尤其是很难招聘到音体美学科教师，使得农村教师队伍在年龄、性别与学科等结构上不合理。一是教师老龄化与年轻化现象并存。有研究显示，农村小规模学校30岁及以下、31—35岁、36—40岁、41—45岁、46—50岁、51岁及以上的教师分别占30.06%、14.21%、13.09%、10.12%、9.20%和23.31%，其中30岁及以下和51岁及以上的教师占一半以上。[②]二是农村学校新进教师以女教师为主，而作为另一主体的老龄教师则以男教师为主。三是音体美和信息技术等学科教师配置不足，相关课程无法正常开设。

最后，城乡教师校长交流轮岗存在制度性阻滞。城乡教师、校长交流轮岗是提升农村师资数量和质量的重要渠道之一，在国家和地方的教育政策驱动下得到了贯彻落实，但在执行过程中存在制度性阻滞问题，缺乏有效的组织领导体制、科学有效的交流轮岗人员遴选机制、完善细致的使用管理机制和科学的评价监测机制[③]等问题，导致部分地方的教师校长交流轮岗的积极性不强、被动性为主和效果有待提升等问题。《2018年全国义务教育均衡发展督导评估工作报告》指出，教师、校长参加交流轮岗的积极性不高，约20个县教师和校长交流的比例低

---

① 教育部. 2018年全国义务教育均衡发展督导评估工作报告［EB/OL］.（2019-03-26）. http://www.moe.gov.cn/fbh/live/2019/50415/sfcl/201903/t20190326_375275.html.

② 刘善槐，王爽，武芳. 我国农村小规模学校教师队伍建设研究［J］. 教育研究，2017（9）：106-115.

③ 司晓宏，杨令平. 西部县域校长教师交流轮岗政策执行中的问题与对策［J］. 教育研究，2015（8）：74-80.

于10%。对1 187位校长的调查结果显示，有72.7%的校长认为交流来的教师不符合学校所需，36.18%的校长认为流动不利于教师队伍稳定，22.9%的校长认为教师交流扰乱正常的教学活动。①

（三）教育经费供给保障机制不健全与精准不够

教育经费投入的持续增长助推了义务教育质量的提升。为推动城乡义务教育均衡发展，逐渐建构起在宏观层面维续总量增长且向农村倾斜分配、中观层面确立城乡统一的拨付标准、微观层面落实底线保障的城乡义务教育经费供给框架，保证城乡义务教育经费供给的充足性。在充足教育经费的保障下，我国义务教育发展在体量和质量上均得到了总体性提升。然而，当前教育经费供给仍然存在一些问题。

一是教育经费的保障机制不健全，部分地方的义务教育经费未能实现三个法定增长。有研究指出，长期以来，在教育财政投入制度尚不完善的情况下，财政性教育经费的增长缺乏长效性。②《2016年全国义务教育均衡发展督导评估工作报告》指出，全国26个省（自治区、直辖市）522个县参加了国家义务教育均衡发展督导评估认定工作，其中有8个省（自治区、直辖市）义务教育经费保障机制未落实到位，未能实现义务教育经费的三个法定增长，个别受检县连续三年都未能全面实现义务教育经费“三个增长”要求，缺少保障教育经费稳定增长的长效机制。

二是教育经费供给精准性与延续性不足，部分农村学校资金缺口较大。一方面为了经费供给的专款专用和充分配给到校，相关部门做了细

① 李凌，阳锡叶，宋晓敏. 教师交流制度化要跨几道坎［N］. 中国教育报，2014-01-20.

② 汪栋，张琼文，黄斌. 我国教育财政投入充足指数设计与标准化测算［J］. 华东师范大学学报（教育科学版），2017（3）：116-125，172.

致且严苛的规定，确保了经费划拨和使用过程的程序性，推动了提高教师津补贴和提升学校硬件设施水平等项目的开展落实。另一方面相关经费落实后，与之匹配的项目却未得到相应的经费支持，不少农村学校修建了新的图书馆，里面却没有书架和图书；学校食堂修缮一新，里面却没有像样的饭桌和基本炊具；新建的教学大楼宽敞明亮，里面的书桌却依然破旧①。农村小规模小学的经费配给存在“经费配给与需求的错位、报销难和被挤占”②等问题。

三是教育经费供给分担比例与责任落实的问题。我国目前实行的是中央和地方各级人民政府根据职责共同负担，省级政府负责统筹落实，农村义务教育所需经费由各级人民政府分项目、按比例分担的义务教育经费投入体制。鉴于责任履行与决策制度的层级性，以及各级政府财政支付能力和各地方义务教育办学水平的差异性，现有的经费投入体制容易造成各级政府“事权与财权”“教育责任与财政供给”的不统一与失衡，进而衍生出政府间部分义务教育事权与支出责任划分不合理与不清晰，政府间部分划分清晰的义务教育事权落实不到位，以及义务教育支出责任分担机制设计对地方激励不足等问题。③

（四）教育督导评估的责任追究与落实力度不够

作为当前一项重要的教育行政管理手段，督导评估意在充分体现和发挥对提升义务教育均衡发展质量的重要作用。但在实际的督学与督政

---

① 邬志辉. 中国农村教育：政策与发展（1978—2018）[M]. 社会科学文献出版社，2018：173.

② 周兆海. 农村小规模学校公用经费精准管理研究 [J]. 中国教育学刊，2017（8）：20-24.

③ 李祥云，卢跃茹，雷玉琪. 我国政府间义务教育事权与支出责任合理划分研究 [J]. 教育经济评论，2018（1）：47-63.

过程中，仍存在值得深入关注和反思的现实问题。

一方面，当前的督导评估更多立足于外部的检查、鉴定、总结、反馈等，以发现缺点与不足为重点，并对行政部门与学校在推进义务教育均衡发展中的任务完成情况做系统考评、验收与指导，普遍忽视了对学校实际发展中的内在需求与支持策略的准确把握。督导评估往往成为地方政府和中小学校为了应付上级检查的过程。推行义务教育均衡发展成为地方政府追求政绩，以及中小学校完成上级命令的一项行政任务。这无疑偏离了督导评估的政策本意。也正因如此，部分地区甚至出现通过相关评估验收后就对义务教育均衡不闻不问的现象，这也导致不均衡现象再次反弹。因此，完善督导评估内容体系与实施机制，加强教育督导能力建设，是当前巩固并深入推进义务教育均衡发展的一项关键内容。

另一方面，地方政府是促进义务教育均衡发展的重要推动力量和责任主体，然而，长期以来受集权统一式管理取向的惯性影响，以及相关责任规范体系的不健全，地方政府对于义务教育均衡发展的管理与执行明显存在职责不清与管理失当等问题。虽然我国已明确规定义务教育管理试行“以县为主”，但不同层级政府和教育行政部门所应承担的管理职责具体是什么，仍不够明确。特别是“以县为主”使乡镇政府的义务教育责任被边缘化，“省级统筹”的表述也未对省级政府的投入和管理责任明确界定，这种职、权、责的归属不清，必然使得问责难以真正落到实处。① 在政府间的层级关系中，如果主要遵循的是以自上而下为主的科层管理制度，将使地方政府依据自身实际情况开展对区域义务教育均衡发展进行自主式管理的空间变得相当有限。在责任分担机制还未健

① 张旺，李慧. 城乡义务教育一体化进程中的教育问责制建构［J］. 教育理论与实践，2016（13）：25-28.

全的情况下，相比义务教育均衡发展的实际效果而言，如何做好“向上负责”才是地方政府更应关注的问题。

（五）城乡教育对口帮扶的推进机制尚不够健全

在国家政策的指导下，各级政府和学校开展了多种形式的城乡教育对口帮扶工作，有效地促进了城乡教育均衡发展。但相关工作还处在升级转换阶段，其推进机制不健全，在帮扶取向、管理关系和监管评估等方面面临着不同程度的挑战。

一是城乡教育对口帮扶供给忽视内涵提升。对口帮扶偏重于向农村学校和薄弱学校提供师资交流和设备改造等方面的帮扶，期待在短时间内改变被帮扶学校的办学现状，而忽视对被帮扶学校在课程建设与开发、优良学风的营造、教学质量提升和学校文化建设等方面的内涵性帮扶。

二是城乡教育对口帮扶主体间的关系亟待规范。在各地开展的教育对口帮扶项目中，无论是注重于点对点的问题解决和资源输送的跨地区的校际帮扶和高校参与的对口帮扶，还是建立城乡学校联盟、学区化和集团化等较为紧密帮扶模式的县域内校际对口帮扶，多数建构了一种“以城带乡”“以强带弱”的不对等乃至层级式的资源供给关系，普遍存在着对口帮扶主体的管理权限不明确、权责不配套等问题。这在不同程度上造成帮扶界限的不清晰和被帮扶学校的被动性。

三是缺乏对帮扶资源使用情况和效益的监管。国家和地方层面还未制定针对性的政策规定。一方面，对帮扶资源的流向没有具体的监管措施，导致跨地区和高校的帮扶资源供给到了当地优质学校，加剧了当地城乡义务教育的不均衡；另一方面，对帮扶资源的使用效益缺乏监测评估，还未形成对帮扶资源到位后的使用过程和效果的跟踪监管机制，无法及时有效地评判帮扶项目的教育效应，造成帮扶资源的“不对口”和浪费。

第三节　城乡义务教育均衡发展路径分析

义务教育作为教育的基础，除为学生的未来幸福生活奠定教育基础之外，也承担着提升学生学业水平，为其后续实现教育进阶准备条件。因此，必须充分认知教育公平的社会意义，力求“减少来自社会边缘和处境不利阶层的儿童在社会上易受伤害的程度，以便打破贫困和排斥现象的恶性循环”①。在新的时期，我国城乡义务教育均衡发展仍面临着新旧交织的问题，在延续既定政策支持的基础上，仍需在学校布局、经费保障、师资配置、督导评估和教育对口帮扶等方面因时因地进行改革创新。

一、科学规划城乡学校布局，满足学龄人口的教育需求

一方面，进一步完善和落实城乡学校布局调整的标准与程序，以遏制盲目的学校撤并，避免相关教育问题的滋生。其一，逐步建立起强调“科学技术标准”与“公平质量价值取向”并重的城乡学校布局调整标准，既要考虑到学校办学质量、学校服务人口数量、学校与班级规模、学龄人口的空间变化、学生家校距离，以及学校交通便捷性等问题，也要考虑到学生的学习体验与学习质量、学生家庭的经济支付能力、学校之于社区的价值以及学校之于社区特定人群的重要性等问题。其二，落实与再细化城乡学校布局调整程序，平衡好政策法律规定与群众教育诉求之间的关系，着力构建公正的学校撤并程序，不断细化“收集与分析

① 联合国教科文组织. 教育财富蕴藏其中［M］. 联合国教科文组织总部中文科译. 北京：教育科学出版社，2014：129.

学校运营事实、研究与制定学校撤并标准、讨论与决定学校撤并名单、告知与公布师生调转计划、评估与处置学校空闲资产”①等环节程序的工作内容。

另一方面，地方政府应确立城乡学校布局规划的优先地位，明确教育部门、财政部门、编制部门和城建部门等职能单位的工作要求及其职责，做好相应的监测与预测工作，科学统筹推进县域内城乡教育一体化改革。其一，预留足够的学校用地，要重视新建居民区的学校配套建设，落实学校与居民区同步规划、同步建设的有关规定，加快人口导入区学校建设步伐，逐步解决学位不足、面积不足、班额过大等问题②。其二，加快提升城区及其周边地区的薄弱学校办学水平，有效缓解中心城区的入学压力。稳定当前的农村学校分布格局，提升农村寄宿制学校的教育质量，办好必须保留的村小和教学点，努力化解农村学生寄宿低龄化、家校距离偏远和师资配置不足等问题，保障当地农村学生就近入学的需求。

二、拓宽优质师资补充渠道，优化且落实师资配置政策

一方面，完善教师补充机制，创新教师编制管理，精准配置农村教师数量。首先，各地方可依据实际状况，全面落实特岗计划、硕师计划和免费师范生计划，同时开展针对音体美等学科紧缺教师、小学全科教师的免费定向培养计划，以及设计编外教师同工同酬的招聘机制，重点

---

① 邬志辉. 中国农村学校布局调整标准问题探讨［J］. 东北师大学报（哲学社会科学版），2010（5）：140-149.

② 教育部. 国家教育督导检查组对广西壮族自治区8个县（市、区）义务教育均衡发展督导检查反馈意见［EB/OL］.（2016-01-15）. http://www.moe.gov.cn/jyb_xwfb/moe_2082/zl_2016n/2016_zl03/201601/t20160115_228075.html.

定向补充教师到农村小规模学校。其次，落实国家有关统一城乡教职工编制标准的政策规定，加强教职工编制的合理配备与动态管理，依据地方实际主动创新教师编制管理制度，因事业单位改革等方式收回的编制要优先周转给农村学校，努力探索“省－市－县－校”四级协同联动的教师调配机制。最后，提升农村教师薪酬待遇和社会地位，落实艰苦边远地区教师生活补助政策，以及加强农村学校教师周转房建设，多措并举激励和吸引优秀毕业生、城镇骨干教师、紧缺学科教师到农村学校任教。

另一方面，完善城乡教师校长交流轮岗机制，深入推进“县管校聘”管理改革，盘活区域内城乡教师资源。打破教师的传统身份限定，理顺县域内城乡教师管理体制，将教师由“学校人”变成“区域人”，实现城乡教师在人事关系、编制标准、招聘调配、考核评价和管理服务等方面区域内统一。首先，完善城乡教师、校长的双向交流与定期交流制度，充分尊重交流教师的自主性与自愿性，做好人员遴选、考核评估和经费配套等工作。其次，在津补贴、周转房、职称评聘、评优评先、职务晋升等方面向交流轮岗的教师、校长倾斜，激励优秀的城镇教师、校长参与交流轮岗。最后，推行和完善中小学校长职级制，扩大县级教育行政部门对校长的选聘任免和调动权限，激发城乡学校校长的办学动力和推动优秀校长的城乡学校流动。同时，取消教师进城招考等加剧城乡教师二元分化的制度，实现城乡教师按需交流。①

① 王凯. 教师交流：如何才能不“走形”？［N］. 中国教育报，2013-09-19.

三、改进经费投入分担体制，保障经费投入的持续增长

一是保障教育经费投入逐年增长，优化供给支出结构。依据国家政策和法律规定，各级政府要认真落实义务教育投入法定增长要求，落实“两个只增不减”要求，进一步加大投入力度，提高义务教育学校一般预算教育事业费、公用经费水平，大幅提高义务教育学校财力保障水平，① 进一步加大对农村地区和薄弱学校的经费投入，并安排专项资金用于农村教师专业化发展和农村学校内涵发展，避免义务教育阶段学校建设重蹈见物不见人的覆辙②。在教育经费投入总量持续提升和向农村倾斜的同时，做好教育经费需求的调研与预测工作，依据城乡学校发展实际，对教育经费支出项目实现再整合与再细化，进而优化教育经费供给的支出结构，保证教育经费投入的针对性与精准性。

二是完善义务教育经费投入分担机制，明确各级政府的经费支出责任。各级政府要优先保障义务教育发展的经费投入。结合城乡义务教育均衡发展的经费需求提升与各级政府的财政支出能力及其教育责任等方面的考虑，应完善当前义务教育经费投入分担机制，协调统一各级政府的事权与财权，“在测定供求均衡基础上，确定各级各类教育的生均经费标准和拨款标准。在确定层级政府间教育事权与支出责任划分基础上，明确中央与地方政府间的教育支出责任”③，以分类指导为原则，具

---

① 教育部. 国家教育督导检查组对河北省35个县（市、区）义务教育均衡发展督导检查反馈意见［EB/OL］.（2019-01-14）. http://www.moe.gov.cn/jyb_xwfb/moe_2082/zl_2019n/2019_zl3/201901/t20190114_366938.html.

② 杜育红，杨小敏. 财政投入：教育质量提升面临新的路径选择［J］. 人民教育，2016（7）：22-24.

③ 王善迈，赵婧. 教育经费投入体制的改革与展望——纪念改革开放40周年［J］. 教育研究，2018（8）：4-10.

体规定各级政府的支出责任内容。依据国情发展需要，进一步提高教育经费投入主体的统筹层级，加大中央和省级政府的义务教育责任和经费投入力度。

三是加大教育经费监管和审计，提升教育经费使用效益。中央和省级政府要加大监察力度，防止出现农村教育经费的实际供给不足。[①]加强对教育经费分配和使用的管理，建立教育经费投入的问责制度和政府绩效管理制度，以及开展综合和专项经费的审计，保证教育经费供给的程序规范、按时足额投入、精准到校和落实到位，有条件的地方可以建立健全义务教育投入绩效跟踪机制，着力提高教育经费使用效率。

四、加强均衡发展督导评估，夯实地方政府的教育责任

一是基于义务教育均衡发展系统完善教育督导评估与政府问责的体制机制。受地方政府和教育行政部门的权力约束，督导评估普遍缺乏必要的独立性，这不仅直接导致其评估过程中难以做到真正的客观公正，也使得监督与指导、督政与督学无法平衡。在推进义务教育均衡发展督导评估的过程中，给予督导评估机构一定的独立地位与专业权力，在积极加快提升督导队伍专业化的同时，依据义务教育均衡发展实践需要优化督导评估实施方案，确保督导评估对促进义务教育均衡发展作用的有效发挥，为改善地方政府、教育行政部门和学校的组织管理与办学质量提出有针对性和可操作性的意见和建议。地方政府在义务教育均衡发展中承担着不可推卸的重要责任，应依据地方政府的责任，明确问责主体、问责内容与问责范围等，积极构建基于义务教育均衡发展的政府问

① 邬志辉等. 中国农村教育：政策与发展（1978—2018）[M]. 社会科学文献出版社，2018：185.

责体系，在区域义务教育发展规划、财政投入、质量监管等方面进一步规范地方各级政府责任分担侧重点、具体执行路径等。

二是逐步转变督导评估与地方政府在推进义务教育均衡中的着力点。义务教育均衡发展正从基本均衡向优质均衡不断发展，督导评估与地方政府的关注重点也应随之转变。在以往的督导评估中，多根据教育经费投入、学校标准化建设程度等相关情况来判断区域义务教育均衡发展程度，缺少对区域义务教育质量与学校的内涵发展做深入考评。在评价义务教育均衡时，无论是城乡均衡、校际均衡、区县均衡还是群体均衡，都应提高质量均衡的地位，将质量均衡作为最主要的评价指标。① 注重义务教育均衡发展在促进学校教育教学质量提升方面的支持效果，才能真正从根本上实现义务教育的公平化与优质化。由对外在数值的考量转向对学校内涵发展的重视，是未来督导评估与地方政府所承担的主要责任。

五、健全城乡对口帮扶机制，扩大优质教育资源覆盖面

一是规范城乡教育对口帮扶关系，完善城乡教育对口帮扶协调机制。优质学校或者弱势学校的办学机制大同小异，但办学思路、目标愿景、课程体系、管理模式、师资力量、生源结构等却不同，各有发展特色和办学优势。② 为提高城乡教育对口帮扶的精准性，地方教育行政部门要“牵好线，搭好台”，根据区域内城乡学校的发展阶段及其需求，统筹设计好对口帮扶项目的实施方案，筛选好参加项目的学校和教师，

---

① 袁连生，何婷婷. 2006—2015年北京市义务教育区县均衡进展研究［J］. 教育学报，2018（2）：120-128.

② 朱金辉. 集团化办学振兴乡村教育［N］. 中国教师报，2018-11-21.

规范好对口帮扶项目的学校规模和具体内容，结合交通就近、需求对口和帮扶有效性等原则，做好校际对口帮扶的匹配工作，明确帮扶学校之间的组织机构和权责关系，并逐步完善城乡教育对口帮扶协调机制。

二是健全城乡教育对口帮扶的监督评估机制，确保帮扶资源的合理有效利用。随着城乡教育对口帮扶工作的深入推进，相关的帮扶资源供给会逐步提升和更加多元化。为引导帮扶资源规范有序地流向农村学校和确保帮扶资源的合理有效利用，需健全帮扶工作教育督导评估机制，建立和完善科学的监控指标体系和评价办法，进行定期的动态实地监督[①]，做好对口帮扶项目的督导评估工作，及时调整对口帮扶的工作内容与资源供给。

三是建立城乡教育对口帮扶的长效机制，推动城乡教育对口帮扶的可持续发展。其一，必须深刻地认识到，要提升农村学校和薄弱学校的教育质量，需要长时间地对其进行帮扶，制定中长期的帮扶规划，明确中长期的帮扶目标，充分处理好对口帮扶的阶段性工作与最终目标的关系。其二，逐步建立各级各类对口帮扶的经费保障机制，明确帮扶经费的承担主体、分担比例和支出项目等，确保帮扶经费投入的可持续性，同时避免帮扶学校因参与帮扶而对其教育经费支出能力造成不利影响。其三，设计适切的考核激励机制，采用多方评估的形式，对参与帮扶项目的行政部门、学校和教师进行合理科学的考核，并对做出不同贡献的部门、学校和教师给予分级分类的表彰奖励，提高各类主体参加对口帮扶的积极性。

---

① 朱亚丽，宋乃庆. 城乡教育帮扶模式的实践与思考——以重庆市“领雁工程”为例［J］. 教育研究与实验，2015（1）：46-49.

第三章　办好乡村学校以支撑乡村振兴

《中国教育现代化2035》提出，办好乡村学校，推动学校融入乡村振兴发展，这为我国乡村学校建设指明了方向与路径。其一，进一步明确了乡村学校在乡村振兴中的独特价值与基础地位。乡村要振兴，必须首先要办好乡村学校，学校兴，则乡村兴。学校是乡村的中心，一定要把办好乡村学校放在乡村振兴的宏观背景与国家战略的高度来认识与把握。其二，进一步阐明了乡村学校推动乡村振兴的具体路径，指明了乡村振兴战略背景下乡村学校改革与发展的基本走向。乡村学校如何来推动乡村振兴，乡村振兴背景下的乡村学校如何建设与发展，其根本路径就是“融入”，乡村学校必须融入乡村，融入乡土，融入本土，融入乡村振兴建设的大格局，才能推动乡村的振兴，才能在推动乡村振兴的同时赢得自身的发展机遇。

第一节　乡村学校建设的政策分析

乡村教育政策是促动乡村学校发展的制度保障。乡村学校的发展与社会宏观政策及教育政策的变革相伴相随。梳理改革开放以来与乡村教育、乡村教师、乡村学校相关的各项教育政策，对于理解“办好乡村学校，推动学校融入乡村振兴发展”的政策内涵具有极其重要的意义。

一、乡村学校建设政策的初步构建

改革开放初期的1978—1984年，乡村学校建设政策聚焦于乡村教育体系的恢复和重建。乡村学校建设政策议题主要指向农村小学教育的普及与学校师资建设两个方面。

在农村小学教育普及方面，1978年11月，国务院颁布《关于扫除文盲的指示》，在新的时期对扫除农村文盲的重要意义和实施策略做了较为具体的规定。1980年年底，中共中央、国务院发布《关于普及小学教育若干问题的决定》提出，小学教育是整个教育体系的基础，要提高教育质量，提高全民族的科学文化水平，必须从小学抓起，20世纪80年代在全国范围内基本普及小学教育。1983年5月，中共中央、国务院发布《关于加强和改革农村学校教育若干问题的通知》，提出在农村经济迅速发展的新形势下，各地要从实际出发因地制宜、采取多种形式办学，争取在1990年以前基本实现普及初等教育的目标，形成具有中国特色的农村教育体系。1984年年底，针对农村学校办学条件差、经费不足、师资待遇低的问题，国务院发布《关于筹措农村学校办学经费的通知》，通知提出“乡人民政府可以征收教育事业费附加”，“在逐年增加国家对教育基本建设投资和教育事业费的同时，充分调动农村集体经济组织和其他各种社会力量办学的积极性”①，以此来进一步促进农村初等教育普及。

在学校师资建设方面，1978年1月，国务院批转了教育部《关于加强中小学教师队伍管理工作的意见》的通知，通知指出，加强教师队伍建设是教育战线上一项十分重要的任务。教师队伍建设直接关系到国家

① 国务院关于筹措农村学校办学经费的通知［Z］. 中华人民共和国国务院公报，1984（31）：1046-1047.

各级各类教育事业发展的速度与规模，是提高学校教学质量，适应社会主义革命和建设的需要①。1981年10月，国务院转发教育部《关于增加中小学民办教师补助费的办法》的通知。1981年11月，教育部又颁布了《关于调整中小学教职工工资中若干具体政策问题的处理意见》，在这两个文件的作用下，全国中小学教师工资待遇得到了明显的改善。1983年5月，中共中央、国务院发布的《关于加强和改革农村学校教育若干问题的通知》明确提出各地要积极落实相关的教师政策，提高教师待遇和生活条件，保障农村民办教师的工资待遇，并就民办教师转为公办教师提出了明确的要求。

这一时期乡村学校建设政策的着力点在于调整“文化大革命”时期的乡村学校建设政策以及使我国乡村学校建设恢复到正常的发展轨道上来。

二、乡村学校建设政策的改革推进

1985—2000年，我国乡村学校建设政策发展进入了新阶段。在普及九年义务教育政策背景下，乡村学校建设相关政策聚焦于教育体制改革问题、教育经费问题。

《关于教育体制改革的决定》是改革开放以后教育事业发展的纲领性文献，确立了“县办高中、乡办初中、村办小学”的三级办学体制，授权“地方可以征收教育费附加”。1986年，国务院颁发《征收教育费附加的暂行规定》专项政策，进一步强化了地方征收教育附加费的权力。同年，《中华人民共和国义务教育法》颁布，以法律的形式正式确

① 教育部关于加强中小学教师队伍管理工作的意见［Z］. 中华人民共和国国务院，1978.

立了义务教育“地方负责、分级管理”的体制。《关于实施〈义务教育法〉的若干问题的意见》详细规定了“农村教育集体办”的政策，农村中小学校舍建设投资，以乡、村自筹为主；地方人民政府对经济有困难的地方，酌情予以补助；农村集镇建设规划也应包括义务教育设施，所需资金由乡（镇）政府负责筹集。[①]1987年，《关于农村基础教育管理体制改革若干问题的意见》明确提出，将县、乡两级职权的划分作为农村教育工作的重点，尤其强调要扩大乡一级管理农村学校的职责权限。1992年，国务院批准《中华人民共和国义务教育法实施细则》，进一步明确以地方为主负担教育经费的制度。1993年，中共中央、国务院印发的《中国教育改革和发展纲要》提出，国家要保证教育事业发展所需经费，征收用于教育的税费、多种渠道筹措教育经费，提出要继续完善分级办学、分级管理的体制和模式。

这一时期有关乡村教育、乡村学校建设的内容主要在一些综合性、规划性的教育政策文本中附带涉及。其政策的重点是确立并推进乡村学校“分级管理，乡镇为主”的经费投入与学校管理体制。

三、乡村学校建设政策的优化创新

进入21世纪以来，国家颁行的与“乡村学校建设”相关的政策多种多样，既有中共中央、国务院颁布的聚焦“三农”问题重要文件中所包含的促进乡村教育发展的政策，也有国家层面指引全国教育事业发展的宏观政策中所包含的加强乡村教育建设的政策，还有国务院、教育部、相关部委及地方政府颁布的加强乡村教育发展的专项政策。2001—

① 何东昌. 中华人民共和国重要教育文献：1949—1997［M］. 海口：海南出版社，1998：2289.

2019年，我国加大对乡村教育发展的政策支持力度，明确了乡村学校建设的战略路径。各部委发布的宏观教育政策和专项教育政策分别从经费投入、布局结构调整、办学条件改善、师资建设等各方面对乡村学校建设进行了规定。见表3-1。

表 3-1　乡村学校建设优化创新阶段的主要政策文件

序号	时间	文件名称	发文机构
1	2001年	《关于坚决治理农村中小学乱收费问题的通知》	教育部、国家计划委员会、财政部
2	2001年	《关于基础教育改革与发展的决定》	国务院
3	2001年	《关于继续做好农村教育费附加征收管理工作的通知》	教育部、财政部、农业部
4	2001年	《关于做好农村中小学公用经费标准定额核定工作　确保学校正常运转有关问题的通知》	财政部、教育部
5	2001年	《关于坚决落实贫困地区农村义务教育阶段试行“一费制”收费制度的通知》	国家计划委员会、财政部、教育部
6	2002年	《关于切实做好2002年农村贫困地区义务教育阶段“一费制”试行工作通知》	教育部、国家计划委员会、财政部
7	2002年	《关于完善农村义务教育管理体制的通知》	国务院办公厅
8	2003年	《关于进一步加强农村教育工作的决定》	国务院
9	2004年	《2003—2007年教育振兴行动计划》	教育部
10	2005年	《关于进一步推进义务教育均衡发展的若干意见》	教育部
11	2005年	《关于深化农村义务教育经费保障机制改革的通知》	国务院
12	2006年	《全国农村义务教育阶段学生免收学杂费的实施管理办法》	财政部、教育部

续表

序号	时间	文件名称	发文机构
13	2006年	《关于切实解决农村边远山区交通不便地区中小学生上学远问题有关事项的通知》	教育部办公厅
14	2006年	《关于实事求是地做好农村中小学布局调整工作的通知》	教育部
15	2006年	《中华人民共和国义务教育法》	全国人大常委会
16	2006年	《关于实施农村义务教育阶段学校教师特设岗位计划的通知》	教育部、财政部、人事部、中央编办
17	2007年	《国家教育事业发展“十一五”规划纲要》	国务院
18	2007年	《关于进一步做好农村义务教育经费保障机制改革有关工作的通知》	教育部
19	2008年	《农村普通中小学校建设标准》	住房和城乡建设部、国家发展和改革委员会
20	2010年	《关于贯彻落实科学发展观进一步推进义务教育均衡发展的意见》	教育部
21	2010年	《国家中长期教育改革和发展规划纲要（2010—2020年）》	中共中央、国务院
22	2012年	《关于规范农村义务教育学校布局调整的意见》	国务院办公厅
23	2012年	《关于深入推进义务教育均衡发展的意见》	国务院
24	2013年	《关于加强义务教育阶段农村留守儿童关爱和教育工作的意见》	教育部等五部门
25	2013年	《关于全面改善贫困地区义务教育薄弱学校基本办学条件的意见》	教育部、国家发展和改革委员会、财政部
26	2015年	《乡村教师支持计划（2015—2020年）》	国务院办公厅
27	2015年	《关于进一步完善城乡义务教育经费保障机制的通知》	国务院

续表

序号	时间	文件名称	发文机构
28	2015年	《全面改善贫困地区义务教育薄弱学校基本办学条件工作专项督导办法》	国务院教育督导委员会办公室
29	2016年	《关于加强农村留守儿童关爱保护工作的意见》	国务院
30	2016年	《关于统筹推进县域内城乡义务教育一体化改革发展的若干意见》	国务院
31	2017年	《关于印发国家教育事业发展"十三五"规划的通知》	国务院
32	2017年	《关于进一步加强控辍保学提高义务教育巩固水平的通知》	国务院办公厅
33	2017年	《义务教育学校管理标准》	教育部
34	2018年	《深度贫困地区教育脱贫攻坚实施方案（2018—2020年）》	教育部、国务院扶贫开发领导小组办公室
35	2018年	《关于全面加强乡村小规模学校和乡镇寄宿制学校建设的指导意见》	国务院办公厅
36	2018年	《乡村振兴战略规划（2018—2022年）》	中共中央、国务院
37	2019年	《关于开展中西部乡村中小学首席教师岗位计划试点工作的通知》	教育部办公厅

始终以追求教育公平为价值取向。20世纪末我国颁行的一系列乡村学校建设相关政策，鲜明地体现出追求教育公平的价值取向。尽管乡村教育发展、乡村学校建设在20世纪末以来不断推进，但其与城市教育发展、城市学校建设之间的巨大差距依然存在，这直接影响到教育公平。中央开始在教育起点公平的基础上着手有关教育过程及资源配置方面的制度尝试，寻求乡村教育与城市教育、乡村学校建设与城

市学校建设的均衡发展。国家始终将支持薄弱地区义务教育发展、缩小城乡教育差距作为乡村教育政策的着力点。各层面的乡村教育政策始终关注乡村弱势群体、乡村薄弱学校教育建设，如实施义务教育免费制、关注留守儿童教育、加强乡村小规模学校和乡镇寄宿制学校建设等，均体现出鲜明的、体现关怀意识的教育公平导向。针对乡村教育的地区差异，尤其是西部地区和贫困地区的乡村教育发展差距，一方面，国家根据各地区财政供给能力，实施“梯度推进”的发展战略。另一方面，集中国家优势财力重点扶持西部贫困地区的乡村教育发展和乡村学校建设，一系列操作性强的精准支持和援助有效缓解了乡村落后地区的教育面貌，缩小了乡村教育与乡村学校建设的城乡与地区差距。

政策客体趋于多元，政策体系趋于完善。20世纪末以来我国乡村教育政策的一个新特点就是政策客体“多元化”，涉及办学形式、校舍建设、教师管理、课程建设等。进入21世纪以来，我国乡村教育政策调整范围开始扩展，涉及经费投入与管理、教师管理、校舍建设、办学形式等，政策的针对性和实践性大大提升。乡村教育与乡村学校建设的政策几乎涉及乡村教育与乡村学校建设的方方面面，既有国家层面的宏观导向，又有关于师资培养、办学条件改善、校舍建设等专项政策，还有地方层面的各种扶持政策，体现了国家对乡村教育与乡村学校建设从财力到人力再到技术等方面的配套支持和系统关注。各项政策之间相互联系、相互作用，形成合力，共同对乡村教育改革、乡村学校建设发挥着作用，政策的层次性得以凸显。乡村教育、乡村学校建设的政策在影响范围和作用大小上均存在一定差异，国家层面的纲领性文件涉及乡村教育的方方面面，是20世纪末以来乡村教育发展的基本政策，各省市、地区分别制定了相应的具体政策，形成上下有序的政策系列。政策的层次性还体现为历年的中央一号文件与国家宏观教育政策、国家专项乡村教育政策之间的层次关系。教育主管部门的连续政策文件、各有侧重的重点突破工程及各地的探索改革，分层完善了乡村学校建设的政策结构。

第二节 乡村学校建设的实践分析

欲解其困，必先知其难。欲办好乡村学校，推动乡村学校融入乡村振兴发展，必先了解乡村学校的建设现状及面临的困境。伴随城镇化进程的逐步推进，乡村学校逐渐被孤立和边缘化，相对于城市学校而言，乡村学校逐渐演变为“教育水平差、质量低”的代名词。尽管党和国家高度重视乡村教育，出台了一系列支持乡村学校建设的政策，但乡村学校建设现状却仍不容乐观，仍有生源流失、师资薄弱、教学质量下滑等现象。

一、乡村学校建设基本状况

（一）乡村学校办学定位“趋城化”

在工业化、城镇化发展背景下，乡村及乡村建设尽管也受到重视，但乡村更多是以城市为标准和模板来建设。在此宏观背景下，乡村学校建设的价值取向也趋于“城市化”，办学定位偏离并远离乡村，缺乏“乡村自信”。

1. 乡村学校教育目标是培养“城市人”

乡村学校虽身处乡村，但对乡村社会发展的实际服务水平不高。伴随着城镇化发展的推进，我国乡村学校逐渐形成了为城市社会的发展输送人才，培养“城市人”的教育目标定位。教师与家长们对学生的期冀是通过接受良好的教育跳出“农门”，获得城市人身份，在城市工作与生活。乡村的家长们以孩子“进城读书”为首选，如若没有这个条件，就会以孩子通过“读书进城”为教育的最终目标。在乡民的价值观里，

“没有出息的人就当农民”，只有“远离农业和农村才是成功”。乡村学校的教育目标是培养学生“逃离”乡村，缺乏“乡村信心”。

2. 乡村教育内容对乡村文化的疏离

乡村学校课程设置与城市学校的课程设置没有太多差别，使用的教材也是城市学校使用的教材。现行的不少教材，城市的主流文化价值往往占据了主导地位，各地区、各民族的不同文化特征体现不足，乡村文化的内容较少。乡村学校教育内容中缺少乡村文化发展的空间。教育内容脱离乡村生产和生活实际，导致农村孩子不懂“农事”，不爱“农村”，不屑“农业”。再加上乡村学校缺乏足够的文化自信与文化自觉，乡村师资力量也不足以支撑起乡村教育内容的建设，没有充分挖掘乡村特色教育资源，导致乡村文化始终无法在乡村学校中找到合适的土壤。

（二）乡村学校办学规模“小微化”

工业化、城镇化进程是中国经济社会发展的基本走向，这不可避免地带来了农村劳动力向城市的流动，乡村人口不断减少是大势所趋。大量青壮年劳动力进城就业，随迁子女进城就读，客观上减少了乡村学校的生源。许多地方乡村学校教育质量不高，不少农村家庭为了选择有基本质量保障的教育，不得不送孩子到城镇学校就读。客观上形成了城镇学校的“超大规模化”“大班化”，与乡村学校的“小微化”甚至“空心化”形成鲜明对比。

1. 乡村学校数量减少

新型城镇化进程的加快，学校布局的不断调整，导致乡村学校数量迅速减少，乡村学校“空心化”现象日益突出。调查显示，在一些农村地区，不仅老校出现了“空心化”，一些新建学校也人去楼空，处于闲置或半闲置状态。教育部公布的统计数据显示，1997—2010年，全国减少小学371 470所，其中农村小学减少302 099所，占全国小学总减少量的81.3%。[①] 云南省红河州原本自然村学校覆盖率达到52%，在“撤点并校”之后，学校覆盖率降到30%，许多学校人去楼空。[②]

2. 乡村学校规模缩小

乡村学校人数、班额缩减，小规模学校成为乡村学校的主要形态。对全国乡村学校在校生人数的统计显示，2017年在乡村就学的小学生为2 775.36万人，占当年全国小学在校生的27.50%；乡村初中在校生643.41万人，占当年全国初中在校生的14.48%。教育城镇化率达到76.48%，即教育非城镇化率仅为23.52%。[③] 从1980年之前乡村在校生占80%—90%，到2000年左右占50%—60%，再到现在仅为20%—30%，这意味着乡村中小学教育正在进入“小众化”时代。[④] 大量的小规模乡村学校的存在成为乡村中小学教育的客观现实。2015年，全国共有小学与教学点283 560所，其中乡村地区有200 199所，占全国小学和教学点总数的70.6%。全国共有不足100人的乡村小规模学校111 420所，占乡村小学和教学点总数的55.7%。全国有无人校点9 667个，不足10人的乡村校点达3.39万个。”[⑤] 目前大部分乡村中小学、幼儿园呈现小班化，许多地区的师生比下降到1∶4或1∶5。[⑥] 我国乡村学校已经进入“小规模、小班额、低师生比”的生存状态。

---

① 耿银平．留住有特色的农村学校［N］．光明日报，2016-09-07.

② 朱永新．乡村振兴关键要留得住人［N］．人民政协报，2018-03-24.

③④⑥ 高书国．重估乡村教育价值，走出中国特色现代乡村教育之路［J］．人民教育，2018（17）：33-37.

⑤ 陈鹏．如何从“小而弱”走向“小而优”——乡村小规模学校发展调查［N］．光明日报，2017-01-18.

（三）乡村学校办学资源"短缺化"

在城乡一体化的过程中，乡村学校教育资源配置处于劣势。不可否认，近年来，各级政府在实施学校标准化建设中，为改善大多数乡村学校的硬件设施做出了部署。但是，与中心城市的学校相比，尤其是与中心城市的"重点学校"相比，乡村学校在硬件建设、教学设备、生活设施等各方面的办学资源上仍然有相当大的差距。

首先，乡村学校办学经费少。不可否认，国家在不断加大对乡村教育经费的投入力度，教育经费增幅超过城市，城乡教育投入差距不断缩小。2010—2013年，乡村小学生均预算内事业性经费增幅分别比城市同期高出5.84%、4.99%、1.64%。城乡小学生均预算内事业性经费差距从504.80元减小到153.64元；乡村初中生均预算内事业性经费增幅分别比城市同期高出7.78%、3.61%、2.86%，城乡初中生均预算内事业性经费支出差距由492.21元减小到140.17元[①]。但乡村学校历史欠账太多、规模效益低下，与城市相比，仍面临积累性发展弱势。再加上目前各地普遍实行的"县教育局—乡镇中心校—乡村小规模学校"的垂直式分包分管教育模式，中心校统筹管理村小和教学点的人、财、物、教学等各项事宜[②]，小规模学校及教学点的办学经费很可能因各种原因被中心校或联校截留，导致小规模学校及教学点的办学经费捉襟见肘。乡村小规模学校和教学点最依赖、最需要经费投入，却往往最容易成为政策与投入的盲区。

---

① 朱德全，李鹏，宋乃庆．中国义务教育均衡发展报告——基于《教育规划纲要》第三方评估的证据［J］．华东师范大学学报（教育科学版），2017（1）：63-77，121.

② 杨东平．改善"小学校"既要政府发力也要自身努力［N］．中国教育报，2016-04-12.

其次，乡村学校办学条件差。尽管近年来国家分别实施了“国家贫困地区义务教育工程”“农村中小学危房改造工程”等，加大了对乡村学校的经费投入力度，以大力改善乡村学校办学条件，但一些乡村学校尤其是教学点的办学条件依旧落后，主要表现在学校功能教室缺乏、教学设施设备不足、学校寄宿条件差、网络和数字教育资源配备率低等方面。调查数据显示，目前仍有63.8%的乡村小规模学校、78.7%的教学点没有配备图书室；有47%的乡村小规模学校、56.9%的教学点没有适合学生年龄特点的图书；75.5%的乡镇小学、71.3%的村小和78.6%的教学点没有配备相应的开水供应设施设备；乡镇小学、村小、教学点寄宿制学校未实现一人一床的比例分别达47.6%、63.2%和38.9%；目前仍有49.3%的学校未能接通互联网，有42.4%的乡村小规模学校没有配备数字教育资源设施设备。①

（四）乡村学校师资力量“薄弱化”

乡村教师在乡村振兴战略中扮演着重要角色。建设乡村学校，师资是基础、是关键、是根本。党和国家高度重视乡村师资队伍建设，颁布实施了一系列促进乡村教师发展的倾斜性政策，乡村学校教师队伍的整体质量由此得到显著提升。《乡村教师支持计划（2015—2020年）》实施以来，乡村教师生活补助集中连片特困县覆盖率在2016年达到96.6%，多数省份还将非集中连片特困县乡村教师纳入补助范围。四川省鼓励有条件地区提高乡村教师补助标准，出现了城镇教师向乡村回流的现象。陕西省构建了乡村教师“三级三类”专业成长体系，用“菜单式”送教精准提升教师教学水平，以“学术休假”福利制度提升乡村教

① 曾文婧，秦玉友. 乡村小规模学校办学条件问题分析与建设思路［J］. 教育科学研究，2018（8）：24-29.

师职业幸福。[①]由于政策的执行速度及覆盖范围的扩大需要一定的时间，乡村学校建设的整体薄弱性、内部差异性及发展独特性，一些乡村学校仍然存在教师结构性缺编、流失率高、能力强的教师少等突出问题。

1. 教师数量表面富余，但结构性缺编

若以县级为单位，以1∶19师生比为标准，对小学学段教师进行总体核编，绝大多数县（市、区）处于满编甚至超编状态。数据显示，2015年我国小学应有教职工编制5 101 149人，但实际是5 489 441人，超编388 292人。我国农村地区存在代课教师70 443人，城镇地区存在代课教师76 240人，代课教师现象的出现就意味着缺编，[②]编制短缺直接导致教师教学和管理工作任务异常繁重。东部、中部、西部地区的抽样调查结果显示，83.8%的农村教师平均每天工作时间超过9小时，71.2%的农村教师周课时超过13节[③]。农村小学和教学点教师平均每周上课节数分别为17.93节和19.86节，远高于同地区城市小学和县城小学教师的13.70节和13.58节[④]。繁重的工作压力，无疑会给乡村的人才培养与教学质量带来较大的负面影响。

2. 优秀师资供给不足，流失比较多

从教师的职称结构看，许多乡村学校很少有，甚至长期没有一个高级职称的教师，中级职称的教师也不多。从教师学历水平来看，乡

---

① 佛朝晖. 提振乡村教师“精气神”[N]. 中国教师报，2019-02-20.

② 刘善槐，邬志辉. 我国农村教师编制的关键问题与改革建议[J]. 人民教育，2017（7）：13-16.

③ 罗儒国. 农村教师生存状况的调查与思考[J]. 湖南师范大学教育科学学报，2012（4）：44-47.

④ 周兆海，邬志辉. 工作量视角下义务教育教师编制标准研究——以农村小规模学校为例[J]. 中国教育学刊，2014（9）：1-6.

村学校教师在职前已取得本科学历的人数很少①。调查显示，拥有高中或中专学历的占76.4%，取得大专学历的占12.9%，取得本科学历的仅占10.7%②。教师流失情况严重。乡村教师的流动体现逆向特点，从乡村学校（村小、教学点）流向乡镇、从乡镇流向县城、从县城流向更大的城市。近92.69%的乡村中青年教师希望到乡镇及以上地区学校任教，90.12%的乡镇教师希望到县城或城市学校任教，86.22%的乡村教师想到经济条件较好、教育环境较好、教育质量更好、个人发展空间更大的学校任教。参与逆向流动的乡村教师占总数的81.15%，正向流动与平行流动的比例大致在10%，更多的乡村教师做出突围的选择。③调查显示，65.7%的乡村教师表示有离开农村的打算，93.35%的村屯教师希望"离开"当前的教学环境到"更高一级"的乡镇学校任教④。尽管国家出台了不少乡村学校师资培育的相关政策，培养了一大批新生代乡村教师。这些新生代乡村教师因各种原因回归乡村社会，他们对乡村缺乏情感，也面临适应难题。一旦存在适应方面的难题，教师地域融入面临危机，工作积极性受挫，很容易逃离乡村。⑤现有的教师交流机制中虽然有促进城乡教师校长交流的鼓励政策，名师到乡村帮扶交流，但不带编制、时间短暂、被动交流、管理体制、评价机制不合理等影响了城乡教师交流轮岗的效果。

---

① 姚翔，刘亚荣. 乡村小规模学校师资结构现状及对策研究［J］. 教育导刊，2017（9）：33-37.

② 李磊. 乡村振兴勿忘乡村小规模学校振兴［N］. 人民政协报，2021-03-29.

③ 龚宝成. 乡村教育生态回归平衡与重振：乡村教师留得住和本土化［J］. 教师教育论坛，2019（2）：41-44.

④ 宋伟涛. 超六成农村教师希望流动到城市任教［J］. 基础教育课程，2015（5）：4.

⑤ 郑新蓉，姚岩，武晓伟. 重塑社会活力：性别图景中的乡村教师和学校［J］. 妇女研究论丛，2017（1）：5-20.

3. 老龄化现象明显，分布结构不合理

乡村学校教师老龄化现象比较严重，不少学校面临“断档”之忧。就全国范围来看，乡村小学50岁以上教师占比22.75%，而城市只有4.65%；乡村31—50岁的中年教师仅占42.97%，远低于城市学校72.67%的比例，处于十分严重的“中年塌陷”状态①。7个省份年龄超45岁的小学教师大于30%，部分地区超过45岁的小学教师达到甚至超过50%，有些地区已经超过10年没有招聘过新教师了②。大龄教师教学经验丰富，但在教育理念更新、新教学方法的采用、现代教学技术的使用以及教育教学精力的投入等方面都更难适应教学需要。教师专业结构不对口，结构性缺编严重。教师编制数量是否充足，结构是否合理，直接影响着乡村教育的质量。乡村学校补充教师时“重主轻小”，即在编制不足的情况下，着重补充语文、数学学科教师，忽视对“信、体、艺、科、心”等小学科教师的聘用；或者虽然聘用“小学科”教师，但聘用之后也让其改教语、数、外等主科。约90%的乡村学校缺乏音乐、体育、美术、信息技术等学科教师。③

二、乡村学校建设的新挑战

城镇化进程的提速、家庭与社区的教育缺场、乡村学校与乡村社会的日渐疏远，使得乡村学校的发展面临着到底是“进城”还是“返乡”的方向性迷失，陷入传统与现代、乡村文化与城市文化的多层博弈与两难困境中。

---

① 邬志辉. 若不提高乡村教师素质 教育公平难实现［N］. 中国青年报，2015-06-15.

② 刘善槐. 我国农村教师编制结构优化研究［J］. 教育研究，2016（4）：81-88.

③ 钟秉林. 支持乡村教师　给教育一个坚实的支点［N］. 光明日报，2015-06-30.

（一）城镇化进程提速加剧——乡村学校建于何处?

党的十八大报告指出，坚持走中国特色新型工业化、信息化、城镇化、农业现代化道路，推动信息化和工业化深度融合、工业化和城镇化良性互动、城镇化和农业现代化相互协调，促进工业化、信息化、城镇化、农业现代化同步发展。大力推进新型城镇化建设是我国推进社会结构转型，落实城乡统筹发展，促进经济持续增长，提高人民生活水平，全面建成小康社会的重要路径。城镇化给乡村教育带来了现代化的教育理念、先进的教育教学设施设备，推进了教育资源的优化配置。近年来，国家为推进义务教育均衡发展、城乡教育一体化等采取了一系列的政策举措，乡村学校的经费得到了一定程度的保障，乡村学校条件有了明显改善。但是，乡村学校的弱势地位没有得到根本性扭转，一些乡村小规模学校的基本办学条件亟待改善，乡村学校教育质量、办学水平还存在明显差距。2017年乡村小学体育运动场馆、体育器械、音乐器械、美术器械、教学自然实验仪器达标率均在83%—88%，城区和镇区小学分别在86%—95%和86%—93%，均高于乡村小学①。

1. 乡村学校规模效益逐步降低

人类生活的物理空间可分为城镇空间和乡村空间。城镇化是人类历史发展到一定阶段的必然现象。城镇化进程中，第一产业比重逐渐下降，第二、第三产业比重逐步上升，同时伴随着人口从农村向城市流动这一结构性变动。城镇化进程所处的阶段不同，人口和资本等要素在城乡间流动的方向、规模和速度也表现出不一样的节奏。城镇化初期，少数进城务工群体将务工获得的收入带回了乡村，在一定程度上推动了乡

---

① 邬志辉. 中国农村教育发展报告2017［N］. 中国教师报，2017-12-27.

村的发展。而伴随城镇化进程的不断加速，乡村地区出现了人口和资本等要素的持续性流出，资源和要素在城市空间的加速集聚推动了城市的繁荣和乡村的衰退。面对人口和资本的不断流失，乡村发展的停滞和衰落现象日益显现。2011年，中国城镇化进程出现拐点，城镇人口占比超过农村人口，城镇化率达51.27%；2016年，城镇化率达到57.35%，2017年年底，我国的城镇化率达到了58.52%①。农村人口大量进城，人被抽离，没有人的乡村，何谈乡村学校建设，何谈乡村教育发展。乡村人口向城市的整体性迁移，直接导致乡村学校的生源急剧减少，办学规模的缩小，办学成本的增加，规模效益无法显现。本来就处于弱势的乡村教育，对教育投入有更高的依赖，而以生均和规模作为拨款标准的教育投入制度，使得真正流向乡村的教育投入减少，部分乡村学校难以为继、无法正常运转。部分乡村学校陷入学生规模不足、教师结构性缺编、经费保障困难等困境，导致乡村教育质量低下并由此进一步陷入了无法吸引生源的恶性循环。

2. 乡村教育逐渐“去乡村化”

“离土中国”逐渐替代“乡土中国”成为中国乡村当下最显著的事实。人口向城镇的流动，学校向城镇的上移，进一步导致了城乡的二元对立，乡村教育改革是不断地向城市学校靠近和趋同，乡村学校成为城市学校的“复制”与“翻版”。乡村学校不断地远离乡村和乡土，乡村教育逐渐“去乡村化”。2017年义务教育城镇化率为76.48%，较2016年提高了1.47个百分点，比常住人口城镇化率高17.96个百分点。乡村学校在继续减少，学生继续向城镇集中。2017年义务教育学校数

① 陈鹏．城镇化的转向与乡村振兴的机遇［J］．深圳社会科学，2019（2）：87-95，158.

为321 901所，比2016年减少6 287所，减幅为1.95%。其中，城区为41 196所，比2016年增加1 092所，增幅为2.65%；镇区为79 072所，比2016年增加362所，增幅为0.45%；乡村为201 633所，比2016年减少7 741所，减幅为3.83%。①

（二）乡村文化的逐步弱化——乡村学校扎根在哪？

教育与文化共生共存，唇齿相依。随着工业化和城镇化快速推进，农村人口大量向城镇特别是大城市转移，导致农村空心化现象日益严重，并逐渐从人口空心化演化为人口、土地、技术、产业、服务、文化和公共设施整体空心化。乡村教育不管是在价值取向上，还是在教育内容的选择、课程的设计上，乃至教育方法的运用上，都越来越脱离了乡村场域。现代化浪潮的语境中，农村文明问题被遮蔽，农村教育几乎没有了农村文明的意识。农村学生也只是关注如何通过升学和就业进入城市，过一种所谓文明的生活。乡村教育改革的思路更多偏于"外援性"与"输血型"，缺乏内生主体力量的唤醒与"造血"功能的培育。外援式的改革思路不能从根本上解决乡村学校建设的核心问题。一是容易导致对硬件之外因素的忽略。国家作为扶持乡村学校发展的政府主体，城市作为乡村学校的帮扶主体，在帮扶的重点上会更多侧重于硬件资源的投放与硬件环境的改善，这是可见的、显性的，也是短期内能产生立竿见影效果的，但乡村学校建设并不仅仅是或主要不是硬件建设的问题。二是容易忽视乡村本土的个性关怀。外援式思路一般都是自上而下的，侧重于一般性问题的解决，较难结合地域实际、综合考量地方差异，做到因地制宜，因校而异。尤其是资源短缺等一般性问题解决后，乡村学

①《中国农村教育发展报告2019》发布［N］. 中国民族报，2019-02-19.

校如何建设的问题主要是特殊性、个别性的问题。三是容易导致短期的片面关注，缺乏对乡村的针对性治理，很容易出现头痛医头、脚痛医脚的短期行为。

1. 乡村文化在城市文化主导的背景下逐渐式微

乡村有广袤的原野，山川河流，动植物繁多，还有广大的农民和丰富的乡土文化，这为我们教学提供了取之不尽、用之不竭的素材①。乡村的自然环境及其孕育出的生态，风土人情、乡土风俗和村落文化等既是乡村文化的重要构成，也是乡村学校教育的重要来源。随着城镇化进程的不断加快，现代城市文化成为其主流，乡村文化在乡村教育变革中的参与力度逐渐式微。不仅如此，乡村文化被日渐贴上了“落后”“愚昧”的标签，变为城市文化改造的对象。在城市价值取向的浸染下，乡村人不知不觉地放弃了他们本身具有的乡土文化特质，以城市取向为中心的外来文化的冲击使得原来的乡村文化秩序土崩瓦解，乡村社会的独特性正在消失，逐渐沦为城市文明的附庸，乡村更多地成为一个空洞的地域符号②。

2. 乡村学校式微直接导致乡村文化中心地位的削弱

教育是文化发展的基础，乡村社会与乡村教育最主要的关节点是学校。学校是村落中蕴含文化气息的标志性场所，是乡村人可以依赖又必须依赖的精神家园。乡村文化的捍卫、维护、传承、创新与发展，都离不开乡村学校。乡村学校在乡村所扮演的社会角色，远非教书育人，它是文化的摇篮，更是文明的象征。学校布局政策一定程度上实现了教育

① 唐松林. 中国农村教师发展研究［M］. 杭州：浙江大学出版社，2005：114.

② 刘铁芳. 乡土的逃离与回归：乡村教育的人文重建［M］. 福州：福建教育出版社，2008：37-43.

资源的优化配置和农村教育质量的提升，但教育离乡，学生离村，没有了学校的乡村逐渐走向“文化空核”状态。

（三）家庭社区的教育缺位——乡村学校能否挑大任?

学校的兴起使得教育的场所从家庭转向学校，教育者从家长转向教师，但这并不意味着家庭和社会在教育职能上的完全虚化与退场，家庭、社会和学校是教育的三驾马车，需要协同并进、缺一不可。乡村学校的建设与发展也同样依赖家庭与社区，乡村教育的现代化并不仅仅只是乡村学校的现代化。乡村家庭教育的缺位和社区教育的真空，使得乡村学校教育面临更加严峻的挑战。

1\. 家庭教育的缺失

城镇化进程中个体陷入流动性之中，大量青壮年人口进城，导致乡村家庭教育的整体性缺场，这是现代化给乡村教育带来的最大问题，也是当前我国乡村学校建设面临的最棘手问题。家庭在学校教育中的缺场，并不是因为家庭的丧失，而是因“流动性”①而带来的家庭“破碎”，这种父母和子女长时间分离和短暂团聚所带来的“家庭撕裂”，使家庭不得不将教育的责任完全托付、转嫁给学校，乡村学校完全失去了家庭教育的支撑。

2\. 社区教育的荒芜

父母进城务工导致部分未成年人成为留守儿童，他们缺乏有效的家庭监管，缺乏相应的学习环境和氛围，缺乏富有针对性的教育引导和有教育意义的活动。留守儿童因与父母长期分离而产生孤单感，乡村社会、社区也没有给乡村学校提供必要的外部支撑，荒芜的社区文化使留

---

①［英］齐格蒙特·鲍曼．流动的现代性［M］．欧阳景根，译．北京：中国人民大学出版社，2018：23-43.

守儿童沉迷游戏，导致他们厌学、辍学等。

（四）学校对乡村社会疏远——学校是否融入乡村？

乡村教育运动使乡村学校成为“改造附近乡村社会的中心”和“实施各项教学的中心”。[①]办在“家门口”的乡村学校，与乡村社会、乡村生活是融为一体的，乡村青少年正是在这种乡土氛围、乡土人文精神中不断成长起来。但伴随着乡村学校向城镇方向的“空间位移”，学校离村、教师离乡、儿童离土，乡村学校与乡村社会不仅在空间上疏离，在教育目标、教学内容等方面也日渐疏远甚至走向对立，学校迁往城镇，教育也同时远离乡土。

1. 乡村教育培养远离乡村的人

通过教育改变农民身份几乎是农村孩子实现阶层流动的唯一机会，也是农村家庭和儿童选择接受教育的根本动力。调查显示，大多数农村学生及家长的最大期望都是“毕业后升学”，占被调查总人数的90%以上。[②]乡村学校竭尽所能地为青年学子离开乡土家园做准备，进而告别乡村。当我们在让乡村接受我们设计的教育模式的同时，我们也把城市取向的价值预设渗透其中，使之成为乡村教育的主导性价值取向与价值目标。[③]

2. 乡村教育内容的“离土化”

乡村学校的教育内容既应包括普遍性知识的传播，也应承担地方性知识的生产。乡村教育整体目标的“向城性”使乡土社会习俗和地方性

① 邬志辉. 全力打赢农村“两类学校”建设攻坚战［N］. 人民日报，2018-08-20.

② 洪俊. 农村义务教育课程改革的价值取向——兼论农村教育必须坚持为“三农”服务［J］. 东北师大学报，2006（4）：136-142.

③ 刘铁芳. 回归乡土的课程设计：乡村教育重建的课程策略［J］. 现代大学教育，2010（6）：13-18.

知识体系得不到应有的重视和尊重，再加上乡村学校缺乏足够的文化自觉，在实践中并没有真正努力去挖掘农村特色教育资源，因此乡村内容无法在乡村学校中占据应有的地位。

3. 乡村教师在乡村社会的退场

乡村教师作为乡村社会中的知识分子，一直是乡村社会文化传承与创新的领路人。我国乡村教师的主体已经从“农民化”教师向“市民化”教师的转型。“市民化”教师在接受整个城市化取向教育的过程中逐渐完成了“城市情结”对“乡土意识”的置换。尽管因为工作的原因回到了农村，但是他们对城市的眷恋依然强烈。① 部分乡村教师虽在乡村工作，但其角色、思想与行为等都与乡村社会脱离，成为在乡村工作的“城市人”，成为乡土社会的“异乡人”和“寄居者”，乡村教师的活动范围逐渐地局限于学校之内。

① 高小强. 乡村教师阶层分化及其社会文化后果［J］. 中国教育学刊，2011（12）：9−12.

第三节　乡村学校建设的路径分析

乡村学校建设是系统工程，涉及从社会到家庭到学校的整体协调，牵涉乡村学校所需要的人力、物力和财力的合力保障与制度创新。乡村学校建设，不只是在乡村建学校，而是在乡村兴教育、孕文化，通过兴教育来实现乡村文化的重建与乡村社会的振兴。

一、做好顶层设计，服务乡村振兴战略发展大局

乡村学校建设是系统工程，不能只进行局部的“碎片化”修补，需要全局性的统筹规划，需要做好宏观层面的顶层设计和战略定位。

（一）以服务乡村振兴战略为建设宗旨

乡村振兴是党的十九大对乡村发展做出的重大战略部署，是新时代全面建设社会主义现代化国家的重大任务。振兴乡村教育不仅是落实乡村振兴战略的应有之义，而且乡村教育是乡村经济建设、政治建设、文化建设和社会建设的基础，在乡村振兴中具有基础性、先导性和全局性作用。学校是乡村的根与魂，如果没有了学校，那么乡村就会彻底断根失魂，没有了儿童的乡村不再是真正的乡村，这样的乡村无从振兴。实施乡村振兴战略，必须坚持把优先发展教育作为推动乡村振兴战略的先手棋，为乡村振兴战略提供有力人才支撑。乡村教育的改革与发展，要主动对接乡村振兴战略，切实办好满足乡村振兴需要的乡村教育，以振兴乡村、服务乡村、立足乡村作为乡村学校建设的出发点与归宿。

（二）以建设小而美的乡村学校为目标

乡村学校建设到底走向何处？是继续“进城”，走城市化、规模化、

资源集聚化的发展道路，还是适时“回乡”，寻一条乡村化、小规模、本土化的发展路径？从世界经验与中国国情来看，建设立足乡村的“小而美”的小规模乡村学校，应该是较长一段时间内我国乡村学校建设的战略重点与主要方向。一方面，小规模学校已经成为我国乡村学校的常态。截至2017年年底，全国有乡村小规模学校10.7万所，其中小学2.7万所，教学点8万个，占乡村小学和教学点总数的44.4%[①]。而且乡村教学点的数量呈逐年上升的趋势，2016年全国乡村教学点有86 800个，比2015年增加4 982个[②]。这和国家层面多次重申“保留并办好必要的小规模学校和教学点”的政策导向密切相关。乡村小规模学校不是我国城镇化进程中短期性、过渡性的落后学校形态，它是乡村教育的常态样式，将较长时间存在。乡村小规模学校在创办学校特色、激发学校活力、实施个性化教育方面具有明显优势。乡村小规模学校某种程度上是一种需要积极保护甚至是精心呵护的特殊学校，是乡村振兴的一个重要生长点和突破口。对于暂时“小而差”的乡村小规模学校，应逐步将其建设成为“小而优”“小而美”的学校。国家应尽快制定小规模学校建设标准，按照标准配备教学必需的设施设备和师资。公共财政优先保证小规模学校的教学需要，开发特色课程，为每个儿童提供适合的课程和个性化教育。

---

① 教育部. 解读《国务院办公厅关于全面加强乡村小规模学校和乡镇寄宿制学校建设的指导意见》介绍有关工作开展情况［EB/OL］.（2018-05-11）. http://www.gov.cn/zhengce/2018-05/11/ content_5290308.htm#1.

② 中华人民共和国教育部发展规划司. 中国教育统计年鉴2016［M］. 北京：中国统计出版社，2017：150；中华人民共和国教育部发展规划司. 中国教育统计年鉴2015［M］. 北京：中国统计出版社，2016：148.

二、创新发展理念，构建城乡融合一体教育体系

理念是行为的先导。乡村学校的建设，需要打破已有发展格局的路径依赖，创新理念，在新的时代背景下，用新的发展理念引领新时代乡村教育的变革。

（一）从嵌入乡村到融入乡村

乡村学校不只是嵌入乡村，不只是居于乡村而其培养目标、内容和教师等都与乡村社会、乡村文化格格不入。乡村振兴战略下的乡村学校，必须融入乡村建设。一方面，乡村学校、乡村教师必须主动参与到乡村文明、乡村建设进程中，将乡村教育融入乡村生活；另一方面，乡村社会为乡村学校的改革发展提供必要的物质支持与文化支撑，将乡村学校作为乡村社区的终身学习场所，发挥其文化带动作用等。

（二）从碎片改革到系统构建

乡村教育的现代化不只是乡村学校的现代化。乡村教育是家庭教育、学校教育和村落社会教化三者的综合体与统一体。乡村学校建设必须根植于社会，走乡村学校、社区、公益组织、政府等协力合作的共同发展之路，形成多主体参与的共同体模式。通过众多力量的聚集与融合，将政府部门、学校、社区、家庭、非政府组织等多个主体联合起来，合力推动乡村学校的健康发展。

（三）从城乡二元到城乡一体

乡村教育一直有“务农”与“离农”两种对立倾向与学术争论，在办学实践中，乡村教育的办学定位实际上呈现出典型的“向城性”。在乡村振兴战略实施与城乡一体化推进的背景下，乡村学校的办学定位不是在二元对立格局下简单地讨论“进城”还是“回乡”的问题，乡村文化和城镇文化也不再是落后和先进的分界线，乡村教育必须坚持城乡互

惠、相互借鉴，把乡村优秀的传统文化和现代城市文明进行融合，实现价值重构。

三、改革经费投入制度，保障教育经费充足公平

经费保障是乡村教育现代化体系建设与发展、支撑乡村振兴的关键。对于地处偏远且基础薄弱的乡村学校来说，是否有足够的经费支持直接影响到乡村学校能否生存、如何发展。一是实施“均等+补偿”的财政拨款政策，即在统一城乡学校财政拨款标准的基础上，对乡村学校、薄弱学校、乡村小规模学校等实施额外的拨款制度、进行额外的补偿性投入。二是强化责任，加大政府统筹力度。当前实施的是“各级政府分担、经费省级统筹、管理以县为主”的农村义务教育财政体制，各种教育经费的投入最终通过县级政府落实。县级政府总体财力不足，受制于地方经济发展的差异，在有限的财力下，县域内的财力分配上更重视县城，导致乡村教育的经费投入成为弱势中的弱势，一些乡村学校基本建设和持续发展的经费严重不足。“以县为主”的义务教育财政体制所带来的县域不均衡，要求我们必须加强省级统筹，特别是对一些财政比较困难的县进行政策倾斜。三是要优化财政支出结构、完善经费管理制度。加强对经费的管理与监督，切实落实对乡村小规模学校按100人拨付公用经费，对乡镇寄宿制学校按寄宿生年生均200元标准增加公用经费补助政策。鼓励各地结合实际进一步提高乡村学校生均公用经费水平，确保学校正常有序运转。四是要完善乡村学校经费使用管理办法，根据实际在乡村学校间合理统筹安排公用经费，实行账目单列、规范管理、合理统筹，确保足额用于乡村学校建设，不得滞留、挪用或挤占。

四、调整乡村教师培养办法，提升职业的吸引力

人才是乡村教育现代化的第一资源，教师是教育活动的核心影响因素。国家为解决乡村教师“下不去”“留不住”和“教不好”的问题，出台了一系列政策并采取了许多针对性举措，对拓展乡村教师补充渠道、改善乡村教师队伍结构、提高乡村教师队伍质量起到了很大的作用。但目前乡村教师年龄老化、知识退化、方法旧化现象非常严重，优秀人才不愿去、一般人才进不去、不合格教师退不出问题仍然非常突出，亟须进一步改革。

加大乡村教师的本土定向培养，是保持乡村教师队伍稳定的长远之计。本土教师因文化背景、血缘关系、生活习惯等皆根植于当地，其地域认同和身份认同与外地选择“过渡岗位”的教师有很大不同，他们更容易扎根家乡。

加强乡村教师培训的实际效果。乡村教师培训一般难以达到高层次培训标准，而且大多数的教师培训基本都是“城市中心”取向。教师培训应优先支持艰苦边远贫困地区乡村教师培训，结合乡村教师包班、全科甚至复式教学的实际开展针对性培训，强化教师对教材的自主处理能力和校本课程的开发能力。

强力提升乡村教师职业吸引力，形成国家工资标准中边远学校教师收入整体高于中心地带学校，农村学校高于城镇学校的逆向分布格局，让教师扎根乡村同时吸引城镇教师回流乡村。教师职称评聘上向乡村学校教师重点倾斜，专设比例；建立乡村学校教师荣誉制度和表彰制度，调动乡村教师工作积极性。充分考虑乡村学校尤其是小规模学校的实际需要，将班师比、校师比纳入综合考虑之中，对教学点人员编制单独核算并适当增加，为教师“松绑”。在农村学校教职工周转宿舍建设、免

费身体健康检查制度、重大疾病救助等方面做出专门的制度性安排，真正提升乡村教师吸引力，吸引更多的优秀人才流向乡村，扎根乡村，献身乡村。

五、发挥主体性与主动性，激发教育的内生动力

乡村教育改革，主体在学校，要充分调动乡村及乡村学校的主动性与积极性，激发乡村学校的内生性发展动力。改变“大包大揽”“等靠要”的发展模式。政府在教育经费的倾斜、教育条件的改善、教师队伍的配备等方面提供外部扶持与制度保障。立足乡村振兴战略需要，根据人才培养模式、教学方式方法改革、课程设置、校本课程资源开发、学校特色建设等内涵式发展需要，结合乡村实际积极行动、大胆作为、勇于探索。

第四章 促进义务教育优质均衡发展

义务教育均衡发展是义务教育各项工作的重中之重，是实现教育现代化的基本要求。《中国教育现代化2035》把义务教育均衡发展作为实现基本公共教育服务均等化的重要组成部分。文件要求“提升义务教育均等化水平”，并明确要求“在实现县域内义务教育基本均衡的基础上，进一步推进优质均衡，鼓励有条件的地方在更大范围内实现均衡发展。”初步均衡、基本均衡与优质均衡是教育均衡发展的不同阶段。初步均衡、基本均衡与优质均衡可以从两个角度来理解，一个是程度，另一个是范围。从程度上来看，初步均衡是在教育投入、教育设施、教师资源等基本办学条件方面首先实现均衡；基本均衡是义务教育发展水平和教育质量实现一定程度的均衡；优质均衡是在以全面提高教育质量为核心的高水平均衡。从范围上来看，在我国这样一个大国，地区经济社会发展的不平衡性，历史形成的教育发展基础的差距，决定了不可能在短时期内消除全国范围内的教育水平差异。因此，在区域内，特别是首先在县域内实现基本均衡应当是基本目标，之后在实现县域均衡的基础上，根据各地义务教育发展具体情况推进更大范围内的区域均衡。之后，再逐步推进市域内均衡，一个市可能管三个县、四个区范围的均衡。然后，再推进省域内的均衡，在一个更大范围内实现均衡，最终实现全国范围内义务教育的均衡发展。需要强调的是，义务教育均衡发展没有终点，所有的目标都只能是一个阶段性的目标，均衡永远是相对的，随着经济社会和教育的不断发展，会不断提出更高的均衡发展目标。

第一节 县域内义务教育均衡发展的政策分析

我国义务教育均衡发展政策是国家义务教育不断发展的历史阶段性选择。均衡发展是一个动态的发展，我国义务教育均衡发展是建立在发展不平衡基础上的发展，因此义务教育均衡发展必然要通过阶段性发展策略逐步实现，大致可以划分为非均衡发展阶段、初步均衡发展阶段、基本均衡发展阶段、优质均衡发展阶段。当前，我国正在走向从基本均衡发展阶段到追求义务教育优质均衡发展的伟大征程中。

一、义务教育均衡发展政策的初步构建

义务教育均衡发展政策初步构建阶段的政策特征表现为效率优先，分期分步促进义务教育均衡发展。《关于教育体制改革的决定》提出，有步骤地实行九年义务教育制度；《中华人民共和国义务教育法》明确规定，国家实行九年义务教育制度；《中国教育改革和发展纲要》提出，到2000年年底全国85%以上人口所在地区普及九年义务教育；《中华人民共和国教育法》从国家教育基本法律层面明确，国家实行九年义务教育制度；《关于深化教育改革全面推进素质教育的决定》提出“继续将‘两基’作为教育工作的”重中之重，2000年后继续加大对贫困地区和少数民族地区的扶持力度”；《关于基础教育改革与发展的决定》规定了基础教育改革的方向和路径等（见表4-1）。

表 4-1　义务教育均衡发展政策初步构建阶段的主要政策文件

序号	时间	文件名称	发文机构
1	1985 年	《关于教育体制改革的决定》	中共中央
2	1986 年	《中华人民共和国义务教育法》	全国人大
3	1993 年	《中国教育改革和发展纲要》	中共中央、国务院
4	1995 年	《中华人民共和国教育法》	全国人大
5	1999 年	《关于深化教育改革全面推进素质教育的决定》	中共中央、国务院
6	2001 年	《关于基础教育改革与发展的决定》	国务院

党和国家通过法律和政策把基本普及九年义务教育和基本扫除青壮年文盲（以下简称“两基”）作为义务教育政策的历史性任务，教育工作的重中之重。1985 年中共中央颁布的《关于教育体制改革的决定》提出了实行九年义务教育制度的目标，依法律规定适龄儿童和青少年都必须接受义务教育，国家、社会、家庭必须予以保证，义务教育为现代生产发展和现代社会生活所必需，是现代文明的一个标志。1986 年第六届全国人民代表大会审议通过了《中华人民共和国义务教育法》，明确指出，国家实行九年义务教育制度，到2000 年年底全国85%的人口地区基本实现了普及九年义务教育。1993 年的《中国教育改革和发展纲要》提出规划发展目标，“到2000 年全国基本普及九年义务教育（包括初中阶段的职业教育），即占全国总人口85%的地区普及九年义务教育。初中阶段的入学率达到85%左右，全国小学入学率达到99%以上。”2001 年《关于基础教育改革与发展的决定》要求“进一步扩大九年义务教育人口覆盖范围”。在几十年的发展中，这个目标一直是明确而坚定的。

“普九”的政策目标、进度要求和具体措施体现出了一定的非均衡性，体现了效率优先、兼顾公平的理念，分期分步的非均衡发展成为教育发展的基本方式。《中共中央关于教育体制改革的决定》提出了有步骤地实行九年义务教育制度的目标，“必须鼓励一部分地区先发展起来，同时鼓励先发展起来的地区帮助后进地区，达到共同的提高”。全国分为三类地区分期分批普及九年义务教育。《中国教育改革和发展纲要》延续了分批分步这一政策，要求教育发展从各地经济、文化发展不平衡的实际出发，鼓励经济发达地区教育率先发展。这一时期的政策要求分期分批普及九年义务教育，把全国分为三类地区：一是约占全国人口1/4的城市、沿海各省中的经济发达地区和内地少数发达地区，在1990年左右完成；二是约占全国人口一半的中等发展程度的城镇和农村，在1995年左右普及初中阶段的普通教育或职业和技术教育；三是约占全国人口1/4的经济落后地区，采取各种形式积极进行在不同程度上普及基础教育的工作，国家尽力给予支援。

为此，中央把发展义务教育的责任交给地方政府，实行分灶吃饭的财政体制，体现了效率优先的理念。《中共中央关于教育体制改革的决定》提出，“把发展基础教育的责任交给地方”，“按照财政分级管理、分灶吃饭的要求，把义务教育的投资支出全部下划到地方财政”。按照文件要求，实行分灶吃饭的财政体制，城市是市财政，农村是县、乡财政，由地方政府全部负责和安排对义务教育的投资，这就等于把实施义务教育的责任和义务全部交给了地方政府，从而使义务教育普及与发展很大程度上取决于地方政府的财政收支状况，造成了地区教育发展的不均衡性。[①]这也一定程度上造成了义务教育的地区差异、城乡差异和校际差异问题。《关于基础教育改革与发展的决定》提出了“在国务院领导下，由地方政府负责、分级管理、以县为主”的教育管理体制，文件强调农村义务教育工作的第一责任人是县级人民政府的主要负责人。政策逐步调整方向，使义务教育管理体制由“三级办学，两级管理”转变为“以县为主”，改变了原先的“以乡、村为主”的投资管理模式。

经过不懈的努力，“两基”的改革创造了我国教育发展历史的新高度，显著改变了中国教育的基本面貌。2000年年底，全国共有2 541个县级行政区划单位通过“两基”验收，全国85%的人口所在地区普及了九年义务教育。但是我国义务教育发展的水平仍然比较低，“普九”目标基本实现以后，分级管理、分灶吃饭的财政和管理体制，使地区、城乡之间的义务教育发展差距依然很大，义务教育的普及程度和质量依然存在很大差别。另外，进城务工人员子女入学问题使得义务教育均衡发展的要求更加迫切。在解决了“有学上”问题后“上好学”成为政策议题，我国义务教育发展正式进入均衡发展阶段。

二、义务教育均衡发展政策的逐步调整

义务教育均衡发展政策逐步调整的政策特征主要表现为，遏制差异转向追求均衡。义务教育均衡发展政策起源于“普九”过程中形成的地区差异、城乡差异和校际差异的现状，为了解决这些义务教育发展中的差异，国家逐步形成了“均衡发展”的政策概念。义务教育的

① 余晓晨，苌景州．走出义务教育投资管理困境的思路［J］．教育研究，1994（4）：41-45.

初步均衡阶段，最有代表性的政策文件为《关于进一步推进义务教育均衡发展的若干意见》，该文件标志着我国义务教育正式进入均衡建设时期；《中华人民共和国义务教育法》从法律层面提出了“促进义务教育均衡发展”；“促进义务教育均衡发展”写入党的十七大报告。这一阶段的教育均衡政策开始由非均衡发展政策过渡到均衡发展政策，义务教育均衡发展成为政策关注议题，政策关注由效率优先开始转为公平优先（见表4-2）。

表4-2　义务教育均衡发展政策逐步调整阶段的主要政策文件

序号	时间	文件名称	发文机构
1	2002年	《关于加强基础教育办学管理若干问题的通知》	教育部
2	2005年	《关于进一步推进义务教育均衡发展的若干意见》	教育部
3	2005年	《关于深化农村义务教育经费保障机制改革的通知》	国务院
4	2006年	《中华人民共和国义务教育法》	全国人大

《关于加强基础教育办学管理若干问题的通知》首次在政策上提出义务教育均衡发展的要求，“积极推进义务教育阶段学校均衡发展”，义务教育价值观由效率优先转向追求公平。《关于进一步推进义务教育均衡发展的若干意见》要求，各地把推进义务教育均衡作为实现“两基”之后义务教育发展的一项重要任务，要求在认真组织实施国家各项重大义务教育工程和项目的同时，把工作的着力点放在推进县（市、区）域内义务教育均衡发展上，并力争在更大范围内逐步推进，要求通过改善办学条件、统筹师资和建立监测评估体系等措施逐步缩小学校办学条件的差距，标志着我国义务教育正式进入均衡建设时期。《关于深化农村义务教育经费保障机制改革的通知》要求，完善“以县为主”的义务教

育管理体制，逐步把农村义务教育全面纳入公共财政保障范围，建立分项目、按比例分担的农村义务教育经费保障机制。这是我国建立公共教育体制的重大改革，标志着我国公共教育体制的初步建立。

《中华人民共和国义务教育法》贯穿着教育公平效率兼顾的思想，是从法律层面提出了“促进义务教育均衡发展”的思路，明确规定了“国务院和县级以上地方人民政府应当合理配置教育资源，促进义务教育均衡发展”的要求，为实施均衡发展提供了法律保障。把“均衡发展”作为义务教育的战略性任务，体现了义务教育的本质要求，体现了政府公共服务的法定职责，体现了我国教育改革发展工作方针中促进公平和提高质量的要求。党的十七大报告明确提出，优化教育结构，促进义务教育均衡发展。这是党的政治报告和文献中第一次提出“义务教育均衡发展”的思想，把教育均衡发展、教育公平提到了前所未有的高度。由此，促进义务教育均衡发展被写进入了党的文件、国家的法律，成为党和国家确立的我国在新的历史时期教育发展的战略方针，成为国家意志。

这一阶段国家完善了“以县为主”的义务教育管理体制，要求各地制定或完善本地区义务教育阶段学校办学条件基本要求，并且通过标准化建设统筹义务教育学校办学质量，初步实现了办学条件的均衡发展。这一阶段的政策具有过渡性，重点是缩小城乡、区域、学校之间的差距，尚未触及城乡二元体制和区域发展不平衡等深层次矛盾。①

---

① 阮成武．我国义务教育均衡发展政策的演进逻辑与未来走向［J］．教育研究，2013（7）：37-45.

三、义务教育均衡发展政策的逐步优化

义务教育均衡发展政策逐步优化阶段的主要政策特征为公平优先与系统性推进。代表性政策文件有：《关于贯彻落实科学发展观　进一步推进义务教育均衡发展的意见》《国家中长期教育改革和发展规划纲要（2010—2020年）》《县域义务教育均衡发展督导评估暂行办法》《关于深入推进义务教育均衡发展的意见》。《关于深入推进义务教育均衡发展的意见》的出台，标志着我国推进义务教育均衡发展进入新的历史时期。此时期关于义务教育均衡发展的政策文件出台的频次较高，形成了稳定、系统的政策体系，并在实践中全面推进县域义务教育均衡发展（见表4-3）。

表4-3　义务教育均衡发展政策逐步优化阶段的主要政策文件

序号	时间	文件名称	发文机构
1	2010年	《关于贯彻落实科学发展观　进一步推进义务教育均衡发展的意见》	教育部
2	2010年	《国家中长期教育改革和发展规划纲要（2010—2020年）》	中共中央、国务院
3	2012年	《县域义务教育均衡发展督导评估暂行办法》	教育部
4	2012年	《关于深入推进义务教育均衡发展的意见》	国务院

《关于贯彻落实科学发展观 进一步推进义务教育均衡发展的意见》提出，把均衡发展作为义务教育的重中之重，并提出两阶段发展——“力争在2012年实现区域内义务教育初步均衡，到2020年实现区域内义务教育基本均衡”的目标，要求以县级行政区域内率先实现均衡为工作重点，大力推进区域内学校与学校之间义务教育均衡发展，积极鼓励有条件的地方努力推进区域与区域之间义务教育均衡发展。中共中央、

国务院印发《国家中长期教育改革和发展规划纲要（2010—2020年）》，对义务教育发展做出新的部署，明确提出“均衡发展是义务教育的战略性任务。建立健全义务教育均衡发展保障机制”，“率先在县（区）域内实现城乡均衡发展，逐步在更大范围内推进”。2011年和2012年，教育部先后与全国31个省（自治区、直辖市）及新疆生产建设兵团签署了义务教育均衡发展备忘录，构建起了中央部门和地方政府协同推进义务教育均衡发展的新机制，全国形成了分县域的义务教育均衡发展的时间表、路线图、任务书。《县域义务教育均衡发展督导评估暂行办法》决定，建立县域义务教育均衡发展督导评估制度，对县域义务教育均衡发展状况进行督导评估。

《关于深入推进义务教育均衡发展的意见》从中央政府的层面明确提出，义务教育均衡发展是义务教育实现普及后一项重要任务，确立深入推进义务教育均衡发展的指导思想、基本目标、政策措施和体制保障。文件明确了义务教育基本均衡发展的目标、时间点、路线图——到2015年，全国义务教育巩固率达到93%，实现基本均衡的县（市、区）比例达到65%；到2020年，全国义务教育巩固率达到95%，实现基本均衡的县（市、区）比例达到95%。党的十八大报告明确提出，促进基本公共服务均等化，推进义务教育均衡发展，将“均衡发展九年义务教育”作为全面建成小康社会进程中的战略性任务，将促进义务教育均衡发展提到了新的高度。

四、义务教育均衡发展政策的逐步完善

义务教育均衡发展政策逐步完善阶段的政策特征为，促进义务教育优质均衡发展，整体性提升质量，我国义务教育开始从基本均衡走向

优质均衡（见表4-4）。这意味着义务教育改革发展到了一个全新阶段，回应和解决义务教育如何实现从基本均衡向优质均衡的转型发展问题，追求的是教育质量的高位均衡；回应和解决义务教育如何从县域均衡向更大范围均衡发展的转型问题，追求的是跨行政区域的教育均衡。2015年6月，江苏省全部县（市、区）通过国家县域义务教育发展基本均衡督导评估认定，成为继上海、北京、天津后全国首个实现县域义务教育基本均衡全覆盖的省，实现了义务教育改革发展的历史性跨越。

表 4-4　义务教育均衡发展政策逐步完善阶段的主要政策文件

序号	时间	文件名称	发文机构
1	2016年	《关于统筹推进县域内城乡义务教育一体化改革发展的若干意见》	国务院
2	2017年	《国家教育事业发展“十三五”规划》	国务院
3	2017年	《县域义务教育优质均衡发展督导评估办法》	教育部
4	2017年	《关于深化教育体制机制改革的意见》	中共中央办公厅、国务院办公厅
5	2019年	《中国教育现代化2035》	中共中央、国务院

《关于统筹推进县域内城乡义务教育一体化改革发展的若干意见》要求，加快推进县域内城乡义务教育的四个“统一”（学校建设标准统一、教师编制标准统一、生均公用经费基准定额统一、基本装备配置标准统一）和“两免一补”政策城乡全覆盖。目标是到2020年，县域义务教育均衡发展和城乡基本公共教育服务均等化基本实现。《国家教育事业发展“十三五”规划》把“提高教育质量”确立为发展主题，正式提出“促进义务教育均衡优质发展”的发展目标。要求义务教育实现基本均衡的县（市、区）比例达到95%，城乡、区域、学校之间差距进

一步缩小，建成覆盖城乡、更加均衡的基本公共教育服务体系。在确保2020年全国基本实现县域内义务教育均衡发展的基础上，推动有条件的地区实现市域内均衡发展。

当大部分地区实现了“基本均衡”以后，《县域义务教育优质均衡发展督导评估办法》决定，建立县域义务教育优质均衡发展督导评估制度，开展义务教育优质均衡发展县、市、区督导评估认定工作，构建了从资源配置、政府保障、教育质量及社会认可度4方面，共包含32个具体指标的评估体系。我国义务教育由“基本均衡”向“优质均衡”迈进，进入全面提高质量的新阶段。巩固基本均衡发展成果，实现优质均衡发展，满足广大人民群众“上好学”的现实需求，已经成为各级政府推进义务教育均衡发展的重要任务。《关于深化教育体制机制改革的意见》提出，完善义务教育均衡优质发展的体制机制，从体制机制上为推进义务教育均衡优质发展提供保障。党的十九大报告提出，“推动城乡义务教育一体化发展”“努力让每个孩子都能享有公平而有质量的教育”。相比于党的十八大提出的“均衡发展九年义务教育”，着力点是“均衡”，党的十九大报告提出的“推动城乡义务教育一体化发展”要求更广范围、更高质量的城乡教育发展，着力点是“一体化”，目标是“努力让每个孩子都能享有公平而有质量的教育”。截至2017年年底，全国实现义务教育发展基本均衡的县达到2 379个。

在2018年召开的全国教育大会上，习近平总书记对义务教育提出了要求，指出要坚持教育公平，促进区域、城乡和各级各类教育均衡发展，要着力补上短板，夯实义务教育这个根基；强化贫困地区控辍保学工作，完善城乡统一、重在农村的义务教育经费保障机制，着力改善乡村学校办学条件，提高教学质量；注重运用信息化手段，使乡村获得更多优质教育资源，把更多教育经费用到加强乡村教师队伍建设上，等等。《中国教育现代化2035》要求："在实现县域内义务教育基本均衡的基础上，进一步推进优质均衡，鼓励有条件的地方在更大范围实现均衡发展。"面向2035年，全国各地都走在追求义务教育优质均衡发展的征程中。

第二节　县域内义务教育均衡发展的实践分析

教育公平是社会公平的起点和核心环节。促进教育公平的主要政策目标是实现基本公共教育服务均等化，要求建立健全基本公共教育资源均衡配置机制，逐步缩小区域、城乡、校际、群体之间的差距，努力让全体人民享有更公平的教育，而区域、城乡、校际之间的教育差距，最终都可以归结为校际差距。2012年，教育部制定了《县域义务教育均衡发展督导评估暂行办法》(以下简称《暂行办法》)，建立县域义务教育均衡发展督导评估制度，开展对义务教育发展基本均衡县（含不设区的市、市辖区和国家划定的其他县级行政区划单位，以下统称“县”）的督导检查和评估认定工作。国家对县域内义务教育校际均衡状况评估主要评估县级政府均衡配置教育资源情况，以生均教学及辅助用房面积、生均体育运动场馆面积、生均教学仪器设备值、每百名学生拥有计算机台数、生均图书册数、师生比、生均高于规定学历教师数、生均中级及以上专业技术职务教师数8项指标，分别计算小学、初中差异系数，评估县域内小学、初中校际均衡状况。《暂行办法》采用差异系数作为县域内义务教育校际均衡评估的标准，规定小学和初中的差异系数分别小于或等于0.65和0.55的县，方可通过义务教育发展基本均衡县的评估认定。该标准是义务教育发展基本均衡县评估的全国最低标准，是义务教育基本均衡的最低要求。本部分对县域内校际均衡发展情况进行分析，以国家教育督导检查组对各省各县（市、区）义务教育均衡发展督导检查反馈意见的结果为数据来源，采用分层抽样的方式，在每个省（自治区、直辖市）抽取一个教育水平在本省教育发展水平处于中上等的县进行分析。

一、县域内义务教育均衡发展基本状况

（一）县域内义务教育基本均衡发展认定进展

国务院教育督导委员会从2013年开始，对全国进行县域义务教育发展基本均衡状况进行评估认证。按照《暂行办法》，截至2018年12月底，全国2 931个县中累计2 717个县通过国家督导评估认定，累计92.7%的县（市、区）已经达到了义务教育基本均衡。其中，东部地区869个，中部地区861个，西部地区987个，中西部地区实现义务教育基本均衡发展的县数占比达到90.5%。其中，2014年、2015年、2016年、2017年全国实现义务教育均衡基本均衡的县（市、区）增长较快（见表4-5）。

表 4-5　义务教育发展基本均衡县国家认定情况（2013—2018 年）

区域 年份	全国实现义务教育发展基本均衡的县（市、区）累计/个	占全国县市区总数	东部地区	中部地区	西部地区
2013年	538	—	—	—	—
2014年	757	27.4%	—	—	—
2015年	1 302	—	634	367	301
2016年	1 824	62.4%	740	556	528
2017年	2 379	81%	819	782	778
2018年	2 717	92.7%	869	861	987

资料来源：2013—2018年《全国义务教育均衡发展督导评估工作报告》

但是，我国完成义务教育基本均衡发展任务进入“最后一公里”，剩下的7.3%未申请评定的县（市、区）大都是难啃的“硬骨头”，其中有许多县位于边远山区、牧区和高寒高海拔地区，自然条件、经济水平、教育基础都十分薄弱，办学面临许多特殊困难，攻坚难度越来越大，巩固提高任务越来越重。加之近年来我国部分基本均衡县虽然通过了国家督导的评定，但是仅仅是基本达到了基本标准要求，很有可能出现滑坡反复，又出现了新的校际综合差异系数超标的严峻形势。基本均衡发展进入“攻坚段”和“深水区”。我国县域义务教育均衡发展虽然取得了令人瞩目的成绩，但仍然存在诸多薄弱环节和问题。

（二）县域内义务教育硬件资源配置均衡分析

县域内义务教育优质均衡发展的首要目标是公共财政举办的学校达到规定的办学条件标准，国家要求各地根据实际情况制定了相应的义务教育学校办学标准，通过实施中小学办学条件达标工程来实现义务教育学校办学条件的均衡。国家县域义务教育均衡发展督导评估采用了生均教学及辅助用房配置均衡分析与生均体育运动场馆面积指标衡量。生均教学及辅助用房面积是评价学校基本办学条件的重要指标，基本标准是满足相应学校规模所建教学用房、办公用房和生活用房等建筑所需用地。生均体育运动场馆面积是学校硬件设施的重要组成部分，是保障学校开展正常教育教学、学生课外体育锻炼和课外活动的基本物质条件。生均体育运动场馆面积反映了学生硬件设施资源的配置水平，是评价学校之间资源均衡配置的重要指标。

根据国家教育督导检查的调研来看，绝大多数的县域学校基本能达到评估标准，能符合基本均衡的要求，但是普遍存在着生均面积差距较大的问题，部分地区的校际不均衡现象非常突出。而且，与校际生均教学及辅助用房配置相比，生均体育运动场馆面积的校际差异更大，校际不均衡现象更加严重。以样本区县为例，生均教学及辅助用房面积，小学、初中平均值分别是3.85、5.02，差异系数分别是0.57、0.48；生均体育运动场馆面积，小学、初中平均值分别是6.93、9.78，小学、初中差异系数为0.80、0.60。以2017年版的《县域义务教育优质均衡发展督导评估办法》标准衡量，在“生均教学及辅助用房面积方面，要求小学、初中分别超过4.5平方米、5.8平方米。生均体育运动场馆面积方面，小学、初中应分别超过7.5平方米、10.2平方米。所有指标校际差异系数，小学均小于或等于0.50，初中均小于或等于0.45。所有指标均低于优质均衡的要求值，在下一步推进优质均衡的过程中，还需要提高办学条件硬件标准，加大硬件资源投入力度，促进校际资源均衡配置。

从学段上来看，小学的校际面积差异系数均明显大于初中，小学的校舍和体育运动场馆面积不足问题更加严重。从地区来看，一些经济发达地区的生均教学及辅助用房配置差异系数反而较大，以山东省济南市历下区为例，小学生均教学及辅助用房面积仅为3.4平方米，校际差异系数高达0.959；小学校际生均体育运动场馆面积差异系数为0.958。这是因为老城区用地紧张，且城区是学龄人口流动地，生均面积普遍偏小。而且，长期形成的重点校政策，名校与普通学校存在着较大的校际差距（见表4–6）。

表 4-6　校际硬件资源配置样本数据 ①

	省（自治区、直辖市）	抽样县（市、区）	校际生均教学及辅助用房配置				校际生均体育运动场馆面积			
			小学区县均值	小学差异系数	初中区县均值	初中差异系数	小学区县均值	小学差异系数	初中区县均值	初中差异系数
1	河北	邢台市南宫市	5.51	0.595	5.05	0.521	9.66	0.567	12.76	0.38
2	山西	阳泉市城区	2.83	0.533	4.04	0.375	4.11	0.775	6.94	0.469
3	内蒙古	赤峰市红山区	5.08	0.58	6.35	0.724	6.73	1.354	9.15	1.151
4	辽宁	本溪市平山区	3.53	0.607	5.32	0.55	5.88	0.932	14.81	1.123
5	吉林	长春市农安县	3.75	0.595	4.36	0.373	14	0.619	15.01	0.474
6	黑龙江	齐齐哈尔市克东县	3.84	0.579	3.74	0.329	8.41	0.512	7.77	0.328
7	安徽	合肥市庐阳区	2.96	0.589	6.48	0.463	3.91	1.457	8.6	0.515

① 注：因为国家教育督导检查组对各地义务教育均衡发展督导检查历时多年。为保证本表数据时间的一致性，只摘取督导检查时间在2017—2018年地区数据。其余地区因督导检查时间不在此时间段而未被列入。本章表格式同此。

资料来源：教育部督导检查组对全国各地义务教育均衡发展督导检查反馈意见（2017—2018年）

续表

	省（自治区、直辖市）	抽样县（市、区）	校际生均教学及辅助用房配置				校际生均体育运动场馆面积			
			小学区县均值	小学差异系数	初中区县均值	初中差异系数	小学区县均值	小学差异系数	初中区县均值	初中差异系数
8	江西	南昌市西湖区	2.97	0.372	5.3	0.512	3.72	0.56	5.3	0.393
9	山东	济南市历下区	3.4	0.959	4.17	0.601	5.76	0.958	6.55	0.566
10	河南	郑州市中原区	2.18	0.593	4.73	0.535	3.23	0.932	5.95	0.757
11	湖北	武汉市江岸区	3.89	0.417	5.81	0.35	2.81	1.037	5.98	0.823
12	湖南	邵阳市大祥区	2.17	0.805	3.02	0.496	2.37	0.593	3.65	0.426
13	广西	南宁市良庆区	4.42	0.611	3.81	0.271	7.97	1.072	9.3	0.585
14	海南	临高县	4.56	0.437	6.36	0.326	6.49	0.972	10.26	0.489
15	重庆	巫山县	4.33	0.59	3.99	0.454	5.49	0.506	7.27	0.422
16	四川	广元市朝天区	5.57	0.334	6.32	0.26	11.9	0.461	10.02	0.542
17	贵州	贵阳市观山湖区	2.93	0.667	5.6	0.755	6.6	0.548	11.14	0.545
18	云南	曲靖市富源县	4.02	0.602	2.97	0.346	6.24	0.673	6.44	0.538

续表

	省（自治区、直辖市）	抽样县（市、区）	校际生均教学及辅助用房配置				校际生均体育运动场馆面积			
			小学区县均值	小学差异系数	初中区县均值	初中差异系数	小学区县均值	小学差异系数	初中区县均值	初中差异系数
19	西藏	日喀则市江孜县	5.54	0.362	6.94	0.307	9.19	0.494	10.27	0.189
20	陕西	西安市周至县	5.36	0.979	5.20	0.542	10.74	0.78	11.08	0.559
21	甘肃	白银市会宁县	5.39	0.517	7.06	0.474	16.71	0.791	17.07	0.674
22	青海	海东市化隆回族自治县	3.83	0.486	3.83	0.511	4.97	0.65	7.83	0.423
23	宁夏	银川市灵武市	4.04	0.588	6.51	0.223	13.54	0.731	14.58	0.477
24	新 疆	博尔塔拉蒙古自治州精河县	4.81	0.292	6.24	0.334	12.57	0.574	14.95	0.399

（三）县域内义务教育教学资源配置均衡分析

国家义务教育均衡评估对课程教学资源均衡配置采用了生均教学仪器设备值、每百名学生拥有计算机台数、生均图书册数三个指标来衡量（见表4-7）。

表 4-7 校际课程教学资源配置均衡样本数据①

	省（自治区、直辖市）	抽样县（区、市）	生均教学仪器设备值（元）				每百名学生拥有计算机台数				生均图书册数			
			小学区县均值	小学差异系数	初中区县均值	初中差异系数	小学区县均值	小学差异系数	初中区县均值	初中差异系数	小学区县均值	小学差异系数	初中区县均值	初中差异系数
1	河北	邢台市南宫市	565	0.339	1 195	0.682	12.87	0.594	12.09	0.283	35.85	0.544	45.78	0.19
2	山西	阳泉市城区	1 258	0.389	1 754	0.343	8.8	0.489	17.38	0.248	23.05	0.128	38.07	0.146
3	内蒙古	赤峰市红山区	733	1.494	875	0.498	8.6	0.125	11.75	0.482	16.24	0.245	26.11	0.097
4	辽宁	本溪市平山区	1 602	0.262	3 022	0.472	15.49	0.439	17.38	0.388	31.53	0.253	49.57	0.249
5	吉林	长春市农安县	2 708	0.203	2 742	0.162	13.47	0.5	13.7	0.334	30.86	0.049	40.18	0.034
6	黑龙江	齐齐哈尔市克东县	2 207	0.461	1 678	0.295	9.55	0.416	8.64	0.324	21.16	0.399	27.82	0.282
7	安徽	合肥市庐阳区	1 264	0.494	3 436	0.107	13.15	0.382	20.63	0.295	20.71	0.07	31.13	0.003

① 资料来源：教育部督导检查组对全国各地义务教育均衡发展督导检查反馈意见（2017—2018年）

续表

	省（自治区、直辖市）	抽样县（区、市）	生均教学仪器设备值（元）				每百名学生拥有计算机台数				生均图书册数			
			小学区县均值	小学差异系数	初中区县均值	初中差异系数	小学区县均值	小学差异系数	初中区县均值	初中差异系数	小学区县均值	小学差异系数	初中区县均值	初中差异系数
8	江西	南昌市西湖区	1 619	0.342	2 446	0.394	13.93	0.3	17.32	0.348	28.72	0.176	30.04	0.108
9	山东	济南市历下区	3 506	0.694	3 374	0.741	17.27	0.629	25.81	0.488	33.91	0.26	40.64	0.304
10	河南	郑州市中原区	786	0.629	1 569	0.451	6.86	0.46	12.52	0.48	20	0.314	31.87	0.367
11	湖北	武汉市江岸区	2 936	0.729	4 105	0.445	14.42	0.348	17.97	0.189	32.16	0.116	41.54	0.036
12	湖南	邵阳市大祥区	428	0.56	758	0.509	3.23	0.569	5.58	0.812	20.36	0.196	23.06	0.395
13	广西	南宁市良庆区	2 409	0.78	2 320	0.136	7	0.754	7.61	0.124	35.8	0.496	43.67	0.037
14	海南	临高县	1 586	0.485	3 427	0.766	10.96	0.234	13.55	0.239	20.72	0.277	30.85	0.169
15	重庆	巫山县	1 081	0.448	1 453	0.358	11.62	0.435	10.87	0.269	15.9	0.19	24.58	0.134
16	四川	广元市朝天区	3 770	0.427	3 880	0.433	10.52	0.497	10.29	0.245	24.28	0.23	36.49	0.252

续表

	省（自治区、直辖市）	抽样县（区、市）	生均教学仪器设备值（元）				每百名学生拥有计算机台数				生均图书册数			
			小学区县均值	小学差异系数	初中区县均值	初中差异系数	小学区县均值	小学差异系数	初中区县均值	初中差异系数	小学区县均值	小学差异系数	初中区县均值	初中差异系数
17	贵州	贵阳市观山湖区	1 529	0.833	2 668	0.731	11.72	0.333	17.84	0.285	22.77	0.205	35.91	0.107
18	云南	曲靖市富源县	1 118	0.648	1 283	0.504	6.12	0.348	11.2	0.133	24.72	0.351	32.56	0.161
19	西藏	日喀则市江孜县	891	0.646	1 358	0.099	16.98	0.504	10.97	0.362	15.92	0.134	25.00	0.000
20	陕西	西安市周至县	557	0.497	1 198	0.55	12.37	0.231	8.19	0.546	27.39	0.309	32.20	0.597
21	甘肃	白银市会宁县	798	0.612	1 341	0.774	11.95	0.346	14.98	0.443	19.64	0.115	32.58	0.223
22	青海	海东市化隆回族自治县	632	0.572	2 332	0.534	13.76	0.573	16.39	0.556	23.1	0.158	38.06	0.597
23	宁夏	银川市灵武市	4 019	0.746	4 542	0.501	20.02	0.575	25.15	0.299	31.2	0.595	38.65	0.345
24	新疆	博尔塔拉蒙古自治州精河县	1 813	0.456	2 783	0.488	7.05	0.44	7.96	0.384	21.36	0.112	30.05	0.146

1. 生均教学仪器设备值

教学仪器设备是学校课程教学资源的重要组成部分，是普通中小学开足、开齐国家规定课程、全面推进素质教育、保证师生有序教学的物质基础。教学仪器设备值是学校固定资产中用于教学、实验等仪器设备的资产值。根据国家教育督导检查的调研来看，绝大多数的县域学校基本都能达到评估标准，但是区域内校际教育仪器设备配置不均衡问题仍然存在，部分地区校际差异系数仍较大，一方面优质校与普通校之间差距比较明显，另一方面发达地区与落后地区间差距更加明显。从抽样区县来看，小学生均教学设备值最低的是2018年湖南省邵阳市大祥区428元，而北京市西城区2015年该值为7 377元，两者相差16倍多①；初中生均教学设备值最低的是2018年湖南省邵阳市大祥区758元。从差异系数来看，内蒙古赤峰市红山区的小学生均教学设备值差异系数最大，达到1.494，甘肃省白银市会宁县的初中生均教学设备值差异系数最大，为0.774。仍有部分地区对教学仪器设备配置不够重视，功能室配套不完善，已有仪器设备老化、损坏，仪器设备使用率低。

2. 每百名学生拥有计算机台数

以计算机为代表的现代教育技术装备是教育现代化发展的重要体现，也是办学质量提升的重要硬件条件。每百名学生拥有计算机台数最高者是山东省济南市历下区，每百名小学生拥有17.27台，每百名初中生拥有25.81台；每百名学生拥有计算机最少的是湖南省邵阳市大祥区，每百名小学生拥有3.23台，每百名初中生有5.58台。从校际差异来看，

---

① 国家教育督导检查组对北京市16个区县义务教育均衡发展督导检查反馈意见[EB/OL].（2015-04-30）. http://www.noe.gov.cn/s78/s8393/s7657/201708/t20170823_311659html.

小学的校际差异系数普遍都在0.45、初中的校际差异系数普遍在0.3左右，相比而言小学的校际差异更大。

3. 生均图书册数

图书资料是影响学校办学质量的重要因素之一，也是学校办学的主要硬件指标。各地制定的办学标准对藏书量有规定。督导调研显示，一些薄弱地区还存在着图书资料配备不足、复本率高、图书质量不高等问题。

（四）县域内义务教育师资队伍配置均衡分析

教师是教育发展的第一资源。校际师资均衡配置的指标从数量和质量两个维度展开，数量方面以师生比为具体指标，质量方面用生均高于规定学历教师数、生均中级及以上专业技术职务教师数为具体指标（见表4-8）。

1. 师生比

教师数量方面采用师生比，师生比反映了一个教师要为多少学生服务，表现为教师有多少精力来服务自己所教的学生。从数据上看，北京、上海等教育水平高的地区，师生比校际差异较小。在一些经济不发达地区，学校师生比不达标，教师数量明显不足，也有些地方存在有编不补、聘任代课教师等问题。总体来说，现阶段问题的关键不是师资数量配备不均衡问题，而是师资队伍配备的结构性缺编问题，尤其是音体美、信息技术、英语以及其他学科专任教师非常短缺。

2. 生均高于规定学历教师数

生均高于规定学历教师数是对教师数量配备基础上的质量诉求，是反映教师学历水平、知识程度和发展潜力的软性指标。根据国家义务教育基本均衡县评估要求，生均高于规定学历教师是指小学专任教师中具有大专及以上学历的教师，初中专任教师中具有本科及以上学历的教师，计算方式是高于规定学历教师数除以学生人数。生均高于规定学历教师数作为评价校际师资队伍配置均衡的具体指标，反映了学校间师资队伍配备的均衡程度，也是学生及家长评价学校办学条件、教学质量的重要指标。从数据上看，全国多数地区校际差距较小。经过“普九”和义务教育均衡发展与近些年大力推进的教师队伍建设，大部分地区教师的学历问题已经得到基本解决。

3. 生均中级及以上专业技术职务教师数

教师职称水平基本反映了师资队伍的专业素养和专业水准，也是社会各界评价学校教育质量的主要参考维度。生均中级及以上专业技术职务教师数是评估校际师资队伍均衡配置水平的具体指标，是学校骨干教师的考察指标。评估标准中规定生均中级及以上教师数的计算方式：中级及以上教师数除以学生人数。从数据上看，生均中级及以上专业职务教师数的校际差异系数相比前者是最大的。比如，河北省邢台市南宫市的小学校际差异是0.84，辽宁省本溪市平山区的小学校际差异是0.882，江西省南昌市西湖区的初中校际差异是0.991，证明各地普遍存在着骨干教师和学科带头人城乡和校际分布不均的问题，呈现优质学校骨干教师数量多、普通学校骨干教师数量少的状况。教师队伍是影响教育教学质量的最关键因素，而且其重要性远远大于场所、设备等硬件设施对学校办学水平的影响。可以说，县域内义务教育不均衡问题主要是师资不均衡，尤其是优秀教师校际分布不均衡，解决师资均衡问题将成为下一阶段政策关注的重点。

表 4-8 校际师资队伍配置均衡样本数据①

	省（自治区、直辖市）	抽样县（区、市）	师生比				生均高于规定学历教师数				生均中级及以上专业技术职务教师数			
			小学区县均值	小学差异系数	初中区县均值	初中差异系数	小学区县均值	小学差异系数	初中区县均值	初中差异系数	小学区县均值	小学差异系数	初中区县均值	初中差异系数
1	河北	邢台市南宫市	0.074	0.507	0.111	0.49	0.074	0.508	0.104	0.556	0.03	0.84	0.081	0.491
2	山西	阳泉市城区	0.06	0.527	0.087	0.296	0.059	0.517	0.084	0.242	0.026	0.672	0.045	0.37
3	内蒙古	赤峰市红山区	0.066	0.506	0.093	0.243	0.066	0.505	0.08	0.269	0.051	0.35	0.075	0.298
4	辽宁	本溪市平山区	0.083	0.816	0.145	0.472	0.082	0.818	0.139	0.472	0.068	0.882	0.127	0.516
5	吉林	长春市农安县	0.081	0.637	0.119	0.426	0.076	0.613	0.103	0.386	0.06	0.63	0.087	0.453
6	黑龙江	齐齐哈尔市克东县	0.059	0.655	0.067	0.187	0.054	0.665	0.056	0.261	0.025	0.612	0.039	0.202

① 资料来源：教育部督导检查组对全国各地义务教育均衡发展督导检查反馈意见（2017—2018年）

续表

	省（自治区、直辖市）	抽样县（区、市）	师生比				生均高于规定学历教师数				生均中级及以上专业技术职务教师数			
			小学区县均值	小学差异系数	初中区县均值	初中差异系数	小学区县均值	小学差异系数	初中区县均值	初中差异系数	小学区县均值	小学差异系数	初中区县均值	初中差异系数
7	安徽	合肥市庐阳区	0.044	0.315	0.07	0.204	0.044	0.316	0.06	0.21	0.026	0.529	0.04	0.437
8	江西	南昌市西湖区	0.061	0.173	0.085	0.685	0.06	0.185	0.073	0.581	0.032	0.597	0.058	0.991
9	山东	济南市历下区	0.057	0.215	0.092	0.411	0.056	0.216	0.089	0.421	0.023	0.489	0.061	0.372
10	河南	郑州市中原区	0.045	0.239	0.078	0.324	0.045	0.238	0.073	0.332	0.021	0.437	0.043	0.476
11	湖北	武汉市江岸区	0.055	0.121	0.105	0.36	0.053	0.124	0.101	0.344	0.024	0.472	0.078	0.51
12	湖南	邵阳市大祥区	0.043	0.505	0.061	0.298	0.041	0.466	0.05	0.264	0.028	0.382	0.042	0.277

续表

	省（自治区、直辖市）	抽样县（区、市）	师生比				生均高于规定学历教师数				生均中级及以上专业技术职务教师数			
			小学区县均值	小学差异系数	初中区县均值	初中差异系数	小学区县均值	小学差异系数	初中区县均值	初中差异系数	小学区县均值	小学差异系数	初中区县均值	初中差异系数
13	广西	南宁市良庆区	0.057	0.237	0.066	0.025	0.057	0.24	0.06	0.052	0.025	0.373	0.038	0.17
14	海南	临高县	0.060	0.542	0.074	0.188	0.051	0.512	0.056	0.259	0.032	0.596	0.042	0.375
15	重庆	巫山县	0.06	0.568	0.079	0.243	0.058	0.556	0.067	0.24	0.028	0.648	0.045	0.241
16	四川	广元市朝天区	0.097	0.458	0.095	0.284	0.094	0.448	0.073	0.356	0.046	0.517	0.054	0.336
17	贵州	贵阳市观山湖区	0.052	0.299	0.079	0.182	0.052	0.29	0.075	0.195	0.018	0.639	0.05	0.249
18	云南	曲靖市富源县	0.054	0.367	0.061	0.207	0.048	0.363	0.051	0.22	0.025	0.555	0.044	0.263
19	西藏	日喀则市江孜县	0.074	0.284	0.102	0.043	0.069	0.231	0.090	0.050	0.040	0.579	0.069	0.097

续表

	省（自治区、直辖市）	抽样县（区、市）	师生比				生均高于规定学历教师数				生均中级及以上专业技术职务教师数			
			小学区县均值	小学差异系数	初中区县均值	初中差异系数	小学区县均值	小学差异系数	初中区县均值	初中差异系数	小学区县均值	小学差异系数	初中区县均值	初中差异系数
20	陕西	西安市周至县	0.065	0.69	0.093	0.488	0.058	0.663	0.070	0.401	0.031	0.873	0.051	0.538
21	甘肃	白银市会宁县	0.096	0.791	0.127	0.416	0.082	0.697	0.104	0.424	0.040	0.977	0.045	0.443
22	青海	海东市化隆回族自治县	0.053	0.111	0.075	0.311	0.052	0.117	0.056	0.434	0.036	0.274	0.052	0.361
23	宁夏	银川市灵武市	0.06	0.349	0.076	0.169	0.059	0.33	0.073	0.168	0.031	0.615	0.042	0.337
24	新 疆	博尔塔拉蒙古自治州精河县	0.09	0.477	0.132	0.459	0.089	0.449	0.107	0.485	0.055	0.555	0.085	0.28

二、县域内义务教育均衡发展的新挑战

当前我国正在着力解决义务教育如何从基本均衡向优质均衡的转型发展问题。《中国教育现代化2035》把义务教育均衡发展作为实现基本公共教育服务均等化的最重要组成部分。文件指出，“提升义务教育均等化水平”，并明确要求在实现县域内义务教育基本均衡的基础上，进一步推进优质均衡，鼓励有条件的地区在更大范围实现均衡发展。这其中，蕴含着三个层面的政策含义：一是巩固基本均衡发展成果。我国还有不少县未通过国家义务教育基本均衡的评定，加之部分通过基本均衡评估的县可能滑坡反复出现新的校际综合差异系数超标，保质保量如期实现基本均衡发展目标仍然是重要任务。二是稳步推进优质均衡发展。从基本均衡走向优质均衡，基本与优质是存在差距的，将会引发义务教育改革发展的全面转型，推进义务教育在行动理念、运行机制等方面的深度变革。三是推进更大范围的均衡发展。在区域内，首先在县域内实现基本均衡应当是首要目标，之后根据各地义务教育发展情况推进更大范围内的区域均衡，下一步要推进市域内的均衡，在市域范围内均衡的基础上，再推进省域内的均衡，在一个更大范围内实现均衡，最终实现全国范围内义务教育的均衡发展。比起实现普及、基本均衡的任务来说，推进优质均衡发展的任务面临的挑战会更加艰巨、变化会更加迅速、过程会更加复杂。

（一）推进义务教育均衡发展仍然存在攻坚的硬骨头

我国地区经济社会发展的不平衡性，历史形成的教育发展基础的差距，决定了不可能在短时期内消除全国范围内的教育水平差距。在推进义务教育基本均衡过程中，仍然有一些边远贫困地区没有通过国家均衡发展督导认定，这些地区自然条件、经济水平、教育基础都十分薄弱，

成为教育“洼地”，推进均衡发展面临更多的困难。《2018年全国义务教育均衡发展督导评估工作报告》指出：单看小学差异系数，尚有34%的未认定县达不到要求，比例较高，是攻坚难点；初中差异系数还有15%的未认定县达不到要求。而且，通过认定的县教育基础也很薄弱，虽然通过认定但依然有反复的可能性。这些都是我国在推进全国完成义务教育县域均衡任务中需要攻克的“硬骨头”。

这些地区的义务教育均衡发展面临着以下现实困境：办学条件比较薄弱、教师队伍建设严重滞后、义务教育保障机制政策落实不到位等。仍有一定数量的农村学校和寄宿制学校校舍、功能室、运动场、食堂、教师周转宿舍等规划不科学。学校校舍陈旧，实验设备老旧，计算机、电子版本、图书配置都需要更新。教师结构也存在着缺陷，缺少高学历、高职称、经验丰富、专业能力强的教师。除此之外，一些地方政府未能全面实现义务教育经费“三个增长”要求，缺少保障稳定增长的长效机制。这些地方固然有自然条件差、经济水平低、教育基础薄弱等限制，但是也存在个别地方政府重视不够、工作不到位，存在“等、靠、要”思想。推进这些地区义务教育达到基本均衡标准，需要政府与社会付出更大努力。

（二）优质均衡对全面提升教育质量提出了更高要求

进入新时代，中国社会主要矛盾发生了关系全局的历史性变化，国民财富快速增长，中等收入群体比例明显提高，人民群众对教育的需求更为多样，追求的是在“有学上”基础上的“上好学”。教育公平是社会公平正义的基础，义务教育承载着群众对公平教育和优质教育的双重期待，社会、家庭、个人对优质教育资源的选择性需求越来越旺盛，涉及面更广、社会关注度更高、面临的形势和任务也更加复杂和艰巨，必须回应人民群众的期盼，加快发展更高质量、更加公平、更具个性化的教育，促进社会公平正义与和谐进步。

初步均衡、基本均衡与优质均衡是教育均衡发展的不同阶段。在初步均衡向基本均衡发展阶段，教育资源还比较缺乏，办学条件不完善，特别是乡村学校办学条件还比较薄弱。推动教育均衡的着重点在于推进教育资源的均衡配置，政策指向都把合理公平配置硬件资源视为教育均衡发展的关键。政府主要是通过“量”来实现基本均衡，增加财政投入，积极开展标准化校园建设，加大对薄弱学校基础设施的投入力度等来改善学校办学条件。那么从基本均衡向优质均衡发展阶段，教育资源是教育质量的必要条件，但已经不是充分条件，优质均衡是追求“质”的提升，重在全面提升教育质量。研究发现，影响不同区域的或者同一区域的校际差距，主要不是硬件条件的差距，而是培养质量、课程内容（能否开足开齐课程）、教学方式、评价考试方式、教师素质的差距。可以说，教育优质均衡本质上是教育质量均衡问题，课程内容、教学方式、评价考试方式、教师素质都是影响教育质量的重要因素，优质均衡对教育质量提出了更高的要求。

这种对质量均衡追求的信号明显反映在县域义务教育均衡发展督导评估的内容变化中（见表4-9）。优质均衡发展督导评估指标在基本均衡发展评估指标基础上，增加了一些新的指标，如骨干教师配备、体音美专任教师配备、网络多媒体教室配备、城乡义务教育四“统一”、不足100名学生村小学和教学点公用经费、城区和县镇公办学校就近入学比例、设施设备利用率、校园文化建设水平、课程开齐开足率、国家义务教育质量监测相关科目学生学业水平等。其中，管理水平和质量直接指标以外的指标，都是与提高质量和促进学生全面发展密切相关的指标。而且在指标中将“教育质量”作为一个独立的部分，设计了9项指

表 4-9 县域义务教育均衡发展督导评估内容变化

	均衡发展督导（2012年）		优质均衡发展督导（2017年）	
基本条件	应在其义务教育学校达到本省（区、市）义务教育学校办学基本标准后进行		通过国家义务教育基本均衡发展认定三年以上；基本均衡发展认定后年度监测持续保持较高水平。	
评估内容	校际间均衡状况	以生均教学及辅助用房面积、生均体育运动场馆面积、生均教学仪器设备值、每百名学生拥有计算机台数、生均图书册数、师生比、生均高于规定学历教师数、生均中级及以上专业技术职务教师数8项指标，分别计算小学、初中差异系数，评估县域内小学、初中校际间均衡状况。	资源配置	（一）每百名学生拥有高于规定学历教师数：小学、初中分别达到4.2人以上、5.3人以上； （二）每百名学生拥有县级以上骨干教师数：小学、初中均达到1人以上； （三）每百名学生拥有体育、艺术（美术、音乐）专任教师数：小学、初中均达到0.9人以上； （四）生均教学及辅助用房面积：小学、初中分别达到4.5平方米以上、5.8平方米以上； （五）生均体育运动场馆面积：小学、初中分别达到7.5平方米以上、10.2平方米以上； （六）生均教学仪器设备值：小学、初中分别达到2 000元以上、2 500元以上； （七）每百名学生拥有网络多媒体教室数：小学、初中分别达到2.3间以上、2.4间以上。
	对县级人民政府推进义务教育均衡发展工作评估	（一）入学机会 1. 将进城务工人员随迁子女就学纳入当地教育发展规划，纳入财政保障体系。 2. 建立以政府为主导、社会各方面广泛参与的留守儿童关爱体系。 3. 三类残疾儿童少年入学率不低于80%。	政府保障程度	（一）县域内义务教育学校规划布局合理，符合国家规定要求； （二）县域内城乡义务教育学校建设标准统一、教师编制标准统一、生均公用经费基准定额统一、基本装备配置标准统一；

续表

	均衡发展督导（2012年）		优质均衡发展督导（2017年）	
	对县级人民政府推进义务教育均衡发展工作评估	4. 优质普通高中招生名额分配到县域内初中的比例逐步提高。 （二）保障机制 1. 建立义务教育均衡发展责任、监督和问责机制。 2. 义务教育经费在财政预算中单列，近三年教育经费做到“三个增长”。 3. 推进学校标准化建设，制定并有效实施了薄弱学校改造计划，财政性教育经费向薄弱学校倾斜。 4. 农村税费改革转移支付资金用于义务教育的比例达到省级规定要求。 （三）教师队伍 1. 全面实施义务教育绩效工资制度。 2. 义务教育学校学科教师配备合理，师生比达到省定编制标准。 3. 建立并有效实施了县域内义务教育学校校长和教师定期交流制度。 4. 落实教师培训经费，加强教师培训。 （四）质量与管理 1. 按照国家规定的义务教育课程方案开齐开足课程。 2. 小学、初中巩固率达到省级规定标准。 3. 小学、初中学生体质健康及格率达到省级规定标准。 4. 义务教育阶段不存在重点学校和重点班，公办义务教育择校现象得到基本遏制。 5. 中小学生过重的课业负担有效减轻。	政府保障程度	（三）所有小学、初中每12个班级配备音乐、美术专用教室1间以上；其中，每间音乐专用教室面积不小于96平方米，每间美术专用教室面积不小于90平方米； （四）所有小学、初中规模不超过2 000人，九年一贯制学校、十二年一贯制学校义务教育阶段规模不超过2 500人； （五）小学、初中所有班级学生数分别不超过45人、50人； （六）不足100名学生村小学和教学点按100名学生核定公用经费； （七）特殊教育学校生均公用经费不低于6 000元； （八）全县义务教育学校教师平均工资收入水平不低于当地公务员平均工资收入水平，按规定足额核定教师绩效工资总量； （九）教师5年360学时培训完成率达到100%； （十）县级教育行政部门在核定的教职工编制总额和岗位总量内，统筹分配各校教职工编制和岗位数量； （十一）全县每年交流轮岗教师的比例不低于符合交流条件教师总数的10%；其中，骨干教师不低于交流轮岗教师总数的20%； （十二）专任教师持有教师资格证上岗率达到100%； （十三）城区和镇区公办小学、初中（均不含寄宿制学校）就近划片入学比例分别达到100%、95%以上； （十四）全县优质高中招生名额分配比例不低于50%，并向农村初中倾斜； （十五）留守儿童关爱体系健全，全县符合条件的随迁子女在公办学校和政府购买服务的民办学校就读的比例不低于85%。

续表

	均衡发展督导（2012年）		优质均衡发展督导（2017年）	
			教育质量	（一）全县初中三年巩固率达到95%以上； （二）全县残疾儿童少年入学率达到95%以上； （三）所有学校制定章程，实现学校管理与教学信息化； （四）全县所有学校按照不低于学校年度公用经费预算总额的5%安排教师培训经费； （五）教师能熟练运用信息化手段组织教学，设施设备利用率达到较高水平； （六）所有学校德育工作、校园文化建设水平达到良好以上； （七）课程开齐开足，教学秩序规范，综合实践活动有效开展； （八）无过重课业负担； （九）在国家义务教育质量监测中，相关科目学生学业水平达到Ⅲ级以上，且校际差异率低于0.15。
	公众对本县义务教育均衡发展满意度	适龄儿童少年就近入学、县域内学校校际间办学条件差距、县域内校际间教师队伍的差距、县域内义务教育择校情况以及政府在推进义务教育均衡发展方面的努力程度等。	社会认可度调查	县级人民政府及有关职能部门落实教育公平政策、推动优质资源共享，以及义务教育学校规范办学行为、实施素质教育、考试评价制度改革、提高教育质量等方面取得的成效。

标，加大了对“质量”评估的权重。同时，在资源配置、政府保障两个部分，在选取指标时，也都强调了与提高质量、促进学生全面发展的相关性。这些都是优质均衡对教育质量要求的反映。

基本均衡向优质均衡转变，全面提升教育质量刻不容缓。优质均衡的本质是教育质量的均衡。在追求优质均衡、教育质量提升的下一阶段，需要进一步从生源、师资、品牌、办学、管理、课程内容（能否开足开齐课程）、教师素质、校园文化等方面入手，着力推进校际间诸如生源、教师、品牌、课程、文化、质量等的均衡。这就要求我们提升对“均衡发展”的理性认识，不仅追求教育机会和教育资源的均衡发展，更要在教育过程、教学方式、教育结果等方面追求差异化、多元化发展，着重深化重要领域改革，攻克体制机制上的顽瘴痼疾，突破利益固化的藩篱，进一步解放和发展教育生产力，进一步激发学校创造力。

（三）推进义务教育更大范围均衡，省级统筹力度有待加强

《中国教育现代化2035》指出，教育均衡发展的目标是在实现县域内义务教育基本均衡的基础上，鼓励有条件的地区在更大范围实现均衡发展。什么是“更大范围的均衡”？首先实现县域均衡，之后在县域均衡基础上再逐步推进市域内均衡。然后，再推省域内的均衡，在一个更大范围内实现均衡，最终实现全国范围内义务教育的均衡发展。

我国实行的是以县为主的教育管理体制，县级政府对全县教育的人、财、物具有管理支配的权力。现有的义务教育均衡政策，如教师交流、标准化建设、高中指标的定向分配都是在县域行政区划执行。市级教育部门对县级教育部门只有业务的管理权。而且，县域内的社会历史、经济文化、教育水平具有高度的同质性，县域内的教育均衡相对容易。一旦跨区县，不同区县的经济、社会发展、文化、教育异质性就会

增大。就经济来说，各县级政府经济发展水平不同，县域内均衡发展程度也就不同，相邻的两个县可能经济水平存在很大差异。但是对于同一市不同县的居民来说，民众对教育公平与均衡的要求是一致的，并不能因为行政区域不同而提供质量有差异的公共服务。如果相邻地区的公共服务水平差异较大，必然会引发老百姓的抱怨与“跨区择校”。所以，下一步的工作重点是推进市域内义务教育优质均衡发展，思考地市级政府如何突破现有教育管理制度和城乡二元结构制约，增大地市级政府在资源统筹中的力度，这需要政策支持和实践探索。

（四）优质均衡发展亟须建设高质量的教师队伍建设

“教师是立教之本、兴教之源”，造就师德高尚、业务精湛、结构合理、充满活力的高素质专业化教师队伍是义务教育均衡发展的根本保证。当前，我国义务教育学校教师队伍建设在教师配备、教师培训和教师交流等方面存在诸多问题，成为制约我国义务教育走向优质均衡发展的关键影响因素。

一是教师配备待增加。贫困薄弱地区的专任教师不足、学科教师配备不合理、师生比不达标、高于规定学历教师数量缺乏、中级以上专业职称教师以及骨干教师数量不足、优秀教师难招难留等问题需要解决。还有些地区不同程度上存在着有编未补问题，聘任合同制教师和代课教师，特别是小规模学校和教学点教师补充不及时。音体美、科学、信息技术等学科教师数量不足。农村教师工作生活条件差、发展潜力低等导致农村教师岗位吸引力差、优秀教师难以留得住以及编外教师与在编教师没有同工同酬等问题，这些问题制约了农村义务教育发展质量。

二是教师培训待加强。加强教师培训，提高教师队伍素质，是提高教育教学质量的手段。教师培训存在诸多问题需要解决。《2018年全国义务教育均衡发展督导评估工作报告》指出，仍有少数地区未按要求安排足够的教师培训经费。一些地区教师培训力度不大，针对性不强，农村教师外出参加培训的机会偏少、比例偏低。现有教师培训中，仍有一些存在方法手段单一，针对一线教师教育教学能力水平提高需要满足不够的问题，培训工作实际效果不理想，教师职业培养培训体制机制不健全。

三是教师交流制度需要持续实施。为了推动教师交流、缓解校际差距过大，国家和一些省市已经探索了义务教育教师交流制度。一些地区还没有把均衡配置教师资源的政策落实到位，优秀校长和骨干教师校际差距依然较大。部分地区教师校长交流机制不健全，教师校长参加交流轮岗的积极性不高，《2018年全国义务教育均衡发展督导评估工作报告》显示，约20个县教师和校长交流的比例低于10%。没有在津补贴、周转房、职称评定、评优评先等方面建立切实有效的激励机制，运用足够大的差别化待遇政策，吸引骨干教师和优秀学校管理人员向农村地区、薄弱学校流动。没有提供足够好的发展环境，让农村小规模学校和教学点的校长和教师有足够的获得感。

第三节　县域内义务教育均衡发展的路径分析

在实现县域内义务教育基本均衡的基础上，进一步推进优质均衡，推进义务教育向更大范围的优质均衡发展，需要综合施策。

一、强化地方政府责任，推动更大范围的优质均衡

推进义务教育均衡发展是各级人民政府的法定职责。《中华人民共和国义务教育法》第六条规定："国务院和县级以上地方人民政府应当合理配置教育资源，促进义务教育均衡发展，改善薄弱学校的办学条件，并采取措施，保障农村地区、民族地区实施义务教育，保障家庭经济困难的和残疾的适龄儿童、少年接受义务教育。"第七条规定："县级以上人民政府教育行政部门具体负责义务教育实施工作；县级以上人民政府其他有关部门在各自的职责范围内负责义务教育实施工作。"推动市域均衡、省域均衡，要强化地方政府责任，强化更大范围均衡发展的市级统筹作用，充分发挥地方政府各职能部门作用，形成工作合力，协同作战。

在推进更大范围的优质均衡中，要着重强化地市级政府的推进作用。地市级人民政府所处的行政层级决定了其在推动义务教育均衡发展中具有统筹规划、组织管理的作用。在下一步市域均衡推进中，要进一步强化地市级政府对教育均衡的作用，将义务教育均衡发展工作在更大范围、更深层次上逐步推向高位优质。地市级政府在推进义务教育优质均衡的作用具体有：一是把义务教育事业纳入本地区经济社会发展规划，监督检查区县级人民政府及其相关部门贯彻执行国家及省、市人民

政府制定的各项有关义务教育均衡发展的方针、政策、法律、法规的情况；二是通过增加转移支付，增强财政困难县义务教育经费的保障能力，在全市范围内合理配置其他教育资源，并坚持向农村和贫困地区倾斜，支持财政困难的区县实现义务教育均衡发展，避免出现低位均衡的情况，并不断缩小市域内区县之间义务教育发展的差距，使得义务教育在率先实现县域内校际均衡的情况下，逐步在更大范围内推进；三是支持和监督县级人民政府更好地履行教育职责，管理好当地的各级各类教育，促进市域内各区县间的教育协作，统筹推进教育综合改革，抓好改革试点工作，实现办学水平的全面提升。① 今后要进一步强化市级政府的推进工作，通过市级统筹，增加转移支付，合理配置教育资源，促进区县间的教育协作，逐渐缩小县域间的差距。

一些地市已经开始了市域均衡的实践探索，厦门市于2018年5月制定了《厦门市人民政府关于印发统筹推进市域义务教育均衡发展实施方案的通知》，要求到2019年实现市域义务教育均衡发展。青岛市于2017年发布《统筹推进城乡义务教育一体化改革发展的实施意见》，将统筹推进市域内城乡义务教育一体化改革发展纳入全市教育发展重点战略目标，计划到2020年，基本实现市域内城乡义务教育优质均衡发展，全面实现从县域均衡向市域均衡。威海市实行“市域统筹，城乡一体，优质均衡”的发展目标，积极探索和构建“一个核心，两个重点，四项保障”的市域内义务教育高位优质均衡发展实施模式，“市级定政策、定目标、定进度，县级抓落实、抓投入、抓管理”的义务教育高位优质均

① 教育部基础教育一司，中国教育科学研究院，国家教育咨询委员会义务教育均衡发展工作组. 2010—2012义务教育均衡发展 · 市域推进 [M]. 北京：教育科学出版社. 2012.

衡发展推进机制。

二、优化规划和投入，以优质均衡新标准提升质量

坚持教育优先发展，切实把教育事业放在优先发展地位，在经济社会发展规划上优先安排教育发展，财政资金优先保障教育投入，公共资源配置上优先满足教育和人力资源开发需要。把义务教育均衡发展与当地经济社会发展规划、推进城乡一体化、推进城镇化、推进脱贫攻坚统筹考虑，优化城乡学校布局规划。要结合城镇化进程、人口流动趋势、计生政策变化等因素，完善学校布局规划动态调整机制，合理规划城乡义务教育学校布局建设，统筹城乡教育资源配置，超前谋划规划。

财政提供的教育资源均衡配置是优质均衡发展的保证。依据义务教育法、国家有关政策要求和义务教育事业发展需求，依法依规持续增加经费投入。市级政府要把教育作为财政支出重点领域予以优先保障，提高财政性教育经费比例，切实做到义务教育经费的“三个增长”，为义务教育的均衡发展提供经费保障。省级政府要建立健全义务教育均衡发展经费保障机制，统筹本级财政资金和中央转移支付资金，提高义务教育优质均衡发展经费保障水平，扩大保障范围。财政拨款、学校建设、仪器配备等教育资源配置向农村地区、革命老区、民族地区、边疆地区、贫困地区倾斜，加大对辖区内困难县财政转移支付力度。核定本地区中小学公用经费的标准和定额，确保落实到位和逐步提高。

我国尚有部分县未通过国家义务教育基本均衡的评定，加之部分通过基本均衡评估的县可能滑坡反复，出现新的校际综合差异系数超标，保质保量如期实现基本均衡发展目标仍然是现阶段重要任务。要坚持“抬高底部”的原则，加强薄弱学校改造和薄弱环节整改，采取一县

一策的办法，对标准化建设中存在的问题逐一解决，补齐区域义务教育的短板，如期完成基本均衡发展目标。对于全国大部分地区，经过“两基”达标验收和义务教育均衡发展的达标验收，我国义务教育办学条件已经有了很大的改善，但都可能存在用“百分比”和“大多数”的达标掩盖了长期得不到关注的部分地区和学校的现象，按照新的优质发展标准，我国很多地区的办学条件还需要进一步改进。各省市要依据国家优质均衡标准提高省内义务教育办学基本标准和教育资源配置标准，在学校功能分区建设、附属设施建设、校园环境建设、信息化和常规设备配置等方面，全面提档升级，更好地服务于教育教学和学生的全面健康发展。

三、深化教师队伍建设改革，推进师资的均衡配置

大力加强教师队伍建设，深化新时代教师队伍建设改革，全面提升教师综合素质和推进教师资源均衡配置。一要加大编制统筹调配力度，建立健全省级统筹、市域调剂、以县为主、动态调配的机制，通过周转编制、机动编制、购买工勤服务等多种方式补充教师编制。二要进一步加强县域内中小学教师的统筹管理，消除教师交流轮岗管理体制机制上的阻碍，推动“县管校聘”管理改革，实现县域内教师由“学校人”向“系统人”转变，推动义务教育校长教师交流轮岗，让教师资源动起来、活起来。通过多种交流轮岗形式，积极引导优秀校长教师向农村学校、薄弱学校有序流动，缩小城乡、校际间教师队伍水平差距。逐步实现学校之间专任教师高层次学历比例、中高级教师职称比例和骨干教师比例大体相当，实现县域内教师资源的均衡配置。三要落实好艰苦边远地区乡村教师生活补助政策，依据艰苦边远程度实行差别化补助，

做到越往基层、越往艰苦地区补助水平越高，同时在教师周转房、生活条件、职称评聘、相关荣誉等方面，为农村教师想更多办法，做更多实事，用政策拴心留人，让教师安心教书育人。

四、创新制度，办好每一所学校，教好每一个学生

义务教育优质均衡是在更大范围内推进优质均衡，努力办好每一所学校、教好每一位学生，为每个学生公平地接受高质量教育、实现个性发展创造条件。一要完善招生考试制度。推进义务教育学校免试就近入学全覆盖，完善对口直升、九年一贯制等入学方式。严禁义务教育阶段学校以各类竞赛证书、学科竞赛成绩或考级证明等作为招生依据，严禁变相“掐尖”选生源。完善优质普通高中招生指标分配到初中学校政策，确保名额分配比例不低于50%，并进一步提高农村学校和薄弱学校升入优质高中比例。二要创新教育教学制度。要以内涵发展为核心，以创新素养为突破口，以综合改革为动力，不断加大课程改革实施力度，适应学生多方面的兴趣和发展需求，探索开展走班教学，组织分层教学，丰富地方课程和校本课程，全面提升教育教学质量。三要深入推进教育体制机制改革。探索推进现代学校管理改革，改进和加强义务教育学校管理工作。完善学校治理体系，提高学校治理能力。积极推进依法治校，通过制定学校章程，充分落实校长负责制；进一步减轻学校负担，保障校长集中精力办学。

探索义务教育办学模式，进一步扩大优质教育资源覆盖面。要盘活现有优质教育资源，优化城乡义务教育资源配置。全面推进集团化办学、学区制改革、学校联盟、城乡结对等，推动优质教育资源地区间、校际间共享，拓展优质均衡发展新格局，形成优质均衡发展“美美

与共”样态。纵向贯通培育优质资源，通过新建九年一贯制学校、九年一贯对口直升、优质高中名额分配等方式，纵向拓展入学新通道，为普通校成长为新优质校提速。同时，利用社会力量拓展优质资源，统筹高校、各级教科研部门、民办教育机构及其他社会力量等多种优质资源，支持中小学特色发展。

第五章　优化和完善城镇学校布局规划

《中国教育现代化2035》及其实施方案提出，建立按城镇化总体规划和常住人口规模编制城镇学校布局规划、建设学校的制度，有序扩大城镇学位供给，推进随迁子女入学待遇同城化。这是推进基本公共教育服务均等化的基本路径之一，是实现教育现代化的题中之义。优化和完善城镇学校布局规划，是为了促进社会公平正义的实现。在地理上，城镇学校布局规划强调学校的地域分布，受到地理环境的影响；在经济上，城镇学校布局规划涉及学生来源、教育经费、教育设施等要素的调整和配置；在政策上，城镇学校布局规划是不同利益相关者相互协商的结果，关系到学生与教师的流动、学生需求的满足和家庭的教育需求。学校布局规划是指一套应用于规划学校的空间分布和特征的技术和管理程序，应用这种方法可以使学校的发展与适龄人口的分布相匹配，并能够促进教育政策目标的实现。它涉及学校的空间分布以及相关教育教学设施、师资、经费等方面的布局。

第一节　城镇学校布局规划的政策分析

城镇学校布局规划优化具有重要的政策价值和实践意义，能为人人获得优质公平的教育提供基本条件，为人人获得人生出彩的机会提供基本保障。《中国教育现代化2035》明确了未来一段时间内优化和完善城镇学校布局规划的指导思想和实施路径，这对各级教育行政部门合理规划城镇学校分布，推进实现教育现代化具有奠基性作用。

一、城镇学校布局规划政策的初步构建

1978—2000年，我国教育的发展面临着学校数量不足、质量不高和教师专业发展水平有待提升等问题。我国颁布并实施了5份与城镇学校布局相关的政策文件，提出动员全民力量兴办学校尤其是农村学校，为增加学校数量和提高教育资源利用率提供指引（见表5-1）。

表5-1 城镇学校布局规划政策初步构建阶段的主要政策文件

序号	时间	文件名称	发文机构
1	1978年	《关于扫除文盲的指示》	国务院
2	1983年	《关于加强和改革农村学校教育若干问题的通知》	中共中央、国务院
3	1985年	《关于教育体制改革的决定》	中共中央
4	1986年	《中华人民共和国义务教育法》	全国人大
5	1987年	《关于社会力量办学的若干暂行规定》	国家教育委员会

在这一阶段，政策的关注点主要在于学校数量的增加。针对学校数量普遍不足的问题，我国从制度支持、人员保障方面采取了相应措施。一方面，在制度指引上，颁布并实施《关于扫除文盲的指示》《中华人民共和国义务教育法》以及《关于加强和改革农村学校教育若干问题的通知》等政策法规，明确了国务院领导、地方负责、分级管理的义务教育开展方式，规定了各主体在学校布局规划工作各环节的主

要职责，为学校合理规划布局的有序有效开展提供政策支持。另一方面，在人员保障上，强调学校的建设和发展应是全民关注的重点，为此要动员全社会的力量，充分调动广大人民群众的办学积极性，鼓励厂矿、企业单位、农村合作组织开办学校，激励农民在自愿的基础上集资办学和私人办学。

二、城镇学校布局规划政策的逐步调整

2001—2007年，我国颁布并实施了6份重要政策文件，着力应对如何因地制宜、因校制宜调整和优化城镇学校布局的问题（见表5-2）。

表5-2　城镇学校布局规划政策逐步调整阶段的主要政策文件

序号	时间	文件名称	发文机构
1	2001年	《关于基础教育改革与发展的决定》	国务院
2	2002年	《关于完善农村义务教育管理体制的通知》	国务院办公厅
3	2003年	《中小学布局调整专项资金管理办法》	财政部
4	2004年	《关于进一步加强农村地区“两基”巩固提高工作的意见》	教育部、财政部
5	2006年	《关于实事求是地做好农村中小学布局调整工作的通知》	教育部
6	2007年	《关于在全国开展新农村卫生新校园建设工程试点的通知》	教育部、财政部、农业部

这一时期，城镇学校布局规划政策更加注意学校现有发展水平的差异，据此开展相关的教育资源整合和优化配置工作。第一，办学经费差异化投入。《中小学布局调整专项资金管理办法》等相关政策提出，在调整学校布局的过程中，要因地制宜选择项目学校，充分利用现有教育

资源，以改建、扩建学校为着力点，提高专项资金的利用率。第二，农村学校差异化管理。对于办学条件较好的学校，应该尽量保留；对于办学条件一般的学校，进行适当的调整，并将相关资源用于促进学前教育和成人教育的发展；对于办学条件较差的学校，县级教育行政部门对相应教育资源进行统一整合并用于促进地方义务教育质量的提升。①

三、城镇学校布局规划政策的精准优化

2008年以来，我国城镇基本公共服务均等化水平显著提升，颁布并实施了14份重要政策，旨在系统化调整城镇学校布局，为城镇适龄人员提供公平的教育机会和优质的教育资源（见表5-3）。

表5-3 城镇学校规划布局政策精准优化阶段的主要政策文件

序号	时间	文件名称	发文机构
1	2008年	《关于推进农村改革发展若干重大问题的决定》	中共中央
2	2008年	《农村普通中小学校建设标准》	住房和城乡建设部、国家发展和改革委员会
3	2010年	《关于贯彻落实科学发展观进一步推进义务教育均衡发展的意见》	教育部
4	2009年	《关于加大统筹城乡发展力度进一步夯实农业农村发展基础的若干意见》	中共中央、国务院
5	2012年	《关于印发〈县域义务教育均衡发展督导评估暂行办法〉的通知》	教育部
6	2012年	《关于深入推进义务教育均衡发展的意见》	国务院

① 教育部. 教育部关于实事求是地做好农村中小学布局调整工作的通知［Z］. 2006-06-09.

续表

序号	时间	文件名称	发文机构
7	2012年	《关于规范农村义务教育学校布局调整的意见》	国务院办公厅
8	2012年	《教育督导条例》	国务院
9	2015年	《关于进一步完善城乡义务教育经费保障机制的通知》	国务院
10	2016年	《关于统筹推进县域内城乡义务教育一体化改革发展的若干意见》	国务院
11	2016年	《关于印发“十三五”脱贫攻坚规划的通知》	国务院
12	2016年	《中华人民共和国国民经济和社会发展第十三个五年规划纲要》	国务院
13	2017年	《关于印发国家教育事业发展“十三五”规划的通知》	国务院
14	2018年	《关于全面加强乡村小规模学校和乡镇寄宿制学校建设的指导意见》	国务院办公厅

这一阶段，相关政策主要从教育机会公平、教育质量公平等方面出发，对城镇学校进行系统化布局。第一，在教育机会公平上，政策强调要充分发挥输入地公办学校的作用，妥善解决好农民工子女入学问题；要关心爱护农村留守儿童，通过校舍改建、经费投入等方式，为其提供教育机会。① 第二，在教育质量公平上，政策关注城镇之间优质师资的培养和合理配置，提出通过完善城镇教师培养机制、交流机制和补充机

① 中共中央、国务院. 关于加大统筹城乡发展力度进一步夯实农业农村发展基础的若干意见［Z］. 2010-02-01.

制，逐步实现优质教师的合理流动，[①] 进而保障人人都能享有优质教育的机会。

我国城镇学校布局规划相关政策始终关注人民的利益，致力于逐步形成面向人人的学校发展机制，实现城镇教育的均衡发展。要立足人民利益不断优化和完善城镇学校布局，有序扩大城镇学位供给，为更多的适龄人口提供教育机会，保障他们的受教育权。城镇学校布局规划关注人民利益，主要表现在以办好人民满意的教育为目的和以人民群众为基础开展相关工作两个方面。优化和完善城镇学校布局规划目的在于办好人民满意的教育。在政策文本中，主要表述为“人民为中心”和“人民满意”。我国始终坚持中国特色社会主义道路，始终将人民的利益放在首要位置，始终优先发展教育事业，着力办人民满意的教育。[②] 城镇学校布局规划以人民为中心，通过经费支持、办学条件改善、师资培养等多个方面加强农村学校的建设与发展，缩小城镇学校差距，为农村儿童提供优质且平等的教育机会，进而促进教育公平，增强人民群众的获得感和幸福感。[③] 同时，增加城市学校的学位供给，保障进城务工人员子女接受义务教育的机会。[④] 优化和完善城镇学校布局规划需要依靠人民群众的力量。在政策文本中，主要表述为“动员全国人民”等。人民当家作主是新时代坚持和发展中国特色社会主义基本方略之一，城镇学校

---

① 教育部. 关于贯彻落实科学发展观进一步推进义务教育均衡发展的意见［Z］. 2010-01-04.

② 国务院. 国务院关于印发国家教育事业发展“十三五”规划的通知［Z］. 2017-01-10.

③ 国务院. 国务院关于推动城乡义务教育一体化发展提高农村义务教育水平工作情况的报告［R］. 2018-08-28.

④ 国家中长期教育改革和发展规划纲要（2010—2020年）［EB/OL］.（2010-07-29）. http://www.moe.gov.cn/srcsite/A01/s7048/201007/t20100729_171904.html.

布局的优化和完善需要广大人民群众的支持。一方面，依靠人民的力量办学，弥补学校布局的不足，将人民团体和个体视为推动教育事业发展的重要动力之一，鼓励其依照法定程序办学[①]；另一方面，在城镇学校布局规划的过程中广泛地征求人民群众的意见和建议，使学校的布局能够更好地彰显人民的意志。

农村人口分布比较分散，在大力发展教育的过程中，出现了大量的小规模学校，对我国教育的普及和全民文化素养的提升起到了积极的作用。在城镇化背景下，随着人口进一步涌向城市，为了整合教育资源，提升其利用率，相关政策规定仅在交通不便的地区保留必要的教学点。[②]对小规模学校职能认识的转变，突出体现为国务院办公厅《关于规范农村义务教育学校布局调整的意见》（以下简称《意见》）的颁布与实施。《意见》明确提出要办好村小和教学点。第一，在建立小规模学校上，要在人口相对集中的乡村建立村小或教学点；要在人口分布较少、地理位置偏僻和交通不便利的地方设置教学点。第二，在发展小规模学校上，加强村小和教学点的基础设施建设；增加此类学校的生均经费投入；鼓励优秀教师在村小和教学点任教。[③]

---

① 国家教育委员会. 关于社会力量办学的若干暂行规定［Z］. 1987-07-08.

② 国务院. 国务院关于基础教育改革与发展的决定［Z］. 2001-05-29.

③ 国务院办公厅. 关于规范农村义务教育学校布局调整的意见［Z］. 2012-09-06.

第二节　城镇学校布局规划的实践分析

我国通过兼并、完全合并、部分合并、集中分散等多元路径积极推动城镇学校布局的优化。目前，主要依据三种标准不断完善和优化城镇学校布局。第一，依据学校服务范围调整布局，有的地方规定小学的服务半径是1.5千米，初中的服务半径是10千米。第二，依据学校可招生数调整布局，其中，小学的可招生数需大于2 000人，初中的可招生数需大于10 000人。第三，依据学校办学规模调整布局，如部分地区规定，撤并在校生人数不足100人的小学。①关于兼并的方式，对相距不远的农村学校，在学校之间的办学条件差距较大的情况下，采用将学校的资产、师资等进行集中处理的方式进行兼并。关于完全合并的方式，即在一地人口比较集中，原有学校数量多、规模小、办学条件有待提升的情况下，以某所学校为主或者另选校址以新建扩建学校，整合多所学校的资产、师资等。关于部分合并的方式，即两所学校相距较近，均具有基础设施较为完备的校舍，且校舍难以用于其他事宜，则将某些年级集中于一地点，另外一些年级集中于另一地点，学校所有事宜由校长统一管理。关于集中分散的方式，即以中心校为核心辐射带动周边地区的小规模学校的发展，中心学校负责高年级学生的教育教学工作，安排教师在小规模学校开展教育教学活动，周边小规模学校满足分布相对较为

① 谢泽源，卢敏. 对农村小学布局调整的几点思考［J］. 基础教育研究，2005（10）：5-7.

分散的适龄儿童的教育需求。①

一、城镇学校布局规划基本状况

（一）城市学校布局

城镇学校布局调整的过程中，过多地进行学校合并，会在城市地区形成超大规模学校。截至2017年，城区义务教育学校（含教学点）为41 196所。② 虽然此类学校能够较好地整合原先分散的教育资源，提升教育资源的利用率，尽可能在较大范围内使教育资源的效益得到发挥和彰显，但是此类做法也会同样对城镇学校布局的优化与完善产生影响。

经济效益和社会组织规模之间并不是完全的正相关关系，实际上，当社会组织的规模达到某一数值时仍然扩大，其经济效益将会逐渐减少而非持续增加。现阶段，通过撤点并校等方式，将分布分散且规模小的中小学校进行整合，这有利于一定区域范围之内教育资源的整合和合理优化配置，能够促进师资队伍的建设和学校教育教学质量的提升。但是，在撤点并校的过程中，出现部分城市学校办学规模过大的现象。一方面，这会对学校教育教学质量造成影响。学校办学规模的扩大，意味着学校在校生数的快速增加，高素质教师队伍的建设难以在短时间内满足学生的教育需求，这就会在一定程度上影响教育教学质量的提升。另一方面，大规模学校的出现会带来一定的安全隐患。基础设施不完善，管理机制不健全，学校住宿安全和饮食安全问题较为突出，这会对学校

---

① 荣利颖．教育聚集：农村中小学布局调整政策工具分析［J］．中国人民大学教育学刊，2014（2）：17-28.

② 高影．《中国农村教育发展报告2019》发布——悦纳乡村儿童、乡村教师成为农村教育新起点［N］．中国教师报，2019-01-16.

办学质量造成消极影响。

（二）农村学校布局

在城镇学校布局调整中，一方面，在农村地区开展学校布局调整，原有的零散分布的学校，由于教育资源利用程度较低，通常会采用合并、撤销等方式提升资源的利用率并增大学校的服务半径，这使得农村学校在数量上有所减少，例如，2017年农村义务教育学校数量为201 633所，比2016年减少7 741所，[①]使一些处于偏远地区的适龄人员处在学校服务半径的最边缘。一定时期的城镇学校布局调整能够为适龄人员提供受教育机会，但是难以真正为其提供高质量的教育。为此，新时期城镇学校的布局调整不仅需要关注教育机会的公平而且应该关注教育过程和结果的公平。另一方面，农村寄宿制学校增加会提升学校管理难度。学校寄宿学生数量快速增加和相应的管理人员数量不足之间的矛盾，在一定程度上会导致学生难以得到有效的照顾，使其缺乏安全感，产生心理问题，不利于学生的健康成长。

（三）特殊学校布局

对于特殊教育的发展和整体布局，《“十一五”期间中西部地区特殊教育学校建设规划（2008—2010年）》提出，中西部特殊教育学校的建设分三个阶段完成，最终建立约1 150所特殊教育学校；[②]到2019年，我国特殊教育学校共有2 192所，与2018年相比，增长约1.86%。[③][④]

---

① 高影.《中国农村教育发展报告2019》发布——悦纳乡村儿童、乡村教师成为农村教育新起点［N］. 中国教师报，2019-01-16.

② 教育部、国家发展改革委. “十一五”期间中西部地区特殊教育学校建设规划（2008—2010年）［Z］. 2007-09-24.

③ 刘昌亚、李建聪. 中国教育统计年鉴（2019）［Z］. 北京：中国统计出版社，2019.

④ 刘昌亚、李建聪. 中国教育统计年鉴（2018）［Z］. 北京：中国统计出版社，2018.

这都在一定程度上增加了特殊适龄人员接受特殊教育的机会。此外，不断改建或扩建农村地区特殊教育学校，在一般学校增设特殊教育班，以此满足农村地区特殊适龄人员对教育的需求。

在实际调整特殊教育学校布局的过程中也产生了一些新的问题亟待解决。第一，城镇特殊教育学校基础设施差距较大。农村地区经济发展水平有限，难以在短时间内投入大量经费支持这一地区特殊教育的发展。第二，城镇特殊教育学校师资队伍存在较大差距。城市地区具有经济、社会文化环境等方面的优势，更能够吸引高素质教师加入其特殊教育学校中去，这将会导致城镇之间特殊教育师资分配不合理的问题。

二、城镇学校布局规划的新挑战

（一）城市学校比较挤

城市学校布局需要满足城市新增适龄人口对教育的需求。城市新增人口增加的主要原因为新生育政策影响下城市新生适龄人口逐渐增多，新型城镇化推动农村适龄人口向城市流动。为此，相关部门需要依据实际情况调整城市学校布局，保障适龄人员人人都能获得优质教育资源。

1. 新生适龄人口逐渐增多

2013年《全国人民代表大会常务委员会关于调整完善生育政策的决议》提出，实行“单独二孩”政策，即依据我国经济社会和人口发展的新变化和新趋势，一方是独生子女的夫妇可以生育两个孩子。[①] 2016年《关于实施全面两孩政策改革完善计划生育服务管理的决定》进一步调整“单独二孩”政策，决定开始实行“全面两孩”政策。《中华人民

---

① 全国人民代表大会常务委员会. 全国人民代表大会常务委员会关于调整完善生育政策的决议［Z］. 2013-12-28.

共和国人口与计划生育法》的贯彻落实、生育服务与管理制度的完善、新生人口数量的实时监测、公共资源的优化配置，为“全面两孩”政策的实施提供保障。①

新生育政策的实施将会造成适龄人口数量的波动。其中，学前教育适龄人口的数量将在2021年达到峰值，约为4 445.55万人，其后将呈现出大幅减少的趋势；小学教育适龄人口数量的减少幅度将会变缓；高中教育适龄人口数量将在2024年达到峰值，约为4 652.61万人。②同时，由于在大多数农村地区长期以来实行“一孩半”政策，符合仅有一个孩子的标准的夫妇数量相对较少，“全面两孩”政策的实施对农村适龄人口数量的影响相对较小。但是，对于城市地区来讲，长期以来实施的“一孩”政策被“全面两孩”政策取代，加之城市地区本来人口密度较大，这势必会引起适龄人口数量的增加。2021年5月31日，中共中央政治局召开会议并指出，为进一步优化生育政策，实施一对夫妻可以生育三个孩子的政策及配套支持措施。

“全面两孩”政策特别是“三孩”政策的实施及其带来的适龄人口数量的波动，对城市学校基础设施建设、学校规模、教师队伍提出了新的要求。第一，在城市学校基础设施建设上，需要回应如何为新增人口提供安全的校园环境的问题。学前教育、义务教育和高中教育适龄人口峰值的分批次到来，相关教育行政部门需要对此做出及时有效的应对，尤其是学前教育阶段适龄人口高峰时期已经到来的情况

① 中共中央、国务院. 关于实施全面两孩政策改革完善计划生育服务管理的决定［Z］. 2016-01-05.

② 赵佳音. “全面二孩政策”背景下全国及各省市学龄人口预测——2016—2025年学前到高中阶段［J］. 教育与经济，2016（4）：64-69+91.

下，相关部门要思考如何合理配置城市学校基础设施建设资源，提升城市学校办学条件，为适龄儿童提供安全舒适的学校环境。第二，在城市学校办学规模上，需要回应如何建设和发展大规模学校的问题。相较于农村地区，城市适龄人口的数量会呈现出较大的增幅，为此相关部门需要结合适龄人口数量的变化情况和现有学校发展规模，采用恰当方式调整学校规模，进而为适龄人口提供就学机会和教育资源。第三，在教师队伍上，需要回应如何配置城市教师的问题。城市学校教师数量的配置需要依据不同规模城市适龄人口增加幅度的差异而有所调整，这无疑对相关部门及时有效预测、监测和反馈城市适龄人口变化的能力提出了新的要求。

2. 流动适龄人口逐渐增多

新型城镇化进程的推进，势必造成城市人口的增加，这要求城镇学校合理布局以缓解农业转移人口较难融入城市、市民化速度和程度相对较低的矛盾。城镇化发展与工业化发展尚未实现有机结合，大批农业人员涌入城市，并已经成为产业工人的主要组成部分，但是涉及基础设施、公共服务保障、经济文化发展等方面的制度尚未得到及时调整，这使得其随迁子女难以在教育、医疗、就业等方面获得与城市居民同等的基本公共服务。[①] 在这种情况下，城市教育资源将变得愈加紧张。教育行政部门及其他相关部门需要思考如何在不扩大城镇教育发展水平差距的基础上，布局城市学校，满足进城务工人员子女的教育需求，使其获得高质量的教育资源。这对相关部门发现、剖析和解决教育问题的能力，部门之间的联动协调能力提出了新的要求和挑战。

---

① 中共中央、国务院．国家新型城镇化规划（2014—2020年）[Z]．2014-03-16.

新型城镇化的发展过程中，需要城镇学校布局缓解城镇布局与资源环境承载力不匹配的矛盾。这一矛盾主要表现在三个方面。第一，城镇地域分布与资源环境承载力不匹配，即中西部地区部分城镇分布比较分散且发展水平有待进一步提升，其资源环境承载力较强且需要深入挖掘；东部地区部分城镇分布相对集中，资源环境相对紧张。第二，城市群分布与资源环境承载力不匹配，即城市群内部职能不清晰，发展方向和路径有待进一步明确，使得其资源环境承载力没有得到充分彰显。第三，城镇规模与资源环境承载力不匹配，即特大城市人口密度大，教育、经济等多方面的资源紧张，资源环境承载力亟须提升；中型和小型城市人口不足，其资源环境承载力尚未得到充分的挖掘；小城镇由于数量较多、发展规模较小、服务功能较弱等问题，其社会经济与生态环境的成本则会增加。基于此类矛盾，城镇学校布局对相关部门的分析资源环境承载力、城镇规模、城镇集群情况等的能力提出了巨大的挑战。需要分析城镇发展规模，据此做出资源环境未来发展规划以及学校布局和发展计划，合理分配资金、基础设施等相关资源，进而回应如何新建、改建和扩建城镇学校的问题。

（二）农村学校相对松

新型城镇化是应对农业、农村和农民问题的可行路径之一。党的十九大报告提出，推动新型工业化、信息化、城镇化和农业现代化同步发展。[①]新型城镇化是以人为核心的城镇化，关注资源共享、现代化建设成果共享，关注人的全面而自由的发展以及社会正义与公平的彰

① 习近平. 决胜全面建成小康社会 夺取新时代中国特色社会主义伟大胜利［EB/OL］.（2017-10-27）. http://www.xinhuanet.com/2017-10/27/c_1121867529.html.

显。[①]新型城镇化的目标在于常住人口城镇化率达到60%左右，户籍人口城镇化率达到45%左右，户籍人口城镇化率与常住人口城镇化率之间的差距缩小约2个百分点，在城镇落户的农业转移人口和其他类型常住人口数量达到1亿左右。同时，完善基础公共服务和设施，逐步实现基本公共服务全覆盖常住人口，促进城镇的持续和个性化发展。[②]在此影响下，部分农村适龄人员将会流入城市，这势必凸显出农村地区小规模学校问题。相关教育行政部门需要结合农村不同地区适龄人口分布状况，审慎思考小规模学校新建、改建和扩建，以及此类学校的地域分布等问题。

新生育政策实施后，农村地区适龄人口数量的增幅将远远小于城市地区，这将使农村地区对教师尤其是优质教师的吸引力减弱，适龄人口获得优质教育的可能性进一步降低，如何让农村适龄人员享有与城市适龄人员同样优质的教育资源，是对教育行政部门提出的新挑战。新时期，教育行政部门需要思考采用何种措施增强农村对教师群体尤其是高素质教师群体的吸引力，缓解优质师资与农村适龄人口之间的矛盾，促进城镇之间高素质教师的合理有序流动，保障农村适龄人口的教育权益。

（三）城郊学校差异大

在城镇教育一体化发展的进程中，城镇人员的大量流动会产生较多的适龄流动儿童进入城镇交界地带的学校。这在一定程度上使得学校在校生数量和来源增多，对教师队伍的建设和学校办学产生新的挑战。大量流动人员子女进入城镇交界处学校，使得此类学校中学生数量和学生差异增大，这对教师教育教学工作的开展产生了更大的挑战。第一，大

---

①② 中共中央、国务院. 国家新型城镇化规划（2014—2020年）[Z]. 2014-03-16.

班教学对教师的挑战。原有班级规模扩大的情况下，教师的教学方式需要做出及时调整，以适应大班教学，从而促进学生的发展和学校办学质量的提升。第二，学生个体差异对教师的挑战。教师在教学过程中所面临的学生更加多元化，如何全面、有效地了解学生的现有发展水平、基本生活环境等是教师需要关注的问题。

受到城镇一体化发展的影响，处在城镇交界地带的学校建设会在办学规模、办学质量等方面面临新的挑战。在办学规模方面，流动适龄人口增多，意味着学校在校生数量增加。由此，需要相关部门提供更多的经费支持和政策保障，推动学校调整办学规模，其中包括学校校舍扩大、教学设备增加。在办学质量方面，在校生数量增多，需要此类学校修订原有的学校章程，依据现有的学生数量多等方面的特点，开展相应的学校安全教育和检查。

（四）特殊学校发展弱

新时期对我国特殊教育的发展提出了新的要求。特殊教育学校在办学过程中应该以学生综合素养发展、潜能发掘和缺陷补偿为目标，着力提升特殊教育适龄人员未来融入社会时所需的能力。这对各级各类教育行政部门提出了更高的要求。一方面，相关部门需要思考如何在城镇合理布局特殊教育学校规模，实现特殊教育学校、特殊教育班级和普通学校特殊教育适龄人员随班就读班级在城镇之间的优化布局，从而尽可能地保障城镇特殊教育适龄人员享有平等的教育机会；另一方面，教育行政部门需要提升自身分析城镇特殊教育适龄人员需求的能力，使其能够依据该类人群的实际发展需求和现有发展水平调整城镇特殊教育学校布局，合理配置相应的师资、教育设施等，使城镇特殊教育适龄人员能够人人获得充分的发展。

第三节　城镇学校布局规划的路径分析

一、以中小型城镇为着力点优化和完善城市学校布局

（一）妥善解决随迁子女教育空间问题

城镇学校布局完善以中小型城市和镇（县）为着力点，创造良好的政策环境，从人才引进和学校办学等方面出发，办好中小型城市和镇（县）的学校。依据现行户籍制度，要推进基本公共服务全面覆盖城镇常住人口，切实保障农民工随迁子女接受以公办幼儿园、普惠性幼儿园、公办学校为主的学前教育和义务教育。[①]同时，遵照义务教育实行省级人民政府统筹，县级人民政府为主的管理体制的规定。[②]地方政府需要在明确自身职责和坚持依法治校的原则的基础上，妥善处理随迁子女教育问题。随迁子女流入地政府需要进一步明确和强化自身职责。地方政府应当根据户籍制度相关规定，以居住证为主要依据之一，制定并实施相关政策解决随迁子女就学问题，如规定随迁子女入学的标准、流程、相关证明等。同时，将随迁子女纳入地方学龄人口统一管理范畴，为其入学和升学提供可行的保障机制。随迁子女流入地政府要坚持依法治校的原则。地方政府要坚持依法治校，规范各类学校的办学行为。鼓励公办学校积极招收随迁子女就学，实行混合编班，帮助随迁子女较快融入学校环境和当地社区生活。依法规定各类学校在招收随迁子女时不得收取有异于本地户籍学生的费用，确保随迁子女享有平等的教育权。在公办学校发展不足的地区，地方政府应该采用政府购买服务等方式引

① 国务院．国务院关于深入推进新型城镇化建设的若干意见［Z］．2016-02-02.

② 全国人民代表大会常务委员会．中华人民共和国义务教育法［Z］．2018-12-29.

导民办学校招收随迁子女。①

（二）提升新建学校教师队伍建设质量

与地方高校建立合作关系。地方政府与当地师范院校建立教师培养培训伙伴关系。对于地方政府而言，首先，结合当地学校发展实际情况，向师范院校提出教师培养培训需求。其次，提供相应的经费支持，鼓励师范院校开展有针对性的教师培养培训工作，进而补充当地教师队伍，提升教师专业发展水平。最后，制定并实施教师荣誉制度。通过科学的教师评价制度，对教师的教学进行多方位的评估，评选年度优秀教师，并采用荣誉称号、物质奖励、媒体宣传等方式，弘扬优秀教师事迹。这样做一方面有助于增强此类教师的幸福感和认同感，促使其长期在此地从事教育教学工作；另一方面能够发挥此类教师的示范引领作用，激励更多的教师专心开展教学工作并不断提升自身专业水平。对于地方师范院校而言，一方面要剖析幼儿园、中小学现有教师培训需求和原有水平，为其提供专项在职培训；另一方面要分析现阶段当地教师队伍建设中存在的问题，开展师范教育，着力培养高素质未来教师。

（三）汇集多方力量大力参与学校建设

一是大力发展公办学校。就学前教育而言，通过增加公办幼儿园的数量和提升其质量，保障家庭经济困难的儿童、孤儿和残疾儿童接受学前教育。就义务教育而言，保障符合相关规定的进城务工子女在公办学校接受教育。就高中教育而言，一方面要积极发展普通高中教育，对建档立卡等家庭经济困难的学生实施免除学杂费的政策；另一方面要促进

---

① 国务院．国务院关于统筹推进县域内城乡义务教育一体化改革发展的若干意见［Z］．2016-07-02.

中等职业教育的发展，逐步分类推进中等职业教育免除学杂费。① 二是鼓励开办民办学校。民办教育是补充和完善现行公办教育体制的有效形式，在中小型城市和镇（县）发展的过程中，随迁子女数量激增，需要通过民办学校的发展为此类人群提供教育机会。相关部门要通过制定和完善一定的政策规范民办学校办学行为，促进其教育教学质量的提升，使其能够在教育现代化发展进程中发挥更大的作用。

二、以小规模学校为抓手调整和优化农村学校布局

（一）关注留守儿童的教育需求

城镇化的发展在一定程度上加速农村人口向城市流动，使得农村留守儿童增多。在城镇学校布局调整的过程中，地方政府应该结合实际情况，充分考虑其对学校布局调整的影响，为农村留守儿童提供公平优质的教育。促进优质师资向农村地区流动。地方政府需要在城镇学校教师编制上做出适当调整，社会保障部门与机构编制部门制定并实施倾向于农村学校的教师编制和岗位政策，吸引更多优秀教师到农村去，长期扎根农村教育，促进农村教育的发展，保障农村留守儿童享有优质教育。同时，为在外务工人员子女的教育提供支持。社会保障部门需要开展相关监督工作，督促各类单位依法实行员工带薪休假制度，为在外务工人员定期看望农村留守儿童提供制度支持，在一定程度上为其享有家庭教育提供保障，从而为学校教育的开展提供支持。②

---

① 国务院. 国务院关于印发“十三五”推进基本公共服务均等化规划的通知［Z］. 2017-01-23.

② 国务院. 国务院关于统筹推进县域内城乡义务教育一体化改革发展的若干意见［Z］. 2016-07-02.

（二）加快小规模学校设施建设

小规模学校是指在校生数少于100人的村小和教学点，是农村教育的重要组成部分之一。此类学校的发展和完善是新时期推进城镇学校合理布局和教育现代化发展的重要途径之一。相关部门需要共同努力，推进小规模学校基础设施与教师队伍建设，加大对此类学校的经费投入力度，以发挥其在优化城镇学校布局中的作用。在加强小规模学校的过程中，要完善其内部和周边的基础设施建设，为学生的学习生活提供安全且便捷的条件。加强小规模学校内部基础设施建设。按照“建设一所、达标一所、用好一所”和“缺什么、补什么”的办学原则，梳理小规模学校发展现状，制定翔实的改进目标和实施方案，全面改善办学条件薄弱的小规模学校。完善小规模学校周边基础设施建设。新建和改建连接小规模学校的道路、交通安全设施，整治校园周边的治安环境，保障学生的家校往返安全。①

增加对小规模学校的财政投入。一方面，中央财政进一步加大支持力度，中央转移支付与地方财政相结合，实行按照100人标准划拨学校公用经费；另一方面，地方政府要依据当地经济发展实际状况、小规模学校发展需求，统筹安排地方财政经费，通过政府购买服务为学校的餐饮、安保等方面提供支持。加强小规模学校经费管理，建立小规模学校经费预算制度，依据相关标准确定学校年度经费使用额度，在相关部门审核之后提前拨付；建立台账制度，明确小规模学校经费的使用方式；建立经费审核制度，加强小规模学校财务管理，确保经

① 国务院办公厅．国务院办公厅关于全面加强乡村小规模学校和乡镇寄宿制学校建设的指导意见［Z］．2018-08-28.

费在规定范围内使用。①

（三）大力推进乡村教师的发展

加快补充乡村教师队伍数量。第一，健全乡村教师编制管理政策。首先，制定并实施对小规模学校有倾斜的编制政策，依据师生比、班师比以及小规模学校管理与教学的实际需求，统筹现有的教师编制，制定教师编制实施办法，在一定程度上增加小规模学校教师编制数量；其次，健全对小规模学校教师职称晋升进行倾斜的岗位政策，逐步增加小规模学校中高级教师岗位数量；最后，改革小规模学校教师专业评价、职称晋升的标准，使其符合乡村教师的专业发展、职称评聘实际。第二，大幅度提升乡村教师待遇。首先，核定乡村教师所在地公务员平均工资水平，保障教师工资平均水平不低于当地公务员工资平均水平；其次，增加乡村教师工作补贴，依据教师工作地区、学校环境的艰苦程度，提供差异化补贴；最后，建立健全乡村教师住房保障政策，为教师在小规模学校从教提供基本的生活保障。②

着力提升乡村教师队伍素养。在发展小规模学校的过程中，关注其教师队伍的建设与发展。通过开展多种形式的教师教育活动，促进小规模学校教师队伍专业水平的提升。第一，引进优质教师教育资源助力小规模学校教师专业素养提升。通过大中小学联合、结对帮扶、交流轮岗、送教下乡等方式，将优秀教师引入乡村地区，帮助小规模学校教师提升教育教学能力，省思和转变其教育思想与观念，进而提升其专业发展水平。第二，为小规模学校教师参加教师教育活动创设条件。制定小规模学校教师外出学习政策、乡镇范围内教师调配顶岗工作政策，选派

① ② 国务院办公厅. 国务院办公厅关于全面加强乡村小规模学校和乡镇寄宿制学校建设的指导意见［Z］. 2018-08-28.

乡村教师外出参加集中学习、跟岗学习、经验研讨、案例分享活动，理论学习与实践锻炼相结合，提升专业发展水平，逐步培养一批“专业精神牢固、学科知识全面、专业基础扎实的一专多能的教师”。[①]

三、中央政府和地方政府联动优化和完善学校布局

（一）中央政府进行科学的宏观调控

完善预测监测机制。中央政府应统筹全局，建立和完善人口预测监测机制，定期适时发布人口流动和增减趋势。第一，建立健全随迁子女流动监测机制。了解人口发展动态和区域分布情况。实现农业专业人口落户城市地区的发展目标[②]，推进居住证制度，缩小非城市居民与城市居民所享有的基本公共服务质量差距[③]。由于随迁子女的规模、流动态势将会发生较大变化，科学预测、长期监测能够为城镇学校布局调整和优化提供科学基础。第二，完善新增学龄人口监测机制。在“全面三孩”政策实施的背景下，新增学龄人口的数量在一定程度上取决于全国人口总体数量和育龄人口生育意愿。通过建立新增学龄人口监测机制，定期收集全国育龄人口数量及其意愿，采用相应方式计算新增学龄人口数量和区域分布状况，在城镇地区为新增学龄人口提前预留学位，优化和完善城镇学校布局。

健全城镇学校布局督导机制。教育督导是推进城镇学校布局政策实施的重要手段。建立健全城镇学校布局督导机制，明确学校布局督导标

---

① 国务院办公厅. 国务院办公厅关于全面加强乡村小规模学校和乡镇寄宿制学校建设的指导意见［Z］. 2018-04-25.

② 李克强. 2014年国务院政府工作报告［Z］. 2014-03-05.

③ 国务院. 国务院关于统筹推进县域内城乡义务教育一体化改革发展的若干意见［Z］. 2016-07-02.

准、程序和奖惩办法。第一，制定学校布局督导标准。以在校生数、师生比、生均经费、生均教学设备、生均教学用房面积等为指标对城镇学校教育资源配置进行评估。第二，明确督导程序。省级教育督导部门制定符合本地实际情况的评估标准，经国家教育督导团通过后，实行县级人民政府自评、省级教育督导复评、国家教育督导审核等监测与复查相结合的督导程序。第三，确定奖惩办法。依据督导结果，国家教育督导部门对取得良好效果的城镇学校布局地区给予表彰，对布局工作开展不利且影响到了适龄人口教育的地区给予通报批评。

（二）地方政府因地制宜地布局学校

在优化和完善城镇学校布局时，县级政府要依据地方教育发展的实际、需求、优势、特色以及社会经济状况开展学校布局总体规划，制定相应的标准来引导学校布局建设和发展，保障班级规模的合理化和科学化。地方政府依据实际情况确定学校班级数量，确保城镇学校布局调整过程中班级数量符合标准，保证教育教学效果。引导学校进行办学规模调整，优化班级数量和学生数量。因地制宜明确学校规模标准，引导城镇学校进行科学、合理布局的工作。

第六章　保障随迁子女的教育公平发展

为积极稳妥地解决新型城镇化进程中进城务工人员随迁子女的就学问题，努力推进随迁子女入学待遇同城化，《中国教育现代化2035》指出，"根据就近入学原则，保障随迁子女平等享受基本公共教育服务"，要完善特大城市和随迁子女特别集中地区的随迁子女就学政策，加快人口流入地学校建设。保证随迁子女享受平等的义务教育是推进城乡、区域之间基本公共服务均等化的重要内容，是特大城市和随迁子女特别集中地区基本公共服务均等化的政府职责所在，也是推进新型城镇化的内在要求。

第一节　随迁子女教育公平发展的政策分析

为解决随迁子女教育问题，根据《中华人民共和国教育法》《中华人民共和国义务教育法》《中华人民共和国未成年人保护法》等法律的规定，各级政府积极推进随迁子女教育制度建设，经过多年的不懈努力，逐步形成了保障随迁子女教育公平发展的政策体系（见表6-1），为随迁子女享受均等的公共教育服务构筑了良好的制度环境。

表 6-1　保障随迁子女教育公平发展的主要政策文件

序号	时间	文件名称	发文机构
1	1996年	《城镇流动人口中适龄儿童、少年就学办法（试行）》	国家教育委员会
2	1998年	《流动儿童少年就学暂行办法》	国家教育委员会、公安部
3	2001年	《关于基础教育改革和发展的决定》	国务院
4	2006年	《中华人民共和国义务教育法（修订版）》	全国人大常委会
5	2007年	《关于贯彻落实中央指示精神积极开展关爱农村留守流动儿童工作的通知》	全国妇联、教育部等
6	2010年	《国家中长期教育改革和发展规划纲要（2010—2020年）》	中共中央、国务院
7	2012年	《国家教育事业发展第十二个五年规划》	教育部
8	2012年	《关于深入推进义务教育均衡发展的意见》	国务院
9	2014年	《国家新型城镇化规划（2014—2020年）》	中共中央、国务院
10	2014年	《关于进一步推进户籍制度改革的意见》	国务院
11	2015年	《关于进一步完善城乡义务教育经费保障机制的通知》	国务院
12	2016年	《关于统筹推进县域内城乡义务教育一体化改革发展的若干意见》	国务院
13	2016年	《关于做好2016年城市义务教育招生入学工作的通知》	教育部
14	2017年	《关于做好2017年义务教育招生入学工作的通知》	教育部
15	2018年	《关于做好2018年普通中小学招生入学工作的通知》	教育部
16	2019年	《关于做好2019年普通中小学招生入学工作的通知》	教育部

一、随迁子女教育公平发展政策的初步构建

20世纪90年代以来，进城务工人员增多带来的随迁子女入学问题引起政府的特别关注，在对随迁子女入学状况充分调研的基础上，制定并发布了系列政策，接纳随迁子女异地接受教育。为了解决流动人口中学龄儿童少年异地接受义务教育问题，国家教育委员会1996年发布了《城镇流动人口中适龄儿童、少年就学办法（试行）》（以下简称《就学办法》），针对城镇流动人口的实际情况，对流动人口子女的就学、办学、收费、管理等问题进行了详细规定，在北京、上海、河北、天津、浙江、深圳等地进行试点，主要通过公办学校和社会办学为流动人口随迁子女提供入学通道。《就学办法》为解决随迁子女入学问题提出了三项基本措施。第一，申请批准和审批制度。城镇流动人口中适龄儿童、少年入学，由其父母或者其他监护人持有流入暂住证，向流入地住所附近中小学提出申请，经学校同意后即可入学。第二，借读制度。城镇流动人口中适龄儿童、少年就学，应以在流入地全日制中小学借读为主。第三，缴纳借读费。城镇流动人口中适龄儿童、少年在流入地接受教育，流入地学校或者教学班、组，可以向其父母或者其监护人收取一定的费用，由学校或办学者根据教育成本提出方案，报请市、区教育行政部门和物价管理部门批准后执行。

教育部1998年发布了《流动儿童少年就学暂行办法》（以下简称《暂行办法》），明确流动儿童少年在常住户籍所在地没有监护条件的，可以在流入地接受义务教育。《暂行办法》对流入地随迁子女入学采取三种措施。第一，有限限制。一是限制适龄儿童少年外流，流动儿童少年常住户籍所在地人民政府应严格控制义务教育阶段适龄儿童少年外流；二是限制流动儿童少年入学资格，流动儿童少年是指6—14周岁

（或7—15周岁），随父母或者其他监护人在流入地暂时居住半年以上有学习能力的儿童少年。第二，借读为主，其他入学方式为辅。流动儿童少年就学，以在流入地全日制公办中小学借读为主，也可入民办学校，全日制公办中小学附属教学班（组）以及专门招收流动儿童少年的简易学校接受义务教育，这是对《就学办法》中借读政策的延续和发展。第三，设置合法收费门槛。《暂行办法》明确了随迁子女入学的借读费缴纳问题，借读费标准按国家教育委员会、国家计划委员会、财政部联合颁发的《义务教育学校收费管理暂行办法》执行，为公办学校设置了合法收费门槛。

《就学办法》和《暂行办法》的颁布与实施，标志着我国随迁子女的教育问题由社会现象逐渐转变为政府干预对象。这一阶段随迁子女的入学政策呈现出三个特点：第一，明确规定随迁子女可以在流入地的公办中小学接受义务教育，前提是缴纳一定的借读费。第二，积极鼓励举办民办学校来接收随迁子女，作为随迁子女就学途径的重要补充。第三，在允许随迁子女在流入地入学的同时，对随迁子女的流动有一定的政策限制。这一阶段政府开始关注随迁子女的入学问题，保障其基本的入学权利，但因一定的限制制度和缴纳借读费，使得随迁子女较难真正享受与城市居民子女同样的义务教育。

二、随迁子女教育公平发展政策的逐步调整

进入21世纪以来，流动人口随迁子女在流入地接受教育的诉求日趋强烈，为进一步解决随迁子女在流入地的教育问题，国务院2001年颁布的《关于基础教育改革与发展的决定》指出，要重视解决流动人口子女接受义务教育的问题，以流入地区政府管理为主，以全日制公办中

小学为主，采取多种形式，依法保障流动人口子女接受义务教育的权利。“以流入地区政府管理为主，以全日制公办中小学为主”（以下简称“两为主”）的政策，一方面明确了流入地政府对随迁子女入学的管理职责，标志着随迁子女在流入地接受义务教育已经有了政策要求和政府保障；另一方面，除全日制公办中小学之外，随迁子女的入学也需要借助其他渠道。2003年，国务院办公厅转发教育部等部门《关于进一步做好进城务工就业农民子女义务教育工作的意见》（以下简称《意见》），强调地方各级政府特别是教育行政部门和全日制公办中小学要建立完善保障随迁子女接受义务教育的工作制度和机制，将政策聚焦于随迁子女，旨在改善随迁子女的就学环境，建立随迁子女接受义务教育的经费筹措保障机制。在义务教育收费标准方面，要求做到随迁子女与当地学生一视同仁，为家庭经济困难的随迁子女设立助学金，减免一定费用。同时，加强对接收随迁子女的民办学校管理，要求加强对以接收进城务工就业随迁子女为主的社会力量所办学校的扶持和管理。各地要将这类学校纳入民办教育管理范畴，尽快制定审批办法和设置标准，设立条件可酌情放宽，但师资、安全、卫生等方面的要求不得降低。要对这类学校进行清理登记，符合标准的要及时予以审批；达不到标准和要求的要限期整改，到期仍达不到标准和要求的要予以取消，并妥善安排好在校学生的就学。

2006年《中华人民共和国义务教育法》明确规定，父母或者其他法定监护人在非户籍所在地工作或者居住的适龄儿童少年，在其父母或者其他法定监护人工作或者居住地接受义务教育的，当地人民政府应当为其提供平等接受义务教育的条件，说明使随迁子女接受平等的义务教育已经成为一种有法律保障的政府行为。《关于贯彻落实中央指示精神积极开展关爱农村留守流动儿童工作的通知》要求各地教育行政部门要积极贯彻义务教育法的相关要求，加强对随迁子女教育经费的保障，要将随迁子女教育经费全面纳入公共财政保障范围，按照学校实际在校人数拨付公共经费。

《国家中长期教育改革和发展规划纲要（2010—2020年）》强调，随迁子女义务教育阶段要坚持执行“两为主”政策。《国家教育事业发展第十二个五年规划》从国家教育发展规划宏观角度要求，“保障进城务工人员随迁子女享受基本公共教育服务权利。健全输入地政府负责的进城务工人员随迁子女义务教育公共财政保障机制，将进城务工人员随迁子女教育需求纳入各地教育发展规划”。《关于深入推进义务教育均衡发展的意见》在坚持“两为主”政策的基础上，提出“将常住人口纳入区域教育发展规划”，尽力满足随迁子女在流入地公办中小学接受义务教育，不能满足的情况下由政府购买服务供随迁子女在民办学校接受义务教育。

这一阶段系列随迁子女入学政策的颁布与实施，表现出随迁子女在流入地接受均等教育权利的加强，主要体现在三个方面：第一，政策关注群体从流动子女转向随迁子女，表明我国政府已经意识到随迁子女这一群体在城市就学的特殊性；第二，“两为主”政策人本理念凸显，取消了“借读”的就学方式，收费标准与户籍本地居民子女一视同仁；第三，积极鼓励举办民办学校变为由政府购买民办学校服务，对民办学校的办学标准予以强调，表明政府对随迁子女接受义务教育质量的关注。这一阶段以法律的形式明确了随迁子女的平等受教育权，明确了政府的财政义务和管理职责，但是各级政府之间的责任不够明确，即哪一级地方政府负主要责任，对地方各级政府之间如何分担经费等缺乏明确规定。

三、随迁子女教育公平发展政策的不断优化

为保障随迁子女平等享有受教育权利，《国家新型城镇化规划（2014—2020年）》提出，“将农民工随迁子女义务教育纳入各级政府教育发展规划和财政保障范畴”，构建“两纳入”的教育政策，保障农民工随迁子女以公办学校为主接受义务教育。《关于进一步推进户籍制度改革的意见》提出：“将随迁子女义务教育纳入各级政府教育发展规划和财政保障范畴”，将“两纳入”作为解决和落实随迁子女接受义务教育问题的重要途径，同时“两纳入”政策也成为配合户籍制度改革推进的重要举措。

“两纳入”政策的颁布与实施，是随迁子女入学政策的突破，标志着随迁子女教育公平发展政策体系的形成。第一，强化政府管理责任，“两纳入”政策再一次强调了随迁子女义务教育是各级政府及其职能部门的责任，排除了“两为主”政策在解决随迁子女义务教育问题上表现出的局限性；将随迁子女与户籍本地居民子女置于同一管理系统，体现出以政府为主体的教育管理系统对随迁子女均等受教育权的保障。第二，强调管理过程的动态性，将随迁子女义务教育纳入各级政府教育发展规划，是随迁子女在流入地接受义务教育的必要条件。随迁子女受教育起点问题的解决，强调随迁子女教育规划与实施的重要性，动态管理随迁子女教育问题体现了我国教育政策制定的前瞻性和有效性。第三，明确管理要素的关键性，教育财政支出问题是随迁子女教育问题解决的关键要素，将随迁子女义务教育纳入各级政府的财政保障范畴，是随迁子女在流入地接受义务教育的充分条件，财政支出问题的解决，突破了

随迁子女接受义务教育的瓶颈，是随迁子女入学问题解决的关键要素。“两纳入”政策的制定与实施，保障了随迁子女平等享有受教育权利，将随迁子女在流入地接受义务教育规划的制定、实施与保障有机统一，明确了各级政府的权责。

随着新型城镇化建设和户籍制度改革的不断推进，学龄人口的流动性加大。为保障教育经费随学龄人口流动的可携带性，统一城乡义务教育经费保障机制，合理均衡配置教育资源，保证随迁子女在入学机会上全员纳入，2015年国务院发布的《关于进一步完善城乡义务教育经费保障机制的通知》提出，统一城乡义务教育“两免一补”政策、统一城乡义务教育学校生均公用经费基准定额、统一中央与地方经费分担机制，构建“三统一”的教育政策。首先，统一城乡义务教育“两免一补”政策，打破了以往城乡分割的经费保障机制，降低了城乡学生的管理成本，保证随迁子女在城入学的基本权益。其次，统一城乡义务教育学校生均公用经费基准定额，避免出现随迁子女集中地公用教育经费城乡“倒挂”，体现了党和政府对随迁子女入城就学问题的高度重视。“两免一补”政策和生均公用经费基准定额实现了相关教育经费的可携带性，为随迁子女接受均等义务教育提供了保障。最后，统一中央与地方经费分担机制，公用经费分担比例中部、西部、东部分别为6∶4，8∶2，5∶5，改变中央只分担农村义务教育经费保障机制资金的现状，建立中央和地方对城乡义务教育实行统一的分项目、按比例分担的机制。

为进一步统筹推进城乡义务教育一体化改革发展，促进基本公共教育服务均等化，切实解决随迁子女入学问题，2016年国务院印发的《关于统筹推进县域内城乡义务教育一体化改革发展的若干意见》（以下简称《若干意见》）提出“改革随迁子女就学机制”。第一，强化政府责任，将随迁子女义务教育纳入城镇发展规划和财政保障范围，明确随迁子女就学问题的责任主体；第二，打破户籍限制，建立以居住证为主要依据的随迁子女入学政策，切实简化优化随迁子女入学流程和证明要求，为随迁子女入学提供便民服务；第三，从具体落实层面为保证随迁子女就学权利指明了方向，一方面“利用全国中小学生学籍信息管理系统数据，推动‘两免一补’资金和生均公用经费基准定额资金随学生流动可携带”；另一方面，提出“实现混合编班和统一管理”的意见与建议，促进随迁子女融入学校和社区，明确公办和民办学校不得向随迁子女收取有别于本地户籍学生的任何费用，再次保障随迁子女接受均等教育服务。

“三统一”政策和《若干意见》的颁布与实施适应了新型城镇化、户籍制度改革的新形势要求，强化了随迁子女依据学籍平等享受基本权益，打破了户籍身份带来的教育权益桎梏，切实简化优化随迁子女入学流程和证明要求，最大限度降低入学门槛，切实解决随迁子女因户籍、经费、学位、学费等导致的入学难问题，保证随迁子女均等享受义务教育这一基本公共服务。

四、随迁子女教育公平发展政策的不断完善

为进一步贯彻落实保障随迁子女教育公平发展的政策，自2016年开始，教育部办公厅每年发布的关于做好城市义务教育招生入学工作的通知对保证随迁子女接受均衡义务教育做出了相关规定，且自2016—2019年，相关规定整体呈现逐步细化完善的趋势，为保障随迁子女教育公平发展政策的贯彻落实指明了具体方向。

教育部办公厅《关于做好2016年城市义务教育招生入学工作的通知》将“方便随迁子女入学”列入工作重点，对随迁子女的入学、编班、管理、学籍转接等工作做出了规定；教育部办公厅《关于做好2017年义务教育招生入学工作的通知》将保证随迁子女就学权利纳入“统筹城乡招生工作”这一工作重点中，明确指出继续坚持“两为主”和“两纳入”政策，强化了对以居住证为主要依据的随迁子女政策的建立要求；教育部办公厅《关于做好2018年普通中小学招生入学工作的通知》将保证随迁子女就学权利放在了“统筹制定招生入学办法”和“统筹保障不同群体入学”两大工作重点中，提出各省（区、市）要统筹制定随迁子女的招生入学办法；教育部办公厅《关于做好2019年普通中小学招生入学工作的通知》将保证随迁子女就学权利纳入“保障特殊群体接受义务教育”这一工作重点中，再次细化了随迁子女就学权利的保障措施，如实行随迁子女积分制入学的地方合理设置积分条件、坚持公办学校为主安排随迁子女就学、统筹安排随迁子女学籍的转入、转出和转接等，一方面保证随迁子女能够应入尽入，另一方面明确随迁子女学籍信息管理的责任主体和权限。2016—2019年的文件，逐步强化了以居住证为主要依据的随迁子女政策的要求，由《关于做好2016年城市义务教育招生入学工作的通知》中的“研究建立以居住证为主要依据的随迁子女入学政策”改变为《关于做好2017年义务教育招生入学工作的通知》中的“加快建立以居住证为主要依据的随迁子女入学政策”，又改变为《关于做好2018年普通中小学招生入学工作的通知》中的“各地要加快建立以居住证为主要依据的义务教育随迁子女入学政策”，再改变为《关于做好2019年普通中小学招生入学工作的通知》中的“健全以居住证为主要依据的随迁子女义务教育入学政策”。

随迁子女义务教育阶段入学政策的变迁，从早期探索阶段政府职责的不明确，到加强保障阶段随迁子女教育以流入地政府管理为主，再到规范管理阶段将随迁子女的教育问题纳入各级政府教育发展规划和财政保障范畴，再到落地实施阶段将随迁子女的教育问题纳入每年招生入学工作中，显示出政府职责的动态归位和保障随迁子女享受基本公共教育服务权利的政策旨归。从“两为主”到“两纳入”再到“三统一”，值得肯定的是，为破除随迁子女平等享受基本公共教育服务障碍，党和政府对随迁子女教育问题保持高度关注和持续改进，从制度建设到制度实施，均进行着不断拓展和深化，努力为随迁子女教育健全制度保障和资源供给。

第二节　随迁子女教育公平发展的实践分析

一、随迁子女教育公平发展基本状况

（一）随迁子女入学率逐年攀升，入公办学校比例较高

随迁子女入学率逐年升高。国家坚持“两为主”、完善“两纳入”、实施“三统一”政策，明确了各级各地政府的职责，逐步解决了随迁子女入学问题，有效保障了随迁子女接受均等基本公共教育服务的权利。《全国教育事业发展统计公报》显示，义务教育阶段随迁子女在校生数量逐年增长：2013年1 277.17万人①，2014年1 294.73万人②，2015年1 367.10万人③，2016年1 394.77万人④，2017年1 406.63万人⑤。2013—2017年，义务教育阶段在校生中随迁子女增加了129.46万人，其中随迁子女在小学就读的人数增加了111.33万人，在初中就读的人数增加了18.14万人。2017年各学段入学的随迁子女中男生所

---

① 2013年全国教育事业发展统计公报-中华人民共和国教育部政府门户网站［EB/OL］.（2014-07-04）. http://www.moe.gov.cn/srcsite/A03/s180/moe_633/201407/t20140704_171144.html.

② 2014年全国教育事业发展统计公报-中华人民共和国教育部政府门户网站［EB/OL］.（2015-08-11）. http://www.moe.gov.cn/srcsite/A03/s180/moe_633/201508/t20150811_199589.html.

③ 2015年全国教育事业发展统计公报-中华人民共和国教育部政府门户网站［EB/OL］.（2016-07-06）. http://www.moe.gov.cn/srcsite/A03/s180/moe_633/201607/t20160706_270976.html.

④ 2016年全国教育事业发展统计公报-中华人民共和国教育部政府门户网站［EB/OL］.（2017-07-10）. http://www.moe.gov.cn/jyb_sjzl/sjzl_fztjgb/201707/t20170710_309042.html.

⑤ 2017年全国教育事业发展统计公报-中华人民共和国教育部政府门户网站［EB/OL］.（2018-07-19）. http://www.moe.gov.cn/jyb_sjzl/sjzl_fztjgb/201807/t20180719_343508.html.

占比例高于女生，小学阶段随迁子女中男生人数为578.88万人，占比55.54%，女生人数为463.38万人，占比44.46%；初中阶段随迁子女中男生入学人数为203.71万人，占比55.9%，女生人数为160.74万人，占比44.1%。①

随迁子女入公办学校的比例高于民办学校。随迁子女进入公办学校读书的比例不断提高。在义务教育阶段，由于“两为主”政策的实行，随迁子女进入公立学校的比例明显高于民办学校的入学比例。根据《2017年全国教育事业发展统计公报》和《2017年农民工监测调查报告》，2017年全国义务教育阶段在校生中进城务工人员随迁子女共1 406.63万人，在校率为98.7%。在小学就读1 042.18万人，82.2%的在公办学校就读，10.8%的在有政府资助的民办学校就读；在初中就读364.45万人，85.9%在公办学校就读，9.7%在有政府资助的民办学校就读。城区常住人口在300万以上500万以下的大城市流动人口随迁子女的携带率最高，为51.39%②，这类城市属于随迁子女特别集中地区，有大连、长沙、济南、厦门、南宁等。以南京、杭州、武汉为例，2018年南京市外来务工随迁子女在校生为9.79万人，其中有7.48万人在公办小学就读，公办小学接收比例达98.7%；初中生2.21万人，占接收总数的22.6%，所有学生全部进入公办初中就读，接收比例为100%，全市义务教育阶段公办学校接收随迁子女共计9.69万人，占接收总数的

① 中华人民共和国国家统计局．中国统计年鉴2018［EB/OL］．（2018-05-10）．http://www.stats.gov.cn/tjsj/ndsj/2018/indexch.html.

② 邬志辉，李静美．随迁子女在城市接受义务教育的现实困境与政策选择［J］．教育研究，2016（9）：19-31.

99%，剩下的1%由南京一所民办外来打工子弟学校全部接收。[①]2017年杭州市随迁子女在校生总数为28.19万人，在公办中小学就读的随迁子女有20.91万人，比例为74.14%。[②]2017年，武汉市随迁子女在公办中小学就读比例达到97.86%。[③]特大城市和随迁子女特别集中地区对"两为主"政策落实情况良好。

（二）随迁子女流入地优质学校教育资源覆盖面不断扩大

学校布局建设决定了教育资源的布局，尤其是优质教育资源的布局。根据人口迁移的推拉理论，优质教育资源的布局对特大城市和随迁子女特别集中地区的人口分布具有重要影响。公共教育资源的密布增大了常住人口的密度，且优质教育资源对常住人口密度具有显著的正向影响。[④]调整和规划优质教育资源对常住人口的分布具有重要的引导作用。通过分析2009—2014年超大城市、特大城市和大城市的近郊化程度数据，发现城市规模越大，学龄人口近郊化越高，城市空间的教育资源需求越大。[⑤]流动人口和学龄人口分布相吻合，同一城市内学校之间教育资源的配置和分布存在差异，对于特大城市和随迁子女特别集中地区要加大对教育资源的改革与管控力度，在提高优质教育资源配

---

① 2018年全市义务教育阶段随迁子女数据情况［EB/OL］.（2019-01-02）. http://edu.nanjing.gov.cn/njsj yj/201901/t20190102_1361844.html.

② 2017年杭州市教育事业统计公告［EB/OL］.（2017-10-03）. http://www.hzedu.gov.cn/sites/main/template/detail.aspx?id=49923.

③ 我市"十三五"儿童发展规划中期统计监测评估报告［EB/OL］.（2017-09-30）. http://tjj.wuhan.gov.cn/details.aspx?id=4141.

④ 曹浩文. 超大城市人口与教育互动关系中的新挑战与新影响——以北京为例［J］. 当代教育论坛，2017（5）：25-31.

⑤ 丁学森，邬志辉，夏博书. 城镇化背景下人口流动对大城市义务教育学龄人口规模与结构的影响［J］. 湖南师范大学教育科学学报，2018（4）：66-74.

置均等化水平的同时，优化城市人口布局。各地通过统筹规划基础教育设施来扩大优质教育资源的覆盖面，包括学校扩建、划片招生、郊区引进市区优质教育品牌、教育投入和教师培训向郊区倾斜、支持民办学校等措施。《全国教育事业发展统计公报》显示，全国义务教育阶段学校校舍面积逐年增加，普通小学校舍（包括教学点）建筑面积由2013年的62 064.85万平方米增加至2017年的75 088.46万平方米，增幅为20.98%，初中校舍建筑面积由2013年的50 079.41万平方米增加至2017年的61 006.74万平方米，增幅为21.82%；全国民办普通中小学数量逐年增加，民办普通小学的数量由2013年的5 407所增加至2017年的6 107所，增长12.95%，民办普通初中的数量由2013年的4 535所增加至2017年5 277所，增长16.36%；遵循“财政供养人口只减不增”的原则，中小学专任教师数量4年间涨幅不大，普通小学的专任教师由2013年的558.46万人增加至2017年的594.49万人，增长6.45%，普通初中的专任教师由2013年的专任教师348.10万人增加至2017年的354.87万人，增长1.94%。专任教师数量的涨幅严重滞后于学生数量的增长，一定程度上因随迁子女的大量涌入而增加了专任教师的教学任务，加大了专任教师的教学压力。

对于特大城市和随迁子女特别集中地区，随迁子女的涌入导致学龄人口中的外来常住人口比重逐步上升，学龄人口结构的变化给本地区教育资源供给造成压力。为保证学龄人口就近入学，《关于做好2017年义务教育招生入学工作的通知》要求，2017年重点城市（北京、上海、深圳、广州、天津、重庆、青岛、深圳、沈阳、南京、杭州、武汉、成都、西安、大连、宁波、厦门、长春、哈尔滨、济南）各区（县）要实现100%的小学、95%的初中划片就近入学，每所初中95%

以上的生源由就近入学方式确定。基于此，各地相继发布了本地招生入学办法，保证常住学龄人口就近入学，例如，天津市《2017年天津市小学招生入学工作指导意见》规定，“均衡配置教育资源，科学规划学校布局”，“公办学校坚持免试就近入学制度”；青岛市《关于做好2017年全市义务教育学校招生入学工作的通知》规定，“坚持义务教育免试就近入学”，“着力推进校际教育资源均衡配置”；南京市《南京市2017年义务教育阶段招生入学工作指导意见》规定，均衡配置教育资源，落实免试就近入学、规范有序入学、阳光监督入学。

（三）随迁子女教育经费财政分担主体职责逐步清晰明确

“两为主”“两纳入”和“两免一补”等政策实施至今，各级各地政府积极落实相关政策，随迁子女教育经费问题得到重视并予以积极解决。随迁子女教育经费投入不断增加。中央政府对随迁子女教育经费投入力度不断加大，为落实《关于做好免除城市义务教育阶段学生学杂费工作的通知》和《关于进一步完善城乡义务教育经费保障机制的通知》，2008—2015年，中央财政已累计安排进城务工人员随迁子女接受义务教育奖励资金454.74亿元；通过政府购买服务安排随迁子女就学，2015年各地通过政府购买民办学校服务方式为随迁子女提供学位83.1万个。[①]2017年春季学期开始，统一城乡义务教育学生“两免一补”政策，保障随迁子女平等享受教育的权利，实现“两免一补”和生均公用经费基准定额资金随学生流动可携带。各级各地地方政府加大财政投入力度，尤其是各大城市和随迁子女特别集中的地区为解决随迁子女

① 关于政协十二届全国委员会第五次会议第0265号（教育类033号）提案答复的函［EB/OL］.（2018-03-12）. http://www.moe.gov.cn/jyb_xxgk/xxgk_jyta/jyta_jijiaosi/201803/t20180312_329711.html.

教育经费供需问题，不断加大经费保障力度，如北京市两级（市、区）财政2008—2013年共投入随迁子女义务教育专项资金超过18亿元；南京市在坚持将随迁子女义务教育经费纳入公共财政保障范围的基础上，2003—2018年累计补助接收义务教育阶段随迁子女的公办学校经费超1亿元，为改善民办学校办学条件，累计投入超1 000万元；[①] 东莞市对于民办学校就读的随迁子女按照小学每生每年1 270元、初中每生每年2 155元的标准给予补助，2016年补助入读民办学校学生金额达8.7亿元，2017—2019年财政计划安排资金10亿余元，补贴随迁学生30余万人次。[②]

随迁子女教育财政的分担主体包括中央政府、流出地政府和流入地政府。2015年《关于进一步完善城乡义务教育经费保障机制的通知》指出，“取消对城市义务教育免除学杂费和进城务工人员随迁子女接受义务教育的中央奖补政策”，实现随迁子女“两免一补”和生均公用经费基准定额资金的可携带，从法律上纠正流出地政府对随迁子女义务教育财政的退出行为，流出地政府重新成为随迁子女义务教育经费的分担主体之一，需要与中央政府各承担50%的“两免一补”政策中家庭经济困难寄宿生生活费补助资金，还需要按地区比例承担生均公用经费基准定额资金，明确了流出地政府对随迁子女义务教育财政的分担责任。这一政策统一了中央与地方经费分担机制，免费教科书资金及国家规定课程由中央全额承担，地方课程由地方承担，中央与地方

① 南京市外来务工人员随迁子女教育工作情况总结_进城务工人员随迁子女教育[EB/OL].（2019-01-02）. http://edu.nanjing.gov.cn/jyxxfw/jcwgrysqznjy/201901/t20190102_1361698.html.

② 东莞随迁子女入读民办学校学费贵[EB/OL].（2019-12-01）. http://www.gd.gov.cn/hdjl/lslyxd/content/post_163288.html.

的生均公用经费分担比例中部、西部、东部分别为6∶4，8∶2，5∶5，改变中央只分担农村义务教育经费保障机制资金的现状，建立中央和地方对城乡义务教育实行统一的分项目、按比例分担的机制。“两为主”“两纳入”政策的实施，明确了流入地政府对随迁子女义务教育问题解决的职责，但目前省级和地级市政府在其中并没有发挥实质的作用，最终的经费责任基本落在区县一级政府身上。[①] 各地为落实“两免一补”和义务教育学校生均公用经费基准定额资金可携带，积极制定实施方案，均从2016年春季学期统一了城乡义务教育学校生均公用经费基准定额，达到中西部地区年小学生均600元、初中800元，东部地区年小学生均650元、初中850元，民办学校按照不低于基准定额补助公用经费。陕西、青海等4个中西部地区和北京、上海、天津等地区生均公用经费标准高于基准定额，上海年生均公用经费为小学1 600元、初中1 800元。[②]

二、随迁子女教育公平发展的新挑战

国家坚持“两为主”、完善“两纳入”、实施“三统一”解决随迁子女入学问题，同时将常住人口纳入区域教育发展规划，将随迁子女教育纳入财政保障范围，基本解决了随迁子女入学难的问题，有效地保障了随迁子女的义务教育权利切实。新型城镇化背景下，城镇常住人口规模不断扩大，尤其是特大城市和随迁子女特别集中的地区。在深入推进城

① 韩嘉玲. 流动儿童蓝皮书：中国流动儿童教育发展报告（2019—2020）[M]. 北京：社会科学文献出版社. 2020.

② 各地进一步完善城乡义务教育经费保障机制 [EB/OL].（2017-03-07）. http://www.moe.gov.cn/jyb_xwfb/s3165/201703/t20170307_298473.html.

镇化进程中，要实现城乡统筹、城乡一体，将随迁子女全部纳入城镇义务教育的目标，对随迁子女教育的关注应从机会公平向质量公平、从入学公平向升学公平、从义务教育阶段向非义务教育阶段拓展，打破城市内部的二元教育结构，让随迁子女同本地户籍学生一样，在城市接受平等而有质量、完整且贯通的学校教育。同时，随迁子女教育公平发展面临着城镇常住人口增多带来的流动人口随迁子女数量攀升、特大城市和随迁子女特别集中地区教育资源承载力不足、流入地政府财政支付能力有限，以及流入学校资源短缺等新的挑战。

（一）随迁子女数量增加的速度加快

人口出生率攀升造成的儿童基数增大和流动人口整体趋于家庭化带来的随迁子女数量不断增加，这两个因素导致随迁子女的就学机会被挤占，未来的教育公平面临着巨大挑战。

一方面，人口出生率攀升挤占随迁子女入学机会。2016年，我国“全面二孩”政策正式实施，人口出生率短时间内迅速攀升。2016年，我国出生人口1 786万，比2015年多出生131万人；比2010年高出198万人。从二孩数量看，2017年，我国二孩数量上升至883万人，比2016年增加162万人。二孩占全部出生人口的比重达到51.2%，比2016年提高了11个百分点。从纵向看，二孩出生数量连续多年高于一孩出生数量。在生育二孩的群体中，大学及以上学历的占38.2%，其他人员占61.8%，其中80%为进城务工人员，也就是说，每年约有436万的二孩为随迁子女，占二孩整体数量的49%。按年满6周岁入学、六三学制进行推算，出生人口数量的增加，将使得2022年小学入学、2028年初中入学、2031年高中入学达到新的高峰。所设的学位数及其教育资源的配置能否满足急剧攀升的教育需求，将是一个全方位的挑战，尤其对与城镇儿童同步入学的随迁子女而言，其在流入地的入学机会将会面临更大的挑战。

另一方面，流动人口整体趋于家庭化使得随迁子女的数量不断增加。近20年来，随着流动人口城市融入度不断提升、生活趋向稳定以及政府对随迁子女教育政策体系的不断完善和政策落实的持续深入，流动人口整体趋于家庭化，目前我国人口流动处于从夫妻双方共同流动阶段向夫妻和未成年子女共同流动阶段转化的初期，儿童随父母迁移的现象将会愈加明显，预计会有更多的儿童加入到流动进程中来。[①] 然而，受户籍制度的影响，进城务工人员的二孩应在原籍落户，流入地较难准确掌握随迁子女二孩的数量以及日后入园入校需求，资源供给与合理配置上信息的不对称，将会导致随迁子女入园入校的学位不足或机会缺失。尤其在非中心城区，由于近年来流动人口流向中心城区比例逐步下降，流向非中心城区比例有所上升，非中心城区教育压力不断加大，该区域的教育供需之间的矛盾将会更加突出。

（二）义务教育资源承载力相对有限

保证随迁子女享受平等的义务教育是推进城乡、区域之间基本公共教育服务均等化的重要内容。二孩政策带来的可预见的人口增长、随迁子女的大量涌入和学龄人口的“过密化”，使特大城市和随迁子女集中地区承担着资源与环境的压力，激化了对优质教育资源的争夺。学龄人口中的外来常住人口比重逐步上升，打破了原有的学龄人口结构，给特大城市和随迁子女特别集中地区义务教育资源的配置带来了挑战。改革开放以来，我国东南部沿海地区吸纳了大量流动人口，随迁子女也随之

---

① 段成荣，程梦瑶，冯乐安. 新时代人口迁移流动趋势及对策建议［N］. 中国人口报，2018-07-12.

聚集在这些地区，调查数据显示，目前就流入地来讲，广东、浙江、江苏、上海、北京等五省（市）接收了全国57.52%的跨省随迁子女。就来源地来讲，安徽、四川、河南、湖南、重庆、江西和贵州七省（市）输送了一半以上的跨省随迁子女。[①] 这些外来劳动力创造了我国经济增长的奇迹，但是，相对中西部地区来说，这些地区是随迁子女的“不友好”地区。这些大城市除了生活成本、制度障碍等因素对随迁子女造成“不友好”之外，其自身有限的资源承载能力也是造成其“不友好”的原因之一。[②]

一方面，学校布局建设的挑战。在城镇特定的区域内，由于土地资源是不可再生资源，在没有将随迁子女纳入城市发展规划中的情况下，许多城镇出现了教育预留土地不足的问题，即使部分城镇留有一定的教育用地储备，但所处位置与随迁子女的集聚区域也并不一致。学生的管理成本、教育教学成本、上学的交通成本、学校宿舍和食堂建设成本等，都会增加学生就学的经济和时间成本。面对学校的增量与扩容，部分特大城市和随迁子女特别集中地区要新建、扩建、改建公办学校，而建设教学楼、增加教学基础设施、聘用教师等办学需要势必要增加教育支出在财政总支出的占比，教育支出占比过高会挤压其他公共事业的支出，影响城镇的综合发展。超额的教育支出给区县一级的财政造成极大压力，尚无法达到“两为主”“两纳入”的要求。[③]

---

① 王宗萍，段成荣，杨舸. 我国农民工随迁子女状况研究——基于2005年全国1%人口抽样调查数据的分析［J］. 中国软科学，2010（9）：16–24，32.

② 杨舸，段成荣，王宗萍. 流动还是留守：流动人口子女随迁的选择性及其影响因素分析［J］. 中国农业大学学报（社会科学版），2011（3）：85–96.

③ 杨晓霞，吴开俊. 中央财政介入农民工随迁子女义务教育问题探讨［J］. 教育发展研究，2017（Z2）：45–50.

另一方面，师资配置的挑战。特大城市和随迁子女特别集中地区面临着专任教师的需求量挑战，且随着学龄人口数量的变化有所不同。根据1∶19的国家标准师生比，通过对2016—2020年城市和县镇义务教育阶段专任教师供给与需求进行预测、分析，发现随着新型城镇化进程的加快，城市和县镇地区专任教师需求量随在校生数的增加而增加，小学阶段专任教师的需求量从178万和203万增加到200万和218万，初中阶段专任教师的需求量从117万和159万上升至156万和183万。[①] 随迁子女的大量涌入，造成城镇地区不可预见的学龄人口数量增加，专任教师存量不足，面临着师资力量供不应求的严峻挑战。

（三）教育财政的体制机制有待完善

根据户籍制度改革总体要求，建制镇和小城市要全面接收随迁子女就学，取消不合理"门槛"；中等城市要积极接收随迁子女入学；大城市要合理确定随迁子女入学条件，安排符合条件的适龄随迁子女入学；特大城市要根据城市发展总体规划、人口控制目标、经济社会发展状况和教育承载力合理安排随迁子女就学，努力提高随迁子女教育质量。政策还明确规定了流入地政府应担负起随迁子女教育的主体责任，为居住证持有人口子女提供全覆盖的基本教育公共服务。各地政府要基于城市发展的总体考虑，从各自城市自身实际出发，制定不同的随迁子女入学政策。

当前，我国义务教育阶段的资金主要由中央政府进行安排划分，并通过地方政府进行具体划拨。义务教育经费的划拨需要根据学校的实际在校人数来进行划拨，但在实际过程中，由于受户籍政策的影响，

---

① 杜屏，谢瑶，张世娇，张雅楠."十三五"期间我国城乡义务教育阶段教师需求预测［J］. 教育科学研究，2018（1）：32-37，68.

许多随迁子女无法进入公办学校就学，因此也就无法享受到政府的财政补贴，这就造成随迁子女只能依靠流入地政府以及当地的财政部门的经费支持，即使“两免一补”和生均公用经费基准定额政策使相关教育经费可携带，但流入地政府仍面临财政压力，随着随迁子女人数的不断增加，这种财政压力逐渐升级，成为流入地政府财政收支上一大压力。我国自“两为主”政策提出以来一直在教育投入和教育管理上提出要求，但在实际过程中并未赋予其相应的财政权限与经费支持，这种“财权上移、事权下移”的财政体制造成了流入地政府在随迁子女教育方面的公共财政投入与资源配置能力明显不足，一定程度上流入地政府只能保证随迁子女“能上学”，而无法保证随迁子女“上好学”。部分地区为解决随迁子女的入学经费问题，推行“教育券”制度，这一举措能够有效保障随迁子女的受教育权利，促进教育公平。但是目前随迁子女就读稳定性缺乏，具有较强的外溢性，为流入地政府“教育券”的发放带来了困难，也为流入地政府“两纳入”政策的完全落实增加了难度，造成流入地教育资源供给紧张，难以满足随迁子女的教育需求。流入地政府面临着制定和落实随迁子女入学政策与争取资源配置的挑战，特别是超大城市和义务教育资源短缺的特大城市，将面临财政支付体制挑战。

（四）流入地学校建设资源捉襟见肘

一是学校规模和班级规模问题。为容纳日益增加的随迁子女，公办学校将教室的容纳人数最大化，大班额现象依然存在，部分城镇小学的班级规模已经超过了70人，更有甚者达到80人，初中学校接近100人。研究表明，教学效果随着班级人数的增加而降低，小学阶段班级人数少于45人、初中阶段班级人数少于50人属于合理区间。部分公办学校的学校规模近万人，远超过少于1 200人的合理区间，[①] 以京沪两地为例，许多公办学校的随迁子女比重过半，甚至绝大多数都是随迁子女，普遍出现了班额过大、教学资源紧张的状况，不少学校将原有的音乐舞蹈等专业教室改造成常规教室以应对扩招，[②] 占据原有体育场的土地新建教学楼。城镇教师数量的配置主要以学籍学龄人口为依据，随着随迁子女数量的增加，公办学校教师数量紧缺、师资供不应求，原有教师所要承担的工作量和工作强度也随之增加，使许多较大规模班级的教师不堪重负，对教育教学质量的提升产生诸多负面影响。

二是办学经费和师资队伍问题。保障随迁子女的公平入学，教育经费投入是关键。进入城镇公办学校的随迁子女，享受与本地户籍居民子女均等的教育服务。未达到入学标准的随迁子女并没有享受到公共财政提供的免费公办义务教育资源，要由政府以“购买学位”的方式对随迁子女就读的民办学校进行资助和扶持。但与公办学校稳步增长的教育经费投入相比，民办学校的教育经费来源处于动态变化且额度较少的状态。大多数随迁子女所就读的民办学校缺乏职业稳定性和有竞争力的薪酬福利，很难吸引到优质师资，民办学校降低标准从次要教师劳动力市场中选拔教师，多为新手教师，其综合素质、知识水平、学历层次、教学经验和教育教学能力难以与公办学校和优质民办学校的师资相比，优质教师缺失。另外，这类民办学校的教师流动性较高，大多是出于锻炼和积累经验的目的展开教育教学工作，对教育教学的投入有限，对随迁子女的身心发展特点了解有限，影响教育教学效果。

---

① 刘善槐．我国城镇义务教育学校布局调整研究［J］．教育研究，2015（11）：103-110.

② 余晖．农民工随迁子女入学门槛缘何提高？——多源流模型的视角［J］．基础教育，2018（5）：72-79.

随迁子女的入学，使得学校生源状况更加复杂多样，学生学业基础也会变得更加参差不齐，这无疑会增加流入学校的教育教学和学校管理的难度。随迁子女基本素养与接受教育的效果和学习质量，同样影响着公办学校接收随迁子女的意愿。面对学习基础比较薄弱和学习习惯较差的随迁子女学生，对已经习惯于接收优质生源的学校会有诸多不适应。作为学校管理者，学校领导担心如果学校接收了较多基础薄弱的随迁子女，就有面临变成薄弱学校的风险。随迁子女很难在流入地参加升学考试，导致学校工作的重点多聚焦于提高本地学生的成绩和升学通过率，以便为学校赢得更好的口碑和更多的利益。

第三节　随迁子女教育公平发展的路径分析

解决进城务工人员随迁子女的教育问题，是推动教育事业公平发展的必然要求，是加快实现教育现代化的必要支撑。随迁子女的教育问题不仅仅是一个教育问题，而且是一个涉及户籍制度、城市管理、资源配置和招生考试制度等的复杂问题，保证随迁子女平等享受基本公共教育服务，涉及城市承载力和相关利益主体划分等问题。根据就近入学原则，保障随迁子女平等享受基本公共教育服务，完善随迁子女入学政策，尤其是随迁子女特别集中地区和特大城市；顺应人口流动和城镇化内在规律，破解特大城市和随迁子女特别集中地区随迁子女义务教育困境；加快人口流入地学校建设，全面满足随迁子女入学诉求，保证随迁子女拥有与城市居民子女同样的入学机会与权利，是当前和今后亟须解决的重要问题。

一、继续推进随迁子女以居住证为主的入学办法

我国户籍制度的改革需要长时期的尝试与调适，现阶段可以放宽流动人口获得居住证的条件，建立健全居住证所依附的公共服务提供机制，继续推进以“居住证”为主要依据的随迁子女入学办法，尽可能地缩小随迁子女与本地户籍居民子女教育资源的差异，逐步由教育起点的公平过渡到教育过程和教育结果的公平。建立健全以城市常住人口为基准的城市总体规划，赋予非本地户籍的常住人口“市民”身份，循序渐进地取消根据户籍对教育福利进行分配的制度，打破本地人与外地人、乡村人与城市人的身份桎梏。在此基础上，放宽随迁子女入学准入条

件，将准入条件简化和放宽，在保证政策可操作性的基础上，考虑本地区的经济结构、进城务工人员的就业特点，合理设置随迁子女入学的标准，精简审批的准入条件，明确准入条件的优先顺序。有关职能部门应尽可能地减少审批环节和办事程序，简化入学手续。减少限制性证明材料，精简与入学无关且会增加务工人员负担的材料，增加替代性材料，当某些特殊群体无法提供某些证明材料时，允许提供内涵指向一致性的材料①。审批条件根据情况予以适当放宽，适当弹性调整某些规定。各地政府应对学校附加的潜在准入条件和收费现象予以明文禁止，为随迁子女的入学提供良好的教育环境和场所。对于低技能流动人口等群体，放宽其随迁子女入学的准入条件，降低其子女的留守率，避免人力资本代际流动的固化。

二、优化特大城市和随迁子女特别集中地区的教育政策

制定特大城市和随迁子女特别集中地区义务教育专项政策。特大城市和随迁子女特别集中地区的流动人口相对较多，城镇化水平相对较高，而其义务教育资源承载力和教育公平问题之间的矛盾也更加凸显。在贯彻落实“两为主”“两纳入”和“三统一”政策的基础上，结合特大城市和随迁子女特别集中地区的城市发展规划、经济发展规模、人口规模现状和控制目标，以及现阶段义务教育资源承载力等实际情况，科学合理地制定特大城市和随迁子女特别集中地区义务教育专项政策。对特大城市和随迁子女特别集中地区，进一步科学划分各级政府的教育事权，匹配教育财权，适当上移教育服务的支出责任至中央或省，减轻基

① 单成蔚，秦玉友．农民工随迁子女义务教育入学条件分析——以25座大城市相关政策文本为例［J］．四川师范大学学报（社会科学版），2017（5）：92-100.

层财政负担。

建立健全随迁子女就学的专项综合治理机制，结合城市常住人口规模和义务教育布局的实际情况，协同联动人口管控和教育资源供给，配套相应的监督和指导制度，在流入地承载力范围内，为随迁子女入公办学校制定科学合理的管理办法，放松随迁子女的准入条件，努力解决留守儿童问题。在特大城市和随迁子女特别集中的地区，加大对民办学校的政策支持力度，加大对民办学校教育服务的购买力度和财税补偿力度，破解公办学校学位过度饱和的困境，均衡城镇教育资源配置，推进随迁子女就近入学。加大对随迁子女入学政策的宣传，减少随迁子女入学政策信息的不对称，为政策执行构建良好环境。

三、建立随迁子女与城市教育承载力的监测机制

人口迁移流动已经成为常态，科学预测流入地随迁子女的增长率，从而加快人口流入地学校建设，是积极稳妥解决新型城镇化进程中新增市民和进城务工人员随迁子女就学问题的关键所在。流入地政府应综合考虑户籍制度改革、生育政策调整、进城务工人员流动对城市教育资源承载力的需求，科学预测学龄人口数量的变化趋势，省级政府应该动态监测大中小城市流动学龄人口数量、城市提供的除本地户籍学龄人口之外的学位数，报备至中央政府。每年定期发布不同城市、城市内部不同区域的公办和民办学校数，不同类型、不同学段学校所能提供的学位数，本地户籍学龄人口数及空间分布、学龄段随迁子女数及空间分布、计划新建学校数及空间分布等信息。①

① 邬志辉，李静美．农民工随迁子女在城市接受义务教育的现实困境与政策选择［J］．教育研究，2016（9）：19-31.

中央政府在判断现阶段各流入地城市教育资源承载力的基础上，统筹规划、合理分配教育资源。一方面，增强政府对随迁子女教育政策执行的透明度，加强社会各界的有效监督，共同推进随迁子女教育政策的有效执行；另一方面，进城务工人员在了解流入地城市教育承载力的基础上，结合流入地的教育政策，在保证最低风险的前提下有效判断是否携带子女流动，是选择进入民办学校还是打工子弟学校，避免出现“教育洼地”。加大城市学校建设，各地要保障学校建设用地，加快城乡居住区配套学校建设，新建居住区要与配套学校同步建设、同步交付使用；已建成的居住区，当地政府要统筹建设配套学校，确保有足够的学位满足学生就近入学需要。

四、完善基于常住人口配置教育资源的体制机制

城镇地区要根据常住人口进行科学、合理地配置义务教育资源，切实保障随迁子女在流入地平等接受义务教育。城镇地区教育资源空间布局应按照新的人口预期增加学校布点，除土地资源之外，还需要科学配置人力、物力和财力资源。根据需要创新教师补充模式，由省级政府统一购买教师服务，提供与体制内教师相当的待遇福利，均衡配置到各新建学校布点中，保证新建学校的教学质量。加强顶层设置，增加随迁子女流入地中小学教师编制，从中央层面出台指导意见，加大对外来人口随迁子女较多地区的支持力度，支持各地在盘活事业编制存量的基础上，将事业编制向教师队伍倾斜，确保教育教学工作正常开展，满足教育高质量发展需求。在此基础上，基于同城校际教师教育工作量均等原则进行同城校际师资的优化配置，明确教育工作量标准，缓解教师的工作压力，保证教育教学质量。

建立随迁子女教育经费转移支付制度，完善随迁子女教育经费的投入和保障机制。为保障随迁子女入学待遇同城化，流入地政府应该在坚持“两为主”政策的基础上，与中央政府和流出地政府建立合作机制，细化各方对随迁子女教育经费配置的分摊比例、服务范围和管理权限，共同支持随迁子女入学，对其给予与本地户籍居民子女同样的义务教育财政拨款。逐步建立省级政府负责的省内流动随迁子女教育经费的监督和保障机制，逐步建立中央政府负责的跨省流动随迁子女教育经费的监督和保障机制。在流入地和流出地政府之间建立通畅的义务教育经费转移机制，确保“钱随人走”。基于全国中小学生学籍信息管理系统的信息资源，保障随迁子女教育资源配置的动态性、针对性、有效性，加大对流入地政府购买教育服务的专项转移支付力度①，使其常态化、固定化，为流入地政府提供必要的财政支撑，加大对教育经费的监管力度，创新义务教育转移支付与学生流动相适应的管理机制，确保“两免一补”资金和生均公用经费基准定额资金随学生流动。

五、健全政府购买随迁子女教育服务的政策体系

为保证随迁子女入学机会均等，促进随迁子女的教育公平发展，由中央及流入地省、区、市政府共同合作，对教育经费、师资、硬件设施等提供必要支持。政府购买民办教育服务，建立与购买服务相关的财务、预算、审计等配套政策制度。在公办学校不能满足随迁子女入学需要的情况下，通过政府购买服务方式安排在民办学校就读，为随迁子女就学提供财政支撑，保证随迁子女的入学机会。通过支持民办学校的发

① 曲颂. 农民工随迁子女的教育融合问题、制度障碍及对策研究［J］. 河北学刊，2019（2）：143-148.

展，提高民办学校的办学质量，促进义务教育办学形式的多样化。对购买的民办学校服务对象进行评估，包括办学条件、师资力量、教育水平和办学成本等，在保证民办学校达到办学要求的基础上确定购买对象，保障随迁子女义务教育质量的底线。购买服务的民办学校不能以营利为目的，向流动人口收取高额费用，避免将教育经费的负担转移到流动人口身上。确定购买民办学校服务的经费标准，不同地区对于义务教育生均公费标准不同，各级政府应该在保证同城同标准补贴随迁子女生均公费的基础上购买民办学校服务。政府在对购买服务的民办学校进行教育质量评估的基础上，对教师队伍展开专业培训，不断提高教师素质，动态监测随迁子女的教育效果，提高民办学校的办学质量，保证民办学校的可持续发展。

在保证随迁子女和本地户籍居民子女接受同等质量教育的基础上，鼓励社会力量的参与，弥补流动人口因家庭社会与文化资源局限导致的教育差距，针对随迁子女群体的阶层习惯与文化融合障碍，强化文化与社会技能的教育，弥补学校教育差距，增强随迁子女家长的教育能力，充分利用社区渠道，有效推进随迁子女的教育融合。树立融合教育理念，加强随迁子女融合教育校本课程开发，促进城乡学生的教育融合。以心理融合、身份融合、文化融合为切入点，构建政府、学校、家庭、社会融合教育协同机制，促进随迁子女的社会融入和可持续发展。

保障随迁子女义务教育公平发展，不仅是实现教育公平的内在要求，也是推进基本公共教育服务的必然要求。为此，需要顶层设计与基层探索相结合，加强政策协同，以保障随迁子女教育起点、教育过程、教育结果的公平，推进随迁子女教育同城化，为提高随迁子女综合素养构建公平的制度环境和教育氛围。

第七章　调整优化异地升学的考试政策

“异地升学”也称为“就地升学”，指的是迁离户籍地的流动人口子女，在父母生活、工作的非户籍地城镇特别是县以外地域入学、升学的现象。依据《中国教育现代化2035》的部署，应完善流动人口子女异地升学考试制度，健全符合条件的随迁子女在流入地参加中、高考政策，实现基本公共教育服务均等化。① 做好流动人口子女异地升学工作，有利于保障进城务工人员随迁子女公平受教育权利和升学机会，有利于促进人口合理有序流动。② 无论是新型职业农民的培养，还是农村专业人才的培养，都离不开流动人口子女异地升学问题的解决。近年来，我国坚持“以流入地政府为主，以全日制公办中小学为主”的政策，流动人口子女在流入地就学接受义务教育的问题得到初步解决，部分地区探索了随迁子女接受义务教育后在当地参加升学考试的办法。随着进城务工人员规模不断扩大，随迁子女完成义务教育人数不断增多，其在流入地参加中考和高考的问题日益突出。进一步做好随迁子女中高考工作，是坚持以人为本、保障进城务工人员随迁子女受教育权利、促进教育公平的客观要求，对于保障和改善民生、加强和创新社会管理、维护社会

---

① 中共中央、国务院印发《中国教育现代化2035》[J]. 中华人民共和国教育部公报，2019（Z1）：2-5.

② 国务院办公厅转发教育部等部门关于做好进城务工人员随迁子女接受义务教育后在当地参加升学考试工作意见的通知［J］. 陕西省人民政府公报，2012（21）：12-13.

和谐具有重要意义。①

第一节　流动人口子女异地升学考试的政策分析

当前，我国已经全面建成小康社会，处于新型城镇化深入发展的关键时期，户籍制度改革、生育政策调整、家庭和学生的流动等对教育资源的合理配置产生了巨大的影响，流动人口子女异地升学问题日益突出。全面建成教育强国、人力资源强国和人才强国，对保障流动人口子女受教育权利提出了新要求。为此，我国逐步构建了覆盖基础教育阶段、面向流动人口子女异地升学问题的教育政策体系，为做好流动人口子女异地升学考试工作提供了政策指导和路径遵循。流动人口子女异地升学考试系列政策，不仅回应了社会的教育期待，而且抓住了深入推进教育现代化的关键，有助于提升教育治理体系和治理能力的现代化水平。

一、异地升学考试政策的探索阶段

2002年以前，流动人口子女受教育政策处于探索时期，政策的取向和定位上以“借读”为主（见表7-1）。《中华人民共和国教育法》和《中华人民共和国义务教育法》为流动人口子女受教育提供了基本的法律依据。《中华人民共和国义务教育法》规定义务教育是国家统一实施的所有适龄儿童、少年必须接受的教育，是国家必须予以保障的公益性

① 国务院办公厅转发教育部等部门关于做好进城务工人员随迁子女接受义务教育后在当地参加升学考试工作意见的通知［J］. 陕西省人民政府公报，2012（21）：12-13.

事业。凡具有中华人民共和国国籍的适龄儿童、少年，不分性别、民族、种族、家庭财产状况、宗教信仰等，依法享有平等接受义务教育的权利，并履行接受义务教育的义务。社会组织和个人应当为适龄儿童、少年接受义务教育创造良好的环境。《中华人民共和国教育法》规定，中华人民共和国公民不分民族、种族、性别、职业、财产状况、宗教信仰等，依法享有平等的受教育机会。流动儿童少年能否就学，关系到义务教育法的贯彻落实和全体儿童少年教育平等权利的实现。

表 7-1　异地升学考试政策探索阶段的主要政策文件

序号	时间	文件名称	发文机构
1	1986年	《中华人民共和国义务教育法》	全国人大
2	1995年	《中华人民共和国教育法》	全国人大
3	1998年	《流动儿童少年就学暂行办法》	国家教育委员会、公安部
4	2001年	《关于基础教育改革与发展的决定》	国务院

《流动儿童少年就学暂行办法》指出，流动儿童少年就学以流入地管理为主。以在流入地全日制公办中小学借读为主。要把解决流动儿童少年就学问题作为流动人口综合管理中的重要内容，发挥社区在流动人口管理中的重要作用。《关于基础教育改革与发展的决定》指出，坚持基础教育优先发展，依法保障流动人口子女接受义务教育的权利，流动人口子女异地升学纳入政策议程。这个时期流动人口子女异地升学考试政策主要是基于《中华人民共和国教育法》《中华人民共和国义务教育法》来制定，处于国家指导、地方自主、借读为主的探索阶段。

二、异地升学考试政策的形成阶段

2003—2012年，保障流动人口子女完整接受基础教育的政策法规体系基本形成（见表7-2）。以2003年和2012年两项专门针对流动人口子女的国家政策文件为标志，形成了覆盖随迁子女从学前到高中阶段教育的政策体系。政策取向上由原来的差别化对待到平等对待，流动人口子女受教育权利与户籍人口子女受教育权利的差异逐步缩小。

表7-2 异地升学考试政策形成阶段的主要政策文件

序号	时间	文件名称	发文机构
1	2003年	《关于进一步加强农村教育工作的决定》	国务院
2	2003年	《关于进一步做好进城务工就业农民子女义务教育工作的意见》	教育部等六部门
3	2004年	《关于进一步加强和改进未成年人思想道德建设的若干意见》	中共中央、国务院
4	2004年	《关于在全国义务教育阶段学校推行“一费制”收费办法的意见》	教育部、国家发展和改革委员会、财政部
5	2005年	《关于进一步做好在全国义务教育阶段学校推行“一费制”收费办法工作有关问题的通知》	教育部办公厅、国家发展和改革委员会办公厅、财政部办公厅
6	2006年	《关于解决农民工问题的若干意见》	国务院
7	2012年	《关于深入推进义务教育均衡发展的意见》	国务院
8	2012年	《关于做好进城务工人员随迁子女接受义务教育后在当地参加升学考试工作意见的通知》	教育部等四部门

《关于进一步做好进城务工就业农民子女义务教育工作的意见》提出，进城务工就业农民流入地政府负责进城务工就业农民子女接受义务

教育工作，以全日制公办中小学为主；农民子女接受义务教育的收费与当地学生一视同仁；根据学生家长务工就业不稳定、住所不固定的特点，制定分期收取费用的办法，通过设立助学金、减免费用、免费提供教科书等方式，帮助家庭经济困难的进城务工就业农民子女上学。《关于进一步加强和改进未成年人思想道德建设的若干意见》提出，要高度重视流动人口家庭子女的义务教育问题，进城务工就业农民流入地政府要建立和完善保障进城务工就业农民子女接受义务教育的工作制度和机制。《关于在全国义务教育阶段学校推行“一费制”收费办法的意见》指出，除按规定标准收取杂费、教材费、作业本费外，禁止收取其他费用。文件同时指出，对进城务工就业农民子女接受义务教育的收费与当地学生一视同仁，有关部门督促各地严格落实国务院关于进城务工就业农民子女就读的各项政策，制止各种形式的乱收费和歧视行为，确保各项政策不折不扣地落到实处。《关于解决农民工问题的若干意见》规定，保障农民工子女平等接受义务教育，将农民工子女义务教育纳入当地教育发展规划，列入教育经费预算，以全日制公办中小学为主接收农民工子女入学，按照实际在校人数拨付学校公用经费；城市公办学校对农民工子女接受义务教育要与当地学生在收费、管理等方面同等对待，不得向农民工子女加收借读费及其他费用。

流动人口子女义务教育后在流入地的升学考试问题在2012年置于政府重要政策议程。依据《关于做好进城务工人员随迁子女接受义务教育后在当地参加升学考试工作意见的通知》的要求，全国大部分省（自治区、直辖市）都在2012年年底出台了相关政策。北京市制定的《进城务工人员随迁子女接受义务教育后在京参加升学考试工作方案》要求，北京市各区、县人民政府，市政府各委、办、局，市属机构，共同做好进城务工人员随迁子女接受义务教育后在京参加升学考试工作。关于流动人口子女异地升学考试，北京市从居住、职业、社会保险、学籍等方面提出了3—6年的年限要求，并以2014年为界，为在京流动人口子女开放职业类高等教育升学通道。上海实施了与《上海市居住证管理办法》相衔接的进城务工人员随迁子女接受义务教育后在沪参加升学考试的具体方案，以《上海市居住证管理办法》为依据，有梯度地为进城务工人员随迁子女提供接受义务教育后的公共教育服务。通过积分制度，按类别为流动人口子女提供异地升学考试服务。更易出现“高考移民”的地区如海南、内蒙古等地的流动人口子女异地升学考试政策则更为严格、流程更为复杂。高考竞争激烈程度较高的地区如湖北、江苏等地异地升学考试政策则相对宽松。流动人口异地升学考试政策要求与地域自身的教育质量、升学竞争程度等相关，呈现出差异化的政策特点。

三、异地升学考试政策的完善阶段

2013年至今，保障流动人口子女更好接受基础教育的政策法规体系逐步完善，政府就做好流动人口子女异地升学考试，特别是接受义务教育后在流入地参加中考和高考工作做了专门具体的要求（见表7-3）。

表 7-3 异地升学考试政策完善阶段的主要政策文件

序号	时间	文件名称	发文机构
1	2014年	《关于进一步推进户籍制度改革的意见》	国务院
2	2014年	《关于进一步做好为农民工服务工作的意见》	国务院
3	2016年	《关于深入推进新型城镇化建设的若干意见》	国务院

续表

序号	时间	文件名称	发文机构
4	2016年	《关于统筹推进县域内城乡义务教育一体化改革发展的若干意见》	国务院
5	2019年	《关于做好2019年普通中小学招生入学工作的通知》	教基厅
6	2019年	2019年新型城镇化建设重点任务	国家发展和改革委员会

《关于进一步推进户籍制度改革的意见》提出，保障农业转移人口及其他常住人口随迁子女平等享有受教育权利；将随迁子女义务教育纳入各级政府教育发展规划和财政保障范畴；逐步完善并落实随迁子女在流入地接受中等职业教育免学费和普惠性学前教育的政策以及接受义务教育后参加升学考试的实施办法。《关于进一步做好为农民工服务工作的意见》规定，输入地政府要将符合规定条件的农民工随迁子女教育纳入教育发展规划，合理规划学校布局，科学核定公办学校教师编制，加大公办学校教育经费投入力度，保障农民工随迁子女平等接受义务教育权利。公办义务教育学校要普遍对农民工随迁子女开放，与城镇户籍学生混合编班，统一管理。各地要进一步完善和落实好符合条件的农民工随迁子女接受义务教育后在输入地参加中考、高考的政策。国务院《关于统筹推进县域内城乡义务教育一体化改革发展的若干意见》要求改革随迁子女就学机制，要进一步强化流入地政府责任，将随迁子女义务教育纳入城镇发展规划和财政保障范围，坚持积极进取、实事求是、稳步推进，适应户籍制度改革要求，建立以居住证为主要依据的随迁子女入学政策，切实简化优化随迁子女入学流程和证明要求，提供便民服务，依法保障随迁子女平等接受义务教育。

第二节 流动人口子女异地升学考试的实践分析

一、流动人口子女异地升学考试基本状况

（一）流动人口子女异地就学升学问题缓解

1. 随迁子女教育机会公平得到基本保障

以流入地区政府管理为主，以全日制公办中小学为主的“两为主”政策得到了全面落实。全国随迁子女进入公办学校就学的学生比例始终保持在80%以上。国家还对在民办学校就读的随迁子女给予多方面支持，政府购买的民办学位数量不断增加。

全国教育事业发展统计公报显示，义务教育阶段随迁子女数量逐步增加，中学就读人数也逐步增加。2010—2017年义务教育阶段流动人口子女在流入地就读情况见图7-1。2010年，全国义务教育阶段在校生中随迁子女共1 167.17万人。其中，在小学就读的随迁子女864.30万人，在初中就读的随迁子女302.88万人。[①]2011年，全国义务教育阶段在校生中随迁子女共1 260.97万人。其中，在小学就读932.74万人，在初中就读328.23万人。[②]2012年，全国义务教育阶段在校生中随迁子女共1 393.87万[③]人。其中，在小学就读1 035.54万人，在初中就读358.33万人。2013年，全国义务教育阶段在校生中随迁子女共

---

① 2010年全国教育事业发展统计公报［EB/OL］.（2012-03-21）. http://www.moe.edu.cn/srcsite/A03/s180/ moe_633/201203/t20120321_132634.html.

② 2011年全国教育事业发展统计公报［EB/OL］.（2012-08-30）. http://www.moe.edu.cn/srcsite/A03/s180/ moe_633/201208/t20120830_141305.html.

③ 2012年全国教育事业发展统计公报［EB/OL］.（2013-08-16）. http://www.moe.edu.cn/srcsite/A03/s180/moe_633/201308/t20130816_155798.html.

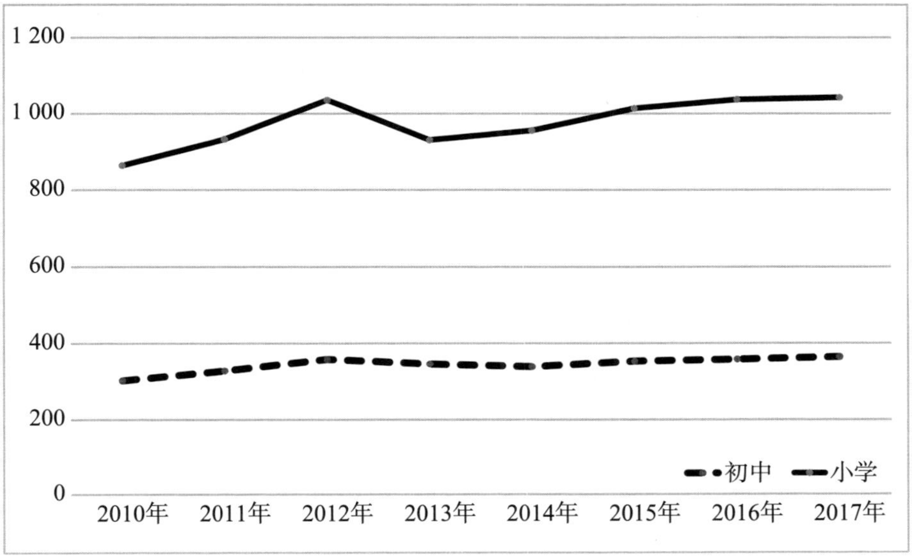

图7-1 2010—2017年义务教育阶段流动人口子女
在流入地就读情况（单位：万人）
资料来源：根据历年全国教育事业发展统计公报数据整理。

1 277.17万人。其中，在小学就读930.85万人，在初中就读346.31万人。①2014年，全国义务教育阶段在校生中随迁子女共1 294.73万人。其中，在小学就读955.59万人，在初中就读339.14万人。②2015年，全国义务教育阶段在校生中随迁子女共1 367.10万人。其中，在小学就读1 013.56万人，在初中就读353.54万人。③2016年，全国义务教育阶段在校生中随迁子女共1 394.77万人。其中，在小学就读

① 2013年全国教育事业发展统计公报［EB/OL］.（2014-07-04）. http://www.moe.edu.cn/srcsite/A03/s180/moe_633/201407/t20140704_171144.html.

② 2014年全国教育事业发展统计公报［EB/OL］.（2015-08-11）. http://www.moe.edu.cn/srcsite/A03/s180/moe_633/201508/t20150811_199589.html.

③ 2015年全国教育事业发展统计公报［EB/OL］.（2016-07-06）. http://www.moe.edu.cn/srcsite/A03/s180/moe_633/201607/t20160706_270976.html.

1 036.71万人，在初中就读358.06万人。[①]2017年，全国义务教育阶段在校生中随迁子女共1 406.63万人。其中，在小学就读1 042.18万人，在初中就读364.45万人。[②]

2. 随迁子女教育过程公平得到基本保障

义务教育年龄段随迁儿童的在校率为98.7%（2017年），小学年龄段随迁儿童82.2%在公办学校就读，比2016年提高0.4个百分点；10.8%在有政府资助的民办学校就读，比2016年提高1.7个百分点。初中年龄段随迁儿童85.9%在公办学校就读，比2016年提高2.7个百分点；9.7%在有政府资助的民办学校就读，比2016年下降0.4个百分点。2017年农民工监测调查报告显示，随迁儿童在学校受歧视问题发生率低，96.7%的农民工家长认为子女在学校未受歧视，比2016年提高0.3个百分点；0.4%的农民工家长认为受到歧视，比2016年下降0.1个百分点；2.9%的农民工家长不了解情况，比2016年下降0.2个百分点。农民工家长对教师非常满意和比较满意的占77.3%，比2016年提高1.8个百分点；认为一般的占21.9%，比2016年下降1.6个百分点；不满意和非常不满意的占0.8%，比2016年下降0.2个百分点。[③]

（二）流动人口子女考试升学政策环境改善

考试招生制度是国家基本教育制度。我国近年来逐步提高中西部地区和人口大省高考录取率，综合考虑生源数量、办学条件、毕业生就业

① 2016年全国教育事业发展统计公报［EB/OL］.（2017-07-10）. http://www.moe.edu.cn/jyb_sjzl/sjzl_fztjgb/201707/t20170710_309042.html.

② 2017年全国教育事业发展统计公报［EB/OL］.（2018-07-19）. http://www.moe.edu.cn/jyb_sjzl/sjzl_fztjgb/201807/t20180719_343508.html.

③ 2017年农民工监测调查报告［EB/OL］.（2018-04-27）. http://www.stats.gov.cn/tjsj/zxfb/201804/t2018 0427_1596389.html.

状况等因素，完善国家招生计划编制办法，实施支援中西部地区招生协作计划，在东部地区高校安排专门招生名额面向中西部地区招生。部属高校公开招生名额分配原则和办法，合理确定分省招生计划，严格控制属地招生比例。国家逐步增加农村学生上重点高校人数，实施国家农村贫困地区定向招生专项计划，由重点高校面向贫困地区定向招生。部属高校、省属重点高校安排一定比例的名额招收边远、贫困、民族地区优秀农村学生。普通高校面向贫困地区定向招生，从2012年的1万人增加到2017年的6.3万人。

以学业水平考试和综合素质评价为双轮，破解"唯分数论"、缩小区域与城乡入学机会差距、化解中小学择校难题等教育顽疾，完善高中学业水平考试。学业水平考试检验学生学习程度，是学生毕业和升学的重要依据。考试范围覆盖国家规定的所有学习科目，引导学生认真学习每门课程，避免偏科。学业水平考试由省级教育行政部门按国家课程标准和考试要求组织实施，确保考试安全有序、成绩真实可信。规范高中学生综合素质评价。综合素质评价反映学生德智体美劳全面发展的情况，是学生毕业和升学的重要参考。建立规范的学生综合素质档案，客观记录学生成长过程中的突出表现，注重社会责任感、创新精神和实践能力，主要包括学生思想品德、学业水平、身心健康、兴趣特长、社会实践等内容。严格程序，强化监督，确保公开透明，保证内容真实准确。

高考改革将流动人口子女异地高考政策纳入改革进程，高职院校考试招生与普通高校相对分开，实行"文化素质+职业技能"评价方式。中职学校毕业生报考高职院校，参加文化基础与职业技能相结合的测试。普通高中毕业生报考高职院校，参加职业适应性测试，文化素质成绩使用高中学业水平考试成绩，参考综合素质评价。学生也可参加统一高考进入高职院校。深化高考考试内容改革。依据高校人才选拔要求和国家课程标准，科学设计命题内容，增强基础性、综合性，着重考查学生独立思考和运用所学知识分析问题、解决问题的能力。

（三）流动人口子女异地升学政策逐步优化

流动人口子女在流入地参加中、高考政策是保障其受教育权利的重要环节。高中阶段教育的升学是流动人口子女普遍的教育期待。相对于义务教育阶段，义务教育后流动人口子女升学考试问题进入政策议程的时间相对滞后。2008年，全国人大代表在两会期间提出加快解决外来务工人员子女就地高考问题。2010年，《国家中长期教育改革和发展规划纲要（2010—2020年）》规划了异地高考的政策路线。2011年，教育部在各省市展开方案调研、对接和征求意见的工作，逐步推进异地高考。2012年，国务院办公厅《关于积极稳妥推进户籍管理制度改革的通知》要求，今后出台有关就业、义务教育、技能培训等政策措施，不要与户口性质挂钩，强调要采取有效措施，为其他暂住人口在当地学习、工作、生活提供方便，有关部门开始制定随迁子女升学办法，异地高考具体方案将根据城市承载能力和进城务工人员子女在流入地就学年限等确定。2012年8月，国务院办公厅转发《关于做好进城务工人员随迁子女接受义务教育后在当地参加升学考试工作意见的通知》，要求各省、自治区、直辖市2012年年底前出台有关随迁子女升学考试的方案。此后，多数地区按照要求出台方案，但部分地区的方案出台时间较迟，备受瞩目的北京、上海、广东等地在2012年12月30日正式出台当地的异地高考政策。目前，全国31个省（自治区、直辖市）出台了“进城务工人员随迁子女接受义务教育后在当地参加升学考试办法”。针对随迁子女在当地参加中考高考的问题，全国26个省（自治区、直辖市）2013年制定了进城务工人员随迁子女接受义务教育后在当地参加升学考试的办法；28个省（自治区、直辖市）2014年启动实施随迁子女异地高考改革。①

关于教育，随迁子女选择主要为三类，一是失学，接受完义务教育后不再升学；二是接受中等职业教育；三是返回原籍上普通高中。中小企业是社会弱势流动人口就业的主渠道，制造业、建筑业、服务业是其工作的主要行业领域，80%底层流动人口为一线和底层工作岗位。农村户籍的学生能够进入普通高中阶段教育的为其适龄学生总数的30%左右，流动人口的适龄随迁子女能够进入普通高中阶段教育的比例低。各省教材不同、考卷不同、考分标注体系也不同，教育资源投入差异巨大，导致各省教育发展不够均衡，教育质量差异较大。处于社会中层地位的流动人口是异地高考诉求最为强烈的社会群体，其特征包括：一是在流入地的工作时间年限跨度长，短则三五年，长的一二十年；二是有相对稳定的劳动关系和住房，包括自有住房；三是收入明显高于流入地人均收入，其子女教育已成为这一群体核心的社会政策需求。他们的具体诉求指向高考的报名、考试内容和录取政策。异地升学与户籍脱钩，与学籍挂钩，部分基于家长条件。传统上，中考特别是高考的考试和录取资格一直与户籍挂钩，随迁子女异地升学的第一步行动目标为户籍，不再把户籍作为高考报名的限制条件，主张取消高考户籍限制，给户籍减负，为教育松绑。教育权利是儿童权利的核心，与父母在一起也是儿

① 西南大学评估组：义务教育第三方评估情况［EB/OL］.（2015-11-26）. http://www.moe.edu.cn/jyb_xwfb/xw_fbh/moe_2069/xwfbh_2015n/xwfb_151126/151126_sfcl/201511/t20151126_221196.html.

童权利的重要构成。异地升学的资格以流动儿童的学籍为认定依据，酌情依据城市功能定位、经济社会发展战略及环境、资源约束来提出考试升学条件，包括一定年限的居住、工作、社会保险缴纳等。分省录取政策是传统招生考试制度核心设计之一，流动人口随迁子女的就地升学诉求的主要取向是，认可国家关于分省录取的政策设计的方向，其改革要求体现为调整具体的分省策略，异地高考诉求最强烈的流动人口，多来自人口及考生大省。这些区域又多与农业转移人口集中区、经济欠发展地区高度重合，流动人口子女及其家长们希望改革录取操作的具体工作机制，按人口数等比例录取。①

二、流动人口子女异地升学考试的新挑战

（一）基本公共教育服务难以有效满足流动人口子女教育需求

1. 义务教育阶段流动人口子女的期待为上好学

义务教育阶段，流动人口子女“上好学”需求与流入地优质教育资源配置存在不适应。任何地区的优质教育资源总是有限的，尤其面临规模较大的流动儿童，多数流入地城市政府受制于教育资源总量，难以满足流动人口子女的优质教育需求。超过一半的中国儿童居住在农村，儿童人口的城镇化率低于总人口的城镇化率，意味着流动人口子女的规模还有增长趋势。2015年城镇地区的儿童规模为1.33亿，占全国儿童的49.1%，农村地区儿童1.38亿，占全国儿童的50.9%。2000—2010年，中国0—17岁的流动儿童规模从1 982万上升到3 581万，10年间的规模增长超过了80%。2016年我国人户分离人口2.92亿，其中流动人口

① 周秀平. 异地高考期待的群体差异［J］. 高等教育研究，2015（4）：43-49.

2.45亿，全国农民工总量为2.82亿，相当于每5个人中有一个是流动人口。虽然城镇儿童比例迅速增加，但城镇儿童占儿童人口的比例始终低于总人口的城镇化率，这一方面与农村地区较高生育率、儿童比例偏高有关，另一方面也与流动人口子女无法全面享受城市公共教育服务而不得不留守农村有关。《北京市2021年国民经济和社会发展统计公报》显示，2021年年末北京常住人口2 188.6万人，其中常住外来人口834.8万人，占常住人口的比重为38.1%。据2011年公开数据统计，北京市常住人口2 018.6万人，流动人口742.2万人，非京户籍流动人口子女37万人在北京市接受基础教育，而2001年仅为10.3万人，增长了2.6倍，年均增长13.6%。教育部“教育这十年”“1+1”系列发布会之五“介绍党的十八大以来义务教育改革发展成效”显示，“两为主、两纳入，以居住证为主要依据”的进城务工人员随迁子女入学政策实施后，2021年义务教育阶段进城务工人员的随迁子女在公办学校和享受政府购买民办学校服务的比例达到90.9%。但是在流入地入学的随迁子女多被安置在基础设施较差、教育质量偏低的民工子弟学校、民办学校或薄弱学校。对于义务教育阶段的流动人口子女，55.8%的农民工家长反映在城市上学面临一些问题。费用高、本地升学难、孩子没人照顾是农民工家长认同度最高的三个主要问题，认同率分别为26.4%、24.4%和23.8%。其中，费用高和本地升学难的认同率较2016年分别下降了0.8个和1.7个百分点。① 部分城市流动人口子女入学政策门槛过高，不利于教育现代化的战略目标的实现。

① 2017年农民工监测调查报告［EB/OL］.（2018-04-27）. http://www.stats.gov.cn/tjsj/zxfb/201804/t2018 0427_1596389.html.

2. 义务教育阶段后流动人口子女升学需求迫切

随着进城务工人员规模不断扩大，随迁子女完成义务教育人数不断增多，流动人口子女考试升学的需求越来越大。《2014年全国农民工监测调查报告》显示我国农村举家流动人口在2014年达到3 578万，比2010年增加507万；《2013年全国教育事业统计公报》显示2013年随迁子女在校生共有1 277.17万人；《我国农村留守城乡流动儿童状况研究报告》显示，2012年全国流动儿童规模达到3 581万，其中小学（6—11周岁）和初中阶段（12—14周岁）随迁子女的规模分别为999万和473万。《中国流动人口发展报告2014》显示，随迁子女比例增加，2013年流动人口6—15岁子女随同父母流动的比例为62.5%，比2011年上升5个多百分点。随迁子女难以高质量完整完成基础阶段教育，其中，流动人口子女义务教育阶段和学前教育入学率最高，超过了80%，义务教育阶段后异地升学需求强烈。2017年，全国高中阶段毛入学率达到了88.3%，高中阶段教育取得较大发展。但是，“全面普及”高中仍然存在“洼地”，高中教育普及的区域、群体差距大，精准性、重点群体的瞄准力度有待提升，保障力度不够。高中阶段毛入学率低于90%的省份主要在中西部，其中有3个省份的入学率低于85%，比全国平均水平低近3个百分点。[①] 随迁儿童上学难的问题有所缓解，但升学难题依然存在。

（二）人口流动对异地升学考试的需求日益增多

流动人口子女数量巨大、分布不均衡。跨省流动人口子女义务教育后异地升学考试，是引导人口合理有序流动的关键。数据显示，流动人

---

① 高中阶段教育普及攻坚计划启动［EB/OL］.（2017-04-10）. http://www.moe.edu.cn/jyb_sjzl/sjyw_btlj/ 201704/t20170410_302233.html.

口的跨省流动与省内流动基本相当。2017年，我国农民工数量是28 652万人，比2016年增加481万人，增长1.7%。在外出农民工中，省内流动农民工9 510万人，占外出农民工的55.3%，跨省流动农民工占比44.7%，其中西部地区农民工人数增长最快，增量占新增农民工一半以上，东中西部的比例分别是36.4%、33%、27.3%。新增外出农民工主要在省内流动，省内流动农民工增量占外出农民工增量的96.4%。① 尽管人口流动的区域分布比例相当，但东部地区依然是人口流入特别是跨省流入的集中区域，引导人口合理有序流动与保障流动人口子女上好学依然面临巨大的挑战。

教育质量与教育机会成本的双重挑战。一方面是教育质量挑战。流动人口子女义务教育后异地升学问题在很大程度上是区域教育质量差距的体现。由于教育资源的限制，部分义务教育阶段的流动人口子女被安置在基础设施差、教育质量低的民工子弟学校、民办学校或薄弱学校。此外，义务教育阶段基础设施和投入的区域、校际差距仍然存在。在省域内部，县域间的教育投入相距也比较大。另一方面是教育机会成本的挑战。新型城镇化过程中，非农就业机会增加，中低技能岗位需求为主的就业机会增长提高了个体教育投资的机会成本，降低了个体对未来教育回报的预期。大多数的新增岗位对劳动者技能水平要求较低，提高了大学和高中教育投资的相对机会成本，导致青年人口的大学入学率和高中入学率显著下降。为了获取短期收入，大量青少年人口特别是流动人口子女的教育投资停滞在中等教育甚至以下水平。如何通过教育均衡发展，引导流动人口及其子女有序流动，依然是巨大的政策难题。

① 2017年农民工监测调查报告［EB/OL］.（2018-04-27）. http://www.stats.gov.cn/tjsj/zxfb/201804/t2018 0427_1596389.html.

（三）流动人口子女异地升学考试政策的精准有效性有待加强

1. 有关教育政策制定与实施的参与机制有待完善

调查显示，影响流动人口子女异地升学的主要原因：一是政策制定阶段流动人口子女集中地区的政策利益相关方缺乏参与，未能有效凝聚政策共识。二是政策门槛过高，将大量流动人口子女的合理入学需求排斥在外。三是政策知晓度低。教师、家长对具体政策门槛的判断正确率均在10%左右，学生约为30%。大部分流动人口子女家长对流入地教育政策，尤其是异地升学考试政策不了解、了解不准确或了解后不理解。造成该问题的主要原因，在于流动人口子女升学考试需求和人口流入地教育资源承载能力的不匹配。因此，亟须创新异地升学考试政策，满足流动人口子女异地升学考试需求，解决人口流入地教育资源配置难题。

2. 流动人口子女高中的普及水平偏低、需求强烈

如何在流入地接受高中阶段教育是随迁子女特别面临的最重要的教育难题。尽管在流入地就读普高是随迁子女的普遍期待，但仅有约10%的随迁子女能够在流入地升入高中，其中30%的学生就读普高，70%为中职。接近40%的随迁子女在流入地就读普高或中职的高中教育期待没有实现，直接走向了社会。① 其他随迁子女往往是返回户籍地接受高中阶段教育，但部分随迁子女变为留守子女后，因家庭监护乏力、学习不适应，难以在户籍地顺利完成高中学习，最终直接进入劳动力市场。对北京50所打工子弟学校的1 493名学生进行了5年的跟踪调查发现，88人上了大学，高中入学率不足40%，初中毕业后直接走向社会的随

---

① 邬志辉，秦玉友. 中国农村教育发展报告2016［M］. 北京：北京师范大学出版社. 2016.

迁子女中，超过六成的人在低端服务行业工作，月工资不到当时北京职工月平均工资的一半。①

3. 受流动影响的教育不平等效应需要进一步控制

中国国家统计局、联合国儿童基金会、联合国人口基金会2017年的调查数据显示，2015年6—17岁儿童中约有630万未完成义务教育，其中约387万为农村儿童。农村贫困儿童高中阶段的在校率也是最低的，2015年15—17岁不在校儿童中，农村贫困儿童占比超过60%。②国家统计局2014—2016年的全国农民工监测调查报告的数据显示，2014—2016年具有高中及以上文化程度的农民工占比分别为23.8%、25.2%、26.3%，即仅有1/4左右的农民工接受过高中阶段或以上的教育。2017年农民工从年龄结构看，40岁及以下农民工所占比重为52.4%，以青壮年为主。多项研究发现，在小学升入初中阶段，家庭条件越好、父母受教育年限越长，子女进入优质学校，学习成绩更好的比例就更高。初中升高中阶段，分成示范和非示范学校、普通高中和职业学校两类路径，同样的情况发生了，那些高社会经济地位家庭的子女升入重点学校、升入普通高中的比例显著高于低社会经济地位家庭的子女。2%的未接受教育的"80后"和11%的小学文化水平的"80后"来自社会底层家庭，他们当前也处于社会底层状态，研究者判断他们的下一

① 研究显示北京打工子弟身份难改变　教育梦想多数破灭 [EB/OL]. (2016-12-29). http://china.caixin.com/2016-12-29/101031463.html.

② National Bureau of Statistics of China, UNICEF&UNFPA.Population Status of Children in China in 2015: Facts and Figures [EB/OL]. (2020-01-05). https://www.unicef.cn/media/9901/file/Population%20Status%20of%20Children%20in%20China%20in%202015%20Facts%20and%20Figures.pdf.

代很可能仍然停留在社会底层。[①] 与此同时，规划滞后或规划过程中教育部门的参与不足，导致流入地的教育资源无法满足流动人口子女教育需求，二者间的矛盾是摆在中央和集中流入地、集中流出地政府面前的普遍难题。

① 李春玲."80后"的教育经历与机会不平等——兼评《无声的革命》[J]. 中国社会科学，2014（4）：66-77，205.

第三节 流动人口子女异地升学考试的路径分析

习近平总书记指出，我们要随时随刻倾听人民呼声、回应人民期待，保证人民平等参与、平等发展权利，维护社会公平正义，在学有所教、劳有所得、病有所医、老有所养、住有所居上持续取得新进展，不断实现好、维护好、发展好最广大人民根本利益，使发展成果更多更公平惠及全体人民，在经济社会不断发展的基础上，朝着共同富裕方向稳步前进。[①]流动是城镇化进程中社会发展的新常态，流动人口子女异地升学考试问题将在未来相当长时期内存在，需要通过创新政策，统筹城乡、区域教育发展等多种政策手段，通过就地城镇化，改革中考、高考招生录取政策，有效应对流动人口子女的中考、高考诉求。流动人口子女异地升学考试问题事关教育全局，是直接关系2亿多流动人口、1 000多万流动人口子女的切身利益，满足流动人口教育需求的大事；是提高劳动者综合素质，促进传统农业向现代农业转变，从根本上解决农业、农村和农民问题的关键所在；是转移农村富余劳动力，推进工业化、现代化，将人口转化为人力资源优势，建设教育强国、人力资源强国、人才强国的重要途径；是加强农村精神文明建设，提高农民思想道德水平，促进城乡统筹协调发展的重大举措。

一、完善流动人口子女异地升学考试政策的顶层设计

部门协同完善流动人口子女异地升学考试政策。国家把保障流动人

① 习近平在第十二届全国人大第一次会议闭幕会上的讲话［EB/OL］.（2013-03-18）. http://cpc.people.com.cn/n/2013/0318/c87228-20818234.html.

口子女异地升学考试权利作为建设中国特色社会主义现代化教育体系的重要措施。发展改革和财政部门要进一步做好公共教育财政规划和预决算安排，合理确定流动人口子女教育问题一般转移支付和专项转移支付的比例、标准。公安部门做好人口流动登记服务工作，简化居住证明办理流程；流动人口管理部门做好人口流动引导、过程追踪、预测，将城乡流动、区域间流动、县（市）内流动趋势的数据及时共享给规划、教育等部门。教育部门做好学生电子学籍系统大数据的过程管理与态势研判，将针对流动儿童、留守儿童的教育布局与区域经济社会发展规划对接。人力资源和社会保障部门要进一步加强对进城务工人员基本社会保险全覆盖、全国联网工作，简化社会保障缴纳程序和证明开具行政流程。住建部门要进一步加强对房屋租赁市场的宏观调控和管理，指导和帮助进城务工人员实现稳定居住，逐步纳入政策保障房覆盖范围。

层级治理完善流动人口子女异地升学考试政策。各级政府政策制定、实施的协同力度需要加强，上级政府确保教育资源配置、财政预算和拨款、评估标准等关键政策与下级政府政策执行的实际情况相适应。下级政府根据地方实际情况提供准确、合理的政策执行方案，按时上报各项政策制定和评估需要的数据和有关情况。各层级政府协同优化权力和责任分工，省级政府统筹分配、监管辖域内的中央财政投入资金的使用效益和效果，按照“两个全面纳入”、当地县（市）“生均教育经费”标准进行科学合理地调配。县（市）按照公共教育财政和预决算等政策执行。对于不符合政策要求使用流动人口子女基础教育公共财政经费的地区，依法扣减后续补助资金或采取相应的行政处罚等。国家改革调整中央、省、县（市）三级政府义务教育阶段异地升学考试的教育管理责任。中央层面加强全国流动人口的规模、特点和趋势等基本信息和数据的统计和分析，做好相应的发展规划、方针政策和基本标准，及时共享、发布数据。输入地省级政府指导、监测和评估县（市），以事实常住流动儿童数据做好经济社会发展和教育事业规划，县（市）层面做好政策标准审核、学位安排、报名入学等工作。

二、衔接户籍、居住证制度改革与异地升学考试政策

流动人口子女升学考试是典型的社会问题在教育领域的反映，特别是户籍管理问题，要进一步衔接好户籍制度、居住证制度与流动人口子女升学考试政策。户籍制度与高考政策的关系显示，前者对后者有锁定功能、社会管治功能，是政府特别是地方政府实施城市管理、社会治理的基本政策工具。户籍制度改革的社会需求与城镇化发展战略的两重压力，使得户口附带的特殊社会福利功能逐渐被剥离。在中小城市，户籍的教育治理功能逐渐淡化，但在大城市特别是特大城市，比如北京、上海等地，户籍的教育治理功能依然存在，居住证管理、积分入户更多是社会调节手段，疏导社会冲突的压力。户籍制度在建制镇和小城市“全面”放开，在中等城市“有序”放开落户限制，在大城市“合理确定”，在特大城市“严格控制”。社会群体期待的多元与分化政策为教育治理政策改革提供了“自下而上”的社会基础，为异地升学考试政策的差异化政策改革提供了“理由”与“合法性授权。”

异地高考诉求和异地中考需求的人群比例差距巨大，政府应将异地中考、异地高考改革进行统筹考虑，中考改革能够解决部分甚至大部分的流动人口子女就地升学的需求，流入地普通高中和职业中学应面向所在地的所有考生招生，异地高考主要政策对象为流动人口的中间阶层，其子女恰恰是选择普通高中教育的主体，应该规定符合地方和群体实际

的条件。政府调整优化异地升学考试的政策标准，提升流动人口子女升学考试机会公平的程度，剔除群众认为不合理、与教育不直接相关的条件，取消违背上位政策的有关要求，简化家长稳定职业、住房住所、社会保障三类政策条件，优化对流动人口子女家长的社会保障年限、类型和缴纳地点的要求，允许自营就业和在小微非公企业中就业的进城务工人员灵活提供有效、客观的居住和就业证明。中央和地方政府依据教育规划和义务教育发展规律的要求统一确定学籍要求，考虑不高于连续三年的学籍要求。

三、协同联动完善流动人口子女异地升学考试的政策

输入地政府和输出地政府的政策协同对于流动人口子女异地升学考试至关重要。一方面，中央政府有关农民工管理和服务的领导机构，可一年安排一到两次会议，专门研究如何更好统筹人口集中的输入地、输出地政府对接交流异地升学考试政策在内的区域安排。另一方面，地方政府间可自由进行一对一、一对多、多对一的异地升学考试政策交流对接活动。输入地政府应逐步建立科学的人口管理制度，根据教育资源配置情况，合理确定公共教育服务的范围和程度，有效覆盖和全面覆盖相结合。不断完善用工、就业、住房、社会保障政策，帮助流动人口子女与父母共同生活，通过流动人口子女教育融入促进社会融入。输出地政府要进一步完善流动人口统计和流动情况态势研判工作，在流动人口有关培训中纳入教育政策特别是异地升学考试政策内容，引导人口合理、有序流动。中央政府和不同区域政府协作，利用全国中小学生学籍信息管理系统数据，推动“两免一补”资金和生均公用经费基准定额资金随学生流动可携带。政府有关部门完善多方参与、凝聚共识的决策机制，

基于流动人口集中城市的教育资源供给总量和发展趋势，扩大利益相关者的政策参与渠道。在制定异地升学考试政策条件时，采取先调研后决策、举行听证会或论证会等程序，充分听取和切实吸收各利益相关方的合理意见，特别是以务工或生活型服务工作为主要收入来源、社会资源贫乏的非本地城市户籍流动人口子女家长、本地学生家长、校长和教师代表等的诉求、建议，使异地升学考试政策改革的成本最小化，收益最大化，为化解异地升学考试难题打下良好基础。

政府联动统筹设计流动人口子女异地升学考试政策。省级政府通过均衡不同县域、不同类型的教育发展，引导流动人口子女更多接受高中阶段的教育。高中教育阶段在现行教育管理体制下，主要由省、县两级政府管理，加强省级财政投入是重要保障。国家教育督导部门应督促各省落实中等教育生均投入标准，将其纳入省级教育职责督导的指标体系。国家扩大省级政府对涉农教育培训资金的统筹权限，统筹分配、监管辖域内中央财政投入资金的使用效益和效果，对流动人口子女的财政经费进行科学合理地调配。国家应将异地升学考试政策改革与考试招生制度、普及高中政策、现代大学制度等教育政策统筹设计，坚持以公办学校为主安排随迁子女就学，对于公办学校学位不足的可以通过政府购买服务方式安排在普惠性民办学校就读，实行混合编班和统一管理，促进流动人口子女融入学校和社区。围绕义务教育优质均衡发展目标，有关部门和机构逐步提升流动人口子女就地升学质量，逐步清理现行就地升学政策中与保障义务教育优质均衡发展不配套的内容，保证全部适龄义务教育阶段流动人口子女就地升学，特别是就地参加中考、就读普通高中、职业中学的权利。高考与中考、小升初、幼升小的差异，不仅体现在教育阶段上，也体现在教育目标和教育公共服务的性质上，近70%

的中低收入水平流动人口子女没有强烈的异地高考需求，而近90%的流动人口子女有强烈的中考、幼升小需求。为此，各地根据基础教育阶段中考升学和异地高考，以及不同收入水平家庭的就地升学诉求，细分就地升学政策群体，瞄准最困难群体最迫切、最现实的教育诉求，优化政策供给。

四、运用多种方式与力量推进异地升学考试政策实施

提升流动人口对异地升学考试政策的了解水平。人际交往是流动人口子女家长获取政策信息的主要形式，学校和教师是学生及其家长了解在流入地升学考试政策的主要来源，电视、网络、报纸、广播等媒介的作用相对较低。教育部门要更加密切联系宣传部门、公安部门、流动人口集中区域的学校、社会组织等。第三方教育机构、中小学等应合力开展流动儿童教育政策的解释、宣传工作，准确解读、说明当地地方就地升学政策出台的背景、内容、要求和相关程序，以学校、教师、家长为主要政策宣传目标，灵活运用受众面广、群众喜闻乐见、参与较广的新媒体和方式传播政策信息，提供政策咨询服务，及时解答家长、教师和学生的疑问。

引导社会力量参与流动人口子女公共教育服务。针对流动人口子女面临的特殊教育困境，有关部门应充分利用流动人口子女较集中的社区公共空间，通过政府购买、委托、公私合作等方式，引导社会组织给孩子提供阅读室、课外作业辅导、兴趣小组、素质拓展、城市生活常识教育等服务，引导企业、国际组织开展面向流动人口子女的公益慈善捐赠，让社会力量更好地参与到教育治理创新中来。

第八章 健全经济困难学生的资助体系

让贫困家庭的孩子都能接受公平、有质量的教育，是阻断贫困代际传递、推进教育公平、促进乡村振兴的重要途径。健全家庭经济困难学生资助体系，做好学生资助工作，在政策制定、资金安排、管理力量配置上保障、突出学生资助，加强学生资助规范管理，全面推进精准资助对象、精准资助标准与精准资金发放，建立健全家庭经济困难学生精准化追踪认定机制，增强家庭经济困难学生及其家庭的获得感。完善家庭经济困难学生奖助学金和助学贷款政策，通过资助解决学生上学费用问题，帮助家庭摆脱贫困。避免贫困学生因学致贫、因学返贫。帮助困难家庭子女接受公平有质量的教育，提高科技文化素质、掌握一技之长、提高自我发展能力，实现稳定脱贫、高质量脱贫。①《中国教育现代化2035》提出，实现困难群体帮扶精准化，健全家庭经济困难学生资助体系，推进教育精准脱贫。我国家庭经济困难学生的资助事业取得重要进展，逐步形成了家庭经济困难学生资助体系。学生资助项目从少到多，资助面从窄到宽，实现了“三个全覆盖”，即所有学段（从学前教育到研究生教育）全覆盖、所有学校（包括公办与民办）全覆盖、所有家庭经济困难学生全覆盖。特别是在高等教育阶段，实行了国家助学金、国家奖学金、助学贷款、学费补偿和助学贷款代偿、校内奖学金、校内无

① 进一步加强学生资助工作［EB/OL］.（2018-03-07）. http://dangjian.people.com.cn/n1/2018/0307/c416200-29853955.html.

息借款、勤工助学、特殊困难补助、减免学费，以及确保家庭经济困难学生顺利入学的“绿色通道”等多种形式相结合的资助政策。①

第一节　经济困难学生资助的政策分析

改革开放以来，国家发布了多项有关家庭经济困难学生资助的政策文件，家庭经济困难学生的资助领域实现了从学前教育到高等教育的全覆盖，资助对象从公办学校学生扩大到民办学校学生，资助范围从贫困地区家庭经济困难学生延伸到所有地区家庭经济困难学生，资助方式从单一的助学金形式向“奖、助、贷、勤、补、免”加“免费师范生”“绿色通道”等多种方式并存的多元混合资助体系发展，开始由单纯注重物质层面的经济资助向关注精神与物质所有层面的资助转变。

一、家庭经济困难学生资助政策构建阶段

改革开放初期至1982年，国家关于学生资助的政策主要针对高等教育与职业教育阶段，为单一资助政策，即人民助学金。在高等教育阶段，尤其是在恢复高考改革后，如何对大学生进行资助使其能够顺利就学成为亟待解决的问题，高等教育的资助形式延续了新中国成立以来的人民助学金制度，由国家预算中的教育事业费及其他各部门的事业费拨

① 新华社. 我国已建立从学前至高教全覆盖学生资助政策体系［J］. 教育发展研究，2012（11）：24.

付。[①]按照当时的政策规定，大部分学生可以获得人民助学金，其中研究生和部分特殊就读专业的学生获得助学金的比例为100%，其他普通专业的比例为75%。[②]在中等职业教育阶段，改革开放后我国基本上执行原有的中职学生资助政策，即免学费、人民助学金制度，以推动中等职业教育的迅速恢复。中等职业教育中具体三类学生的补助政策不同，中专学校学生75%享受助学金，技工学校学生100%享受助学金，职业中学学生实行自费走读。[③]这一时期学生资助以人民助学金的形式进行，大部分高等教育与中等职业教育领域的学生均能够享受国家资助。

单纯的人民助学金资助阶段一直持续到1983年。1983年，国家颁布了《普通高等学校本、专科学生人民助学金暂行办法》及《普通高等学校本、专科学生人民奖学金试行办法》，决定对人民助学金制度进行调整，降低人民助学金发放比例，学生覆盖率从75%减少到60%，同时从每年生均资助经费中划拨9.5%设立人民奖学金。在中等职业教育领域，1986年，劳动人事部、国家教育委员会联合发布《关于颁发技工学校工作条例的通知》，文件规定对技工学校中按国家计划招收的学生，实行助学金和奖学金相结合的办法。[④]这一时期，我国的学生资助制度开始由前期单一的人民助学金变为人民助学金和奖学金并行，人民助学金的比例开始下降，奖学金出现。虽然当时奖学金的比例和规模还

① 韩丽丽，李廷洲. 改革开放40年我国高等教育资助体系的回顾与展望［J］. 中国高教研究，2018（6）：29-36.

②③ 冯涛. 大学生资助政策的历史回顾与制度设计［J］. 中国高等教育，2018（12）：40-42.

④ 薛瑞英，谢长法. 改革开放40年来我国中职学生资助政策的演变与展望［J］. 教育与职业，2018（17）：36-41.

很小，但改变了我国单一的人民助学金资助方式，迈出了我国学生资助改革的一大步（见表8-1）。

表 8-1　家庭经济困难学生资助政策构建阶段的主要政策文件

序号	时间	文件名称	发文机构
1	1977年	《关于普通高等学校、中等专业学校和技工学校学生实行人民助学金制度的通知》	国家教育委员会、财政部
2	1983年	《普通高等学校本、专科学生人民助学金暂行办法》 《普通高等学校本、专科学生人民奖学金试行办法》	国家教育委员会、财政部
3	1986年	《关于颁发技工学校工作条例的通知》	劳动人事部、国家教育委员会

二、家庭经济困难学生资助政策调整阶段

随着职业教育改革的推进，实施多年的人民助学金制度也表现出越来越多的弊端：一是就读学生数量的增加及对大部分学生进行资助给国家财政带来很大负担；二是资助评定中存在平均主义现象，不利于调动学生的积极性；三是助学金评定主要是依据学生的家庭经济状况，忽视了道德品行、成绩表现等方面的考虑。1987年，国家教育委员会、财政部发布《普通高等学校本、专科学生实行奖学金制度的办法》及《普通高等学校本、专科学生实行贷款制度的办法》，宣布取消人民助学金制度，增加奖学金的种类，进一步将奖学金划分为优秀学生奖学金、专业奖学金和定向奖学金三大类，同时设立助学贷款制度，要求学校建立独立的奖学金和学生贷款基金。至此，人民助学金制度正式退出历史的舞台。1993年，国家教育委员会先后出台《关于对高等学校生活特别困难学生进行资助的通知》，以及《关于修改〈普通高等学校本、专

科学生实行贷款制度的办法〉部分条款的通知》，决定对家庭经济困难的学生给予特殊困难补助。[①]1994年，国家开始实行勤工俭学，决定从总理预备金中特别挤出资金作为启动经费，支持全国所有中央部属院校开展特困生勤工助学；要求各高校除在这部分经费之外，每年必须从各校的教育事业费、学杂费及其他收入中划出一定的比例，设立来源稳定的勤工助学基金，专门用于校内学生勤工助学的劳动报酬支付。1995年，国家教育委员会出台了《关于对普通高等学校经济困难学生减免学杂费有关事项的通知》，对普通高等学校中缴纳全部学杂费有困难的学生实行学杂费减免政策。

在义务教育阶段，国家设立助学金，帮助贫困学生就学。1992年，《中华人民共和国义务教育法实施细则》规定，实施义务教育的学校可收取杂费……对家庭经济困难的学生，应当酌情减免杂费。1995年，国家教育委员会、财政部颁发《关于健全中小学学生助学金制度的通知》，要求各地根据实际情况，在初级中等学校（包含职业初中）和部分小学（主要是有困难的少数民族地区、其他贫困地区和需要寄宿就读的地区）实行助学金制度。[②]

中等职业教育阶段，1991年，国家教育委员会、国家物价局、财政部、劳动部四部门颁布《关于中等职业技术学校收取学费的暂行规定》，指出中等职业技术教育属于非义务教育，决定自1991年起对中等专业学校、技工学校和职业高中新入学的学生适当收取学费。对工作条

---

① 范先佐. 我国学生资助制度的回顾与反思［J］. 华中师范大学学报（人文社会科学版），2010（6）：123-132.

② 袁连生，刘泽云. 我国义务教育贫困学生资助制度分析［J］. 北京师范大学学报（社会科学版），2007（5）：117-123.

件艰苦或者国家重点扶持的专业，如农、林、牧、服务等专业，免收或减收学费。中等职业教育开始走向收费制，施行奖学金、助学贷款与收费相结合的制度。1997年，国家教育委员会、国家计划委员会颁发《关于普通中等专业学校招生并轨改革的意见》，提出要建立健全对家庭经济困难学生的资助制度，对特困学生给予减免学费；要求各地应逐步建立健全贷学金制度，以保证家境贫困的学生能够顺利完成学业；建立健全专项奖学金或定向奖学金制度，积极为边远地区、少数民族地区、贫困地区和艰苦行业培养所需人才。

这一时期国家在学生资助形式、资助理念及资助领域上有了较大的发展，在高等教育与中等职业教育阶段，学生资助开始从“无偿”向“有偿”转变；在义务教育阶段，国家开始以免收学杂费的形式对贫困学生进行资助。无论是在高等教育、职业教育还是义务教育阶段，对于家庭经济困难学生的资助方式比起前一阶段更加丰富，形式更加多样，初步建立起涵盖高等教育、职业教育、义务教育的“奖、助、贷、勤、补、免”等形式的多元混合资助体系（见表8-2）。

表8-2 家庭经济困难学生资助政策调整阶段的主要政策文件

序号	时间	文件名称	发文机构
1	1987年	《普通高等学校本、专科学生实行奖学金制度的办法》 《普通高等学校本、专科学生实行贷款制度的办法》	国家教育委员会、财政部
2	1991年	《关于中等职业技术学校收取学费的暂行规定》	国家教育委员会、国家物价局、财政部、劳动部
3	1993年	《关于对高等学校生活特别困难学生进行资助的通知》	国家教育委员会、财政部

续表

序号	时间	文件名称	发文机构
4	1993年	《关于修改《普通高等学校本、专科学生实行贷款制度的办法》部分条款的通知》	国家教育委员会、财政部
5	1993年	《关于进一步做好高等学校勤工助学工作意见的通知》	国家教育委员会、财政部
6	1995年	《关于对普通高等学校经济困难学生减免学杂费有关事项的通知》	国家教育委员会
7	1995年	《关于健全中小学学生助学金制度的通知》	国家教育委员会、财政部
8	1997年	《关于普通中等专业学校招生并轨改革的意见》	国家教育委员会、国家计划委员会

三、家庭经济困难学生资助政策优化阶段

随着高校开始大规模扩招，高校在校生人数快速增长，家庭经济困难学生的人数也迅速上升。1999年，教育部印发《国家助学贷款管理操作规程（试行）》，明确运用金融手段帮助贫困学生支付学费和生活费用，助学贷款体系得以走向正规化、系统化。国家助学贷款制度成为我国学生资助体系中的重要方式。2002年，财政部、教育部印发《国家奖学金管理办法》，决定在全日制普通高校正式施行国家奖学金制度，针对家庭经济困难、品学兼优的在校学生提供无偿资助。2005年，教育部发布《关于切实做好2005年高等学校新生入学“绿色通道”工作的紧急通知》，提出对被录取的因家庭经济困难无法筹集到学费的新生给予帮助，这类学生可以先办理入学手续，然后再根据核实后的具体情况，分别采取不同办法予以资助。2007年，国务院制定了《普通本科高校、高等职业学校国家助学金管理暂行办法》，规定国家助学金由中

央和地方政府共同出资设立，用于资助高校全日制本专科（含高职、第二学士学位）在校生中的家庭经济困难学生的生活费用开支。

针对职业教育阶段，2005年国务院印发《关于大力发展职业教育的决定》，文件明确提出要建立职业教育贫困家庭学生助学制度。2006年，财政部、教育部印发了《关于完善中等职业教育贫困家庭学生资助体系的若干意见》和《中等职业学校国家助学金管理办法》，要求各地财政安排相应的专项资金设立助学金，逐步建立奖学金制度，建立以学生参加生产实习为核心的助学制度，建立学费减免制度，建立助学贷款或延期支付学费制度，建立社会资助制度等。① 我国关于中等职业阶段的家庭经济困难学生助学体系逐步优化。

针对义务教育阶段，2001年国务院颁布《关于基础教育改革与发展的决定》，明确提出对贫困地区家庭经济困难的中小学生“采取减免杂费、书本费、寄宿费等办法，减轻家庭经济困难学生的负担”，搭建了“两免一补”政策的基本框架。2005年国务院发布《关于深化农村义务教育经费保障机制改革的通知》，规定到2007年全国农村义务教育学生全部免除学杂费，对贫困家庭学生免费提供教科书，补助贫困寄宿生生活费，标志着义务教育贫困学生资助制度基本建立。②

这一时期，我国在高等教育、职业教育、义务教育阶段中有关家庭经济困难学生的资助制度框架逐步优化，多元混合学生资助体系基本定型（见表8-3）。

---

① 薛瑞英，谢长法. 改革开放40年来我国中职学生资助政策的演变与展望［J］. 教育与职业，2018（17）：36-41.

② 袁连生，刘泽云. 我国义务教育贫困学生资助制度分析［J］. 北京师范大学学报（社会科学版），2007（5）：117-123.

表 8-3　家庭经济困难学生资助政策优化阶段的主要政策文件

序号	时间	文件名称	发文机构
1	1999年	《国家助学贷款管理操作规程（试行）》	教育部
2	2002年	《国家奖学金管理办法》	财政部、教育部
3	2005年	《关于切实做好2005年高等学校新生入学“绿色通道”工作的紧急通知》	教育部
4	2005年	《关于深化农村义务教育经费保障机制改革的通知》	国务院
5	2006年	《关于完善中等职业教育贫困家庭学生资助体系的若干意见》	财政部、教育部
6	2007年	《普通本科高校、高等职业学校国家助学金管理暂行办法》	财政部、教育部

四、家庭经济困难学生资助政策完善阶段

从2007年开始，我国关于家庭经济困难学生的资助体系进一步深化发展，该阶段主要政策文件见表8-4。为了进一步完善我国家庭经济困难学生资助制度，尤其是为解决对普通本科高校、高等职业学校和中等职业学校家庭经济困难学生资助面偏窄、资助标准偏低的问题，2007年5月国务院出台《关于建立健全普通本科高校、高等职业学校和中等职业学校家庭经济困难学生资助政策体系的意见》，明确提出要建立健全家庭经济困难学生资助体系，加大财政投入力度，落实各项助学政策，扩大受助学生比例，提高资助水平，从制度上基本解决家庭经济困难学生的就学问题。该政策力图建立完善的高校家庭经济困难学生资助体系，继续设立国家奖学金，并在此基础上增设国家励志奖学金，不断扩大国家助学金的资助范围，加大勤工助学岗位的拓展力度；在资本的来源上，除了加大政府投入力度以外，积极开拓社会资本、个人资本等

资助渠道，从而建立完善的以国家奖助学金、助学贷款、勤工助学、学费减免、免费师范生及绿色通道等多方式、多渠道的资助体系。①

表 8-4　家庭经济困难学生资助政策完善阶段的主要政策文件

序号	时间	文件名称	发文机构
1	2007年	《教育部直属师范大学师范生免费教育实施办法》	国务院办公厅
2	2007年	《关于建立健全普通本科高校、高等职业学校和中等职业学校家庭经济困难学生资助政策体系的意见》	国务院
3	2007年	《中等职业学校国家助学金管理暂行办法》	财政部、教育部
4	2007年	《普通本科高校、高等职业学校国家助学金管理暂行办法》	财政部、教育部
5	2008年	《关于做好免除城市义务教育阶段学生学杂费工作的通知》	国务院
6	2009年	《关于中等职业学校农村家庭经济困难学生和涉农专业学生免学费工作的意见》	财政部等四部门
7	2010年	《关于扩大中等职业学校免学费政策覆盖范围的通知》	财政部等四部门
8	2010年	《关于建立普通高中家庭经济困难学生国家资助制度的意见》	财政部、教育部
9	2010年	《关于印发普通高中国家助学金管理暂行办法的通知》	财政部、教育部
10	2011年	《关于建立学前教育资助制度的意见》	财政部、教育部
11	2012年	《关于全面推行普通高中学生资助卡 加强普通高中国家助学金发放监管工作的通知》	中国人民银行、财政部、教育部

① 杨亚星. 高校经济困难学生资助政策研究［D］. 上海：华东师范大学，2013.

续表

序号	时间	文件名称	发文机构
12	2012年	《关于做好扩大中等职业教育免学费政策范围进一步完善国家助学金制度有关工作通知》	财政部等四部门
13	2013年	《关于印发〈研究生国家助学金管理暂行办法〉的通知》	财政部、教育部
14	2015年	《关于进一步完善城乡义务教育经费保障机制的通知》	国务院
15	2015年	《关于打赢脱贫攻坚战的决定》	中共中央、国务院
16	2016年	《关于印发〈普通高中国家助学金管理办法〉的通知》	财政部、教育部
17	2016年	《教育脱贫攻坚"十三五"规划》	教育部等六部门

针对职业教育阶段，2009年，财政部、国家发展和改革委员会、教育部及人力资源和社会保障部四部门印发《关于中等职业学校农村家庭经济困难学生和涉农专业学生免学费工作的意见》，决定对公办中等职业学校全日制在校学生中农村家庭经济困难学生和涉农专业学生逐步免除学费。中等职业教育以国家助学金、免学费为主，以校内奖学金、工学结合、顶岗实习、减免学费为辅的资助政策体系基本形成。2010年《关于扩大中等职业学校免学费政策覆盖范围的通知》决定将中等职业学校城市家庭经济困难学生纳入免学费范围，在扩大受助范围、完善资助形式的同时，不断地完善资助的管理。① 2015年《中共中央国务院关于打赢脱贫攻坚战的决定》提出率先对建档立卡的中等职业学校学生免除学杂费。"免学杂费"政策开始成为中职学生资助政策的一部分。

① 刘红. 我国百年中等职业教育学生资助制度述评［J］. 职教论坛，2011（22）：85-96.

2016年《教育脱贫攻坚“十三五”规划》提出，各地要给予到经济较发达地区接受中等职业教育的贫困学生必要的住宿费、交通费等补助，帮助他们完成学业、实现就业。

在建立健全普通本科高校、高等职业学校和中等职业学校家庭经济困难学生资助政策体系的同时，国家也加大了对家庭经济困难中小学生的补助力度。2007年，继我国西部和中部试点地区义务教育阶段学生免交学杂费后，在中东部地区农村中小学生开始试行该政策。2008年，国家将城市义务教育阶段公办学校学生学杂费全部免除；对享受城市居民最低生活保障政策家庭的义务教育阶段学生，免费提供教科书；对家庭经济困难的寄宿学生补助生活费。至此，“两免一补”政策开始惠及全国广大城乡义务教育阶段的所有公办学校的贫困学生。2015年，《关于进一步完善城乡义务教育经费保障机制的通知》出台，规定“民办学校学生免除学杂费标准按照中央确定的生均公用经费基准定额执行”，开始将“两免一补”政策延伸至民办学校。

除了不断完善对高等教育、职业教育、义务教育阶段家庭经济困难学生的资助体系外，国家也开始关注普通高中阶段、学前教育阶段的学生资助问题。在此之前，国家对于普通高中阶段家庭经济困难学生的资助并没有十分明确的规定。从2007年开始，国家启动了中央专项彩票公益金教育助学项目，通过中国教育发展基金会组织实施，发放教育助学3亿元，主要用于资助30万名中西部地区普通高中家庭经济困难学生就学。① 为尽快缓解普通高中家庭经济困难学生的就学问题，2010年出台《关于建立普通高中家庭经济困难学生国家资助制度的意见》及

---

① 田健. 普通高中学生资助问题研究［D］. 上海：复旦大学，2010.

《关于印发普通高中国家助学金管理暂行办法的通知》，要求按照“加大财政投入、经费合理分担、政策导向明确、多元混合资助、各方责任清晰”的基本原则，建立以政府为主导、国家助学金为主体、学校减免学费等为补充、社会力量积极参与的普通高中家庭经济困难学生资助政策体系，从制度上基本解决普通高中家庭经济困难学生的就学问题。①

对于学前教育阶段的家庭经济困难学生资助问题，《国家中长期教育改革和发展规划纲要（2010—2020年）》明确提出，对家庭经济困难的幼儿入园给予补助。2011年《关于建立学前教育资助制度的意见》规定，按照“地方先行、中央补助”的原则，地方政府对经县级以上教育行政部门审批设立的普惠性幼儿园在园家庭经济困难儿童、孤儿和残疾儿童予以资助。幼儿园要从事业收入中提取3%—5%比例的资金，用于减免收费、提供特殊困难补助等，具体比例由各地自行确定；各地进一步建立和完善相关优惠政策措施，积极引导和鼓励企业、社会团体及个人等捐资，帮助家庭经济困难儿童、孤儿和残疾儿童接受普惠性学前教育。

关于家庭经济困难学生资助，我国已经形成了在学前教育阶段按照“地方先行、中央补助”的原则，建立并实施学前教育资助政策；在义务教育阶段实施“两免一补”政策；在中等职业教育阶段实施以免学费和国家助学金为主、学校和社会资助及顶岗实习等为补充的资助政策；在普通高中免除建档立卡等家庭经济困难学生学杂费、实施国家助学金政策；在高等教育及研究生教育阶段，实施“奖、助、贷、勤、补、

---

① 范晓婷，曲绍卫，纪效珲，周哲宇．我国普通高中学生资助政策执行效果评估——基于2014年全国38个省级单位的实证分析［J］．教育科学，2015（4）：69-74.

免”及入学“绿色通道”等资助方式，形成了从学前教育到高等教育，从公办学校到民办学校，从西部贫困地区到中东部地区，从农村地区到城镇地区，全覆盖、立体式的多元混合学生资助体系。

第二节　家庭经济困难学生资助的实践分析

一、家庭经济困难学生资助基本状况

（一）学生资助范围全覆盖，财政资金占主导地位

保障家庭经济困难学生顺利入学、完成学业，是促进教育公平的重要举措，是脱贫攻坚的重要手段，也是实现教育现代化的重要环节。我国家庭经济困难学生资助以财政资金投入为主导，资助总额、资助标准、资助规模均呈上升趋势。家庭经济困难学生资助逐步形成了以政府为主导、学校和社会积极参与的，覆盖学前教育至高等教育的学生资助政策体系，在学前教育阶段，按照“地方先行、中央补助”的原则，地方政府对经县级以上教育行政部门审批设立的普惠性幼儿园在园家庭经济困难儿童、孤儿和残疾儿童予以资助。在义务教育阶段，统一城乡“两免一补”政策，对城乡义务教育学生免除学杂费，免费提供教科书，为家庭经济困难的寄宿生补助生活费，为集中连片特殊困难等地区农村义务教育阶段学生提供营养膳食补助。在中等职业教育阶段，建立了以免学费、国家助学金为主，学校和社会资助及顶岗实习等为补充的资助政策体系。在普通高中教育阶段，建立了以国家助学金、建档立卡等家庭经济困难学生免学杂费、地方政府资助项目为主，学校和社会资助相结合的资助政策体系。在本专科教育阶段，建立了国家奖学金、国家励志奖学金、国家助学金、国家助学贷款、基层就业学费补偿贷款代偿、应征入伍国家资助、师范生公费教育、新生入学资助、退役士兵学费资助、勤工助学、校内奖助学金、困难补助、伙食补贴、学费减免及新生入学“绿色通道”等相结合的资助

政策体系。在研究生教育阶段，建立了研究生国家奖学金、国家助学金、学业奖学金、“三助”岗位津贴、国家助学贷款、基层就业学费补偿贷款代偿、应征入伍国家资助、校内奖助学金及新生入学“绿色通道”等相结合的资助政策体系。

随着资助体系的不断完善，财政资金投入不断增加，占据主导地位。数据显示，在2014年学生资助金中，财政投入共计989.43亿元，占当年资助总额的69.62%。其中，中央财政518.35亿元，占当年资助总额的36.47%；地方财政471.08亿元，占当年资助总额的33.15%；在2015年学生资助资金中，财政投入共计1 051.85亿元（不含免费教科书和营养膳食补助），占当年资助总额（不含免费教科书和营养膳食补助）的67.42%。其中，中央财政559.38亿元，占当年资助总额的35.85%；地方财政492.47亿元，占当年资助总额的31.56%。在2016年学生资助资金中，财政投入共计1 109.18亿元（不含免费教科书和营养膳食补助），占当年资助总额（不含免费教科书和营养膳食补助）的65.68%。其中，中央财政579.20亿元，占当年资助总额的34.30%；地方财政529.98亿元，占当年资助总额的31.38%。2017年学生资助资金中，财政投入共计1 210.62亿元（不含义务教育免除学杂费和免费教科书、营养膳食补助），占当年资助总额（不含义务教育免除学杂费和免费教科书、营养膳食补助）的64.32%。其中，中央财政616.39亿元，占当年资助资金总额的32.75%；地方财政594.22亿元，占当年资助资金总额的31.57%。在2018年学生资助资金中，财政投入共计1 290.08亿元（不含义务教育免除学杂费和免费教科书、营养膳食补助），占当年资助总额（不含义务教育免除学杂费和免费教科书、营养膳食补助）的63.15%。其中，中央财政675.43亿元，占当年资助资金总额的33.06%；地方财政614.65亿元，占当年资助资金总额的30.09%[①]（见表8-5）。

表8-5　2014—2018年家庭经济困难学生财政资助情况

年份	财政资助总额（亿元）	财政资助占资助总额比	中央财政资助总额（亿元）	中央财政资助占资助总额比	地方财政资助总额（亿元）	地方财政资助占资助总额比
2014	989.43	69.62%	518.35	36.47%	471.08	33.15%
2015	1 051.85	67.42%	559.38	35.85%	492.47	31.56%
2016	1 109.18	65.68%	579.2	34.30%	529.98	31.38%
2017	1 210.62	64.32%	616.39	32.75%	594.22	31.57%
2018	1 290.08	63.15%	675.43	33.06%	614.65	30.09%

2015年，学前教育财政资金投入51.74亿元，占学前教育资助总额的96.51%；义务教育寄宿生生活补助均为财政资金；中职教育财政资金投入267.08亿元，占中职教育资助总额的77.15%；普通高中财政资金投入128.37亿元，占普通高中资助总额的92.17%；普通高校财政投入431.45亿元，占普通高校资助总额的50.88%。2016年，学前教育财政资金投入66.20亿元，占学前教育资助总额的97.10%；义务教育寄宿生生活费补助均为财政资金；中职教育财政资金投入256.40亿元，占中职教育资助总额的77.20%；普通高中财政资金投入152.12亿元，占

① 此部分数据均来源于全国学生资助管理中心所发布的各年度学生资助发展报告，具体文献如下：《2014年中国学生资助发展报告》《2015年中国学生资助发展报告》《2016年中国学生资助发展报告》《2017年中国学生资助发展报告》《2018年中国学生资助发展报告》。

普通高中资助总额的90.82%；普通高校财政投入469.35亿元，占普通高校资助总额的49.10%。2017年，学前教育资助财政资金投入89.01亿元，占学前教育资助总额的95.50%；义务教育寄宿生生活费补助均为财政资金；中职教育资助财政资金投入257.48亿元，占中职教育资助总额的70.49%；普通高中资助财政资金投入176.19亿元，占普通高中资助总额的90.91%；普通高校资助财政投入508.83亿元，占普通高校资助总额的48.43%。2018年，学前教育资助财政资金投入108.47亿元，占学前教育资助总额的96.93%；义务教育寄宿生生活费补助均为财政资金；中职教育资助财政资金投入284.20亿元，占中职教育资助总额的71.06%；普通高中资助财政资金投入176.11亿元，占普通高中资助总额的92.79%；普通高校资助财政投入530.31亿元，占普通高校资助总额的46.10%（见表8-6）。

表8-6　2015—2018年家庭经济困难学生财政资助各级教育情况

类别	数额及占比	2015年	2016年	2017年	2018年
学前教育	财政资金投入（亿元）	51.74	66.2	89.01	108.47
	财政资金投入占资助总额比	96.51%	97.10%	95.50%	96.93%
义务教育	财政资金投入（亿元）	—	—	—	—
	财政资金投入占资助总额比	100%	100%	100%	100%
中职教育	财政资金投入（亿元）	267.08	256.4	257.48	284.2
	财政资金投入占资助总额比	77.15%	77.20%	70.49%	71.06%
普通高中	财政资金投入（亿元）	128.37	152.12	176.19	176.11
	财政资金投入占资助总额比	92.17%	90.82%	90.91%	92.79%

续表

类别	数额及占比	2015年	2016年	2017年	2018年
普通高校	财政资金投入（亿元）	431.45	469.35	508.83	530.31
	财政资金投入占资助总额比	50.88%	49.10%	48.43%	46.10%

（注：表中—表示缺少该数值。）

2015—2018年，除高等教育阶段财政资金投入占比平均略低于50%外，其他教育阶段财政资金投入占资助总额比的绝大部分，学前教育阶段平均高达96%，义务教育阶段为100%，中等职业教育阶段平均超过70%，普通高中平均达91%。

（二）学生资助资金投入不断增长、标准不断提高①

我国近年来对家庭经济困难学生资助资金的投入呈持续上涨的态势，数据显示，2014—2018年，全国资助学前教育（幼儿）、义务教育、中职学校、普通高中和普通高校学生累计金额分别为1 421.28亿元（不包括义务教育免费教科书、营养改善计划资助）、1 560.25亿元（不包括义务教育免费教科书、营养膳食补助）、1 688.76亿元（不包括义务教育免除学杂费和免费教科书、营养膳食补助）、1 882.14亿元（不包括义务教育免除学杂费和免费教科书、营养膳食补助）、2 042.95亿元（不包括义务教育免除学杂费和免费教科书、营养膳食补助），见图8-1。

① 此部分数据均来源于全国学生资助管理中心所发布的各年度学生资助发展报告，具体文献如下：《2014年中国学生资助发展报告》《2015年中国学生资助发展报告》《2016年中国学生资助发展报告》《2017年中国学生资助发展报告》《2018年中国学生资助发展报告》。

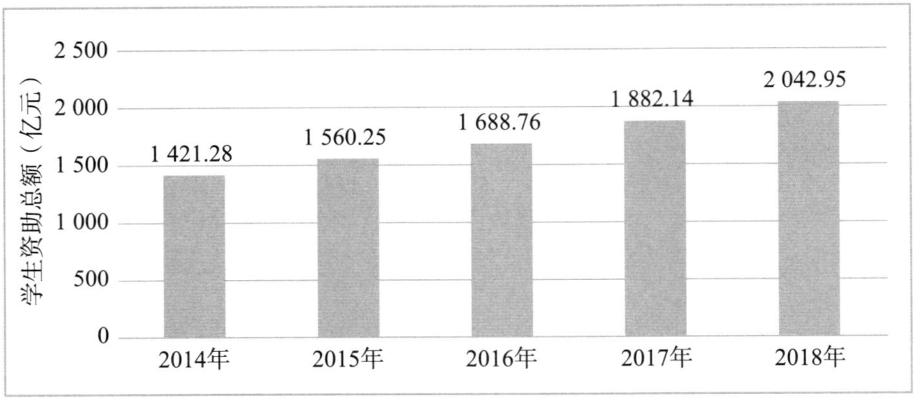

图8-1　2014—2018年学生资助总额

从学前教育至高等教育的各级教育阶段学生资助额数总体呈提高态势。数据显示，2014—2018年，学前教育阶段的资助金额分别为52.77亿元、53.61亿元、68.18亿元、93.20亿元、111.91亿元；义务教育寄宿生生活补助资助金额分别为173.64亿元、173.21亿元、165.11亿元、179.11亿元、190.99亿元；中职教育学生资助金额分别为362.89亿元、346.18亿元、332.13亿元、365.29亿元、399.96亿元；普通高中学生资助金额分别为115.12亿元、139.28亿元、167.50亿元、193.80亿元、189.79亿元；普通高校学生资助金额分别为716.86亿元、847.97亿元、955.84亿元、1 050.74亿元、1 150.30亿元，见图8-2。

我国学生资助标准不断提高。学前教育阶段，中央财政奖补资金从2012年的8亿元增长到2016年的15亿元；义务教育阶段，中西部农村义务教育阶段家庭经济困难寄宿生的生活费基本补助标准，从小学生每生每天2元、初中生每生每天3元，提高到小学生每生每天4元，初中生每生每天5元，年生均补助标准小学生达到1 000元、初中生1 250元。免费教科书补助标准，由小学每生每年70元、初中每生每年140元

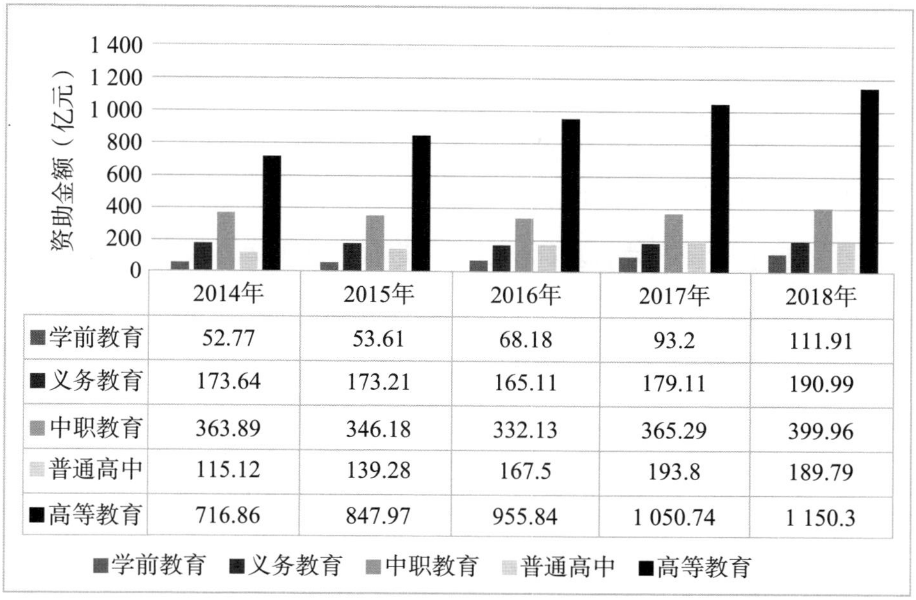

	2014年	2015年	2016年	2017年	2018年
学前教育	52.77	53.61	68.18	93.2	111.91
义务教育	173.64	173.21	165.11	179.11	190.99
中职教育	363.89	346.18	332.13	365.29	399.96
普通高中	115.12	139.28	167.5	193.8	189.79
高等教育	716.86	847.97	955.84	1 050.74	1 150.3

图8-2　2014—2018年各级教育阶段学生资助金额情况

分别提高到小学90元、初中180元。连片特困地区农村义务教育阶段学生营养膳食补助，标准为每生每天3元（全年按照学生在校时间200天计算），所需资金全部由中央财政承担；普通高中教育阶段，国家助学金平均资助标准由每生每年1 500元提高到每生每年2 000元，免除普通高中建档立卡家庭经济困难学生（含非建档立卡的家庭经济困难残疾学生、农村低保家庭学生、农村特困救助供养学生）学杂费；中职教育阶段，国家助学金资助标准由每生每年1 500元提高到每生每年2 000元，受助学生超过一、二年级比例90%。截至2016年年底，全国已有28个省份对戏曲类表演专业学生实行免除学费政策，22个省份实现中职学生全部免学费；高等教育阶段，本专科生国家助学金平均资助标准由每生每年2 000元提高到每生每年3 000元，地方高校博士研究生国家助学金标准由每人每年不低于1万元提高至每人每年不低于1.3万元，中央高校博士研究生国家助学金标准由每人每年1. 2万元提高至每人每年1.5万元。助学贷款方面，本专科生国家助学贷款最高标准限额由6 000元提高到8 000元，研究生国家助学贷款最高限额由6 000元提高到1.2万元。提高高校学生应征入伍义务兵役和中央部属高校毕业生赴基层单位就业学费补偿贷款标准，提高退役士兵考入高校的教育资助标准；学生勤工俭学的劳动报酬随当地政府或有关部门制定的最低工资标准不断调整。

（三）资助学生人数规模逐年扩大、学生满意度高①

数据统计显示，从2014—2018年，全国资助学前教育（幼儿）、义务教育、中职学校、普通高中和普通高校学生（不包括义务教育免费教科书、营养改善计划资助）人数不断增加，分别为8 543.78万人次、8 433.311万人次、9 126.14万人次、9 590.411万人次、9 801.48万人次，见图8-3。

其中，2015—2018年，资助学前教育幼儿分别为457.82万人次、619.36万人次、889.77万人次、951.57万人次；资助义务教育寄宿生分别为1 476.78万人次、1 563.83万人次、1 604.61万人次、1 499.58万人次；资助中职学校学生分别为1 567.01万人次、1 502.66万人次、1 509.92万人次、1 629.70万人次；资助普通高中学生分别为790.12万人次、1 158.47万人次、1 310.42万人次、1 332.74万人次；资助普通高校学生分别为4 141.58万人次、4 281.82万人次、4 275.69万人次、4 387.89

① 此部分数据均来源于全国学生资助管理中心所发布的各年度学生资助发展报告，具体文献如下：《2014年中国学生资助发展报告》《2015年中国学生资助发展报告》《2016年中国学生资助发展报告》《2017年中国学生资助发展报告》《2018年中国学生资助发展报告》。

万人次，见图8-4。

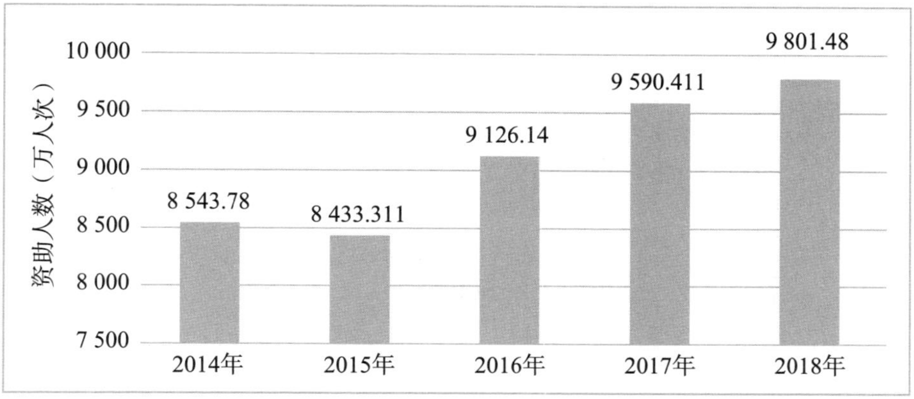

图8-3　2014—2018年学生资助人数

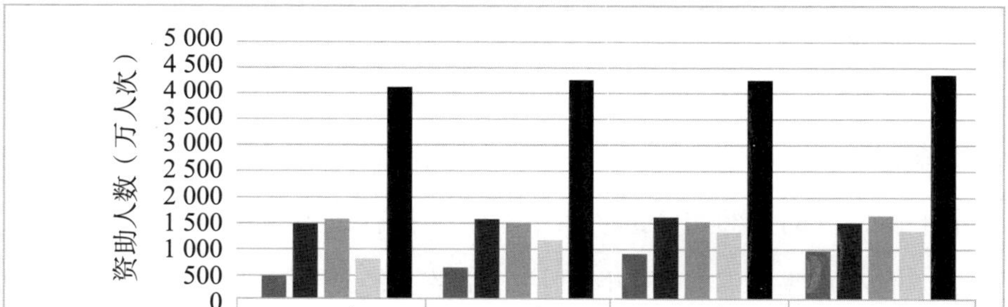

	2015年	2016年	2017年	2018年
学前教育	457.82	619.36	889.77	951.57
义务教育寄宿生	1 476.78	1 563.83	1 604.61	1 499.58
中职教育	1 567.01	1 502.66	1 509.92	1 629.7
普通高中	790.12	1 158.47	1 310.42	1 332.74
高等教育	4 141.58	4 281.82	4 275.69	4 387.89

图8-4　2015—2018年各类教育资助学生人数

学生对家庭经济困难学生资助呈现出较高的满意度。问卷数据显示，当被问及“您对目前家庭经济困难学生资助工作的满意度如何”时，学生对资助工作整体满意度普遍较高，有70.68%的学生对当前的学生资助工作表示“非常满意”或“满意”，仅有1.75%的学生对于资助工作表示不满意甚至非常不满意。[①]74.39%的家庭经济困难毕业生表示在学校获得的资助对自身成长成才起到了很大或较大的帮助作用。[②]多项研究数据显示，家庭经济困难学生资助政策在实施过程给学生带来了较好的主观认同感，学生的满意度较高。

二、家庭经济困难学生资助的新挑战

（一）家庭经济困难学生认定识别机制有待完善

家庭经济困难学生资助工作的执行过程中，首要的问题就是确认家庭经济困难学生及其资助的需求，科学准确地认定出家庭经济困难学生，将有限的资助资金最大限度地投放给贫困学生，提高资助资金的使用效益。[③]在我国社会信用体系还没有完全建立的大背景下，准确认定家庭经济困难学生确实存在诸多现实困难。我国各地区之间经济发展不平衡，资助金额与资助政策落实情况各有差异，对学生家庭情况的评定标准不一致，不能有效做到按需调整，使真正需要之人享受国家的利益。

政策规定参照本行政区域内各地城市居民最低生活保障标准，确定各地家庭经济困难学生认定标准，但我国各地区之间经济水平差异较大，在某些地区处于“温饱”水平的家庭对另一个地区来说可能就

---

① 宋晓东，黄婷婷．高等教育资助政策满意度及优化策略——基于北京高校经济困难学生的调查［J］．中国青年社会科学，2017（5）：86-92.

② 武立勋，胡象明．高校家庭经济困难学生资助政策实施效果研究——基于对北京部分高校本科毕业生的调查分析［J］．国家教育行政学院学报，2016（2）：72-78.

③ 刘晶，曲绍卫．高校贫困生资助政策的效果研究［J］．现代教育管理，2013（3）：74-77.

属于“贫困”水平。家庭经济困难学生认定的重要依据是由学生家庭所在地乡、镇或街道民政部门提供的家庭情况调查表及有关证明材料，证明的准确性和质量难以保证。由于一些材料造假，又缺少科学准确的评估，资助认定工作随意性较大，操作透明度不高。认定的“贫困生”不一定贫困，而真正贫困生则可能因缺失证明材料而失去受助的资格，资助的公平性、公正性难以保证。① 学校以年级或专业为单位组织评议学生资助，部分班级、学院没有组成认定民主评议小组，而只由班委、班主任、辅导员少数人确定资助对象，有些学生因为和辅导员、班主任、教师关系好而更容易获得资助；有的学校虽采取班级投票选举贫困生的方式，但由于选举过程中存在拉票现象，因此获得票数多的不一定是贫困生。

（二）家庭经济困难学生资金投入仍然存在缺口

资金既是资助政策的核心问题，也是资助充足性的重要体现。现有的资助政策体系中，资助资金以政府财政投入为主，投入资金占资助资金总额的90%以上。尽管财政投入逐年扩大，对学生资助额度平均每年递增10%以上，但是相比于整个家庭经济困难学生群体，该资金投入量仍旧不足。一是财政资助面临的压力会越来越大。随着我国经济发展进入新常态，经济上行压力加大，增速趋缓，这意味着财政收入增长也会变慢。特别对于地方政府，土地财政将会进一步弱化，中央和地方两级财政投入学生资助的资金压力加大。各级教育中，除高等教育财政资金投入占高等教育学生资助总额比略低于50%外，义务教育阶段的学生资助均为政府财政投入，学前教育、普通高中的占

① 牛磊磊.“大学生资助—自助”体系构建理念与路径的双重变革［J］.教育与职业，2015（22）：44-46.

比均在90%以上，中职教育的占比也在70%以上。如果以该投入增长速度持续进行，势必将对后续财政资助的投入产生巨大压力。二是家庭经济困难学生资助方式主要为国家奖学金、国家助学金、免学杂费等“奖、助、免”形式，而国家助学贷款、勤工助学、顶岗实习等“贷、助、勤”方式使用较少。这种资金使用模式存在两大隐患：一方面是学生更愿意争取不用通过劳动也没有还款压力的国家助学金、校内助学金，容易产生“争困不争优”的心理；另一方面是没有充分发挥助学贷款、勤工俭学、顶岗实习等的可持续作用，政府财政投入的压力难以缓解。全国教育总经费中非财政性经费投入比例由2005年38.7%，下降到2010年25%，直至2015年的19%，社会捐集资、民办学校举办者投入的比例均呈下降趋势。① 家庭经济困难学生资助主体较为单一，财政投入占绝大部分，社会力量参与比例较低，尚未形成学生资助资金来源的长效机制。

（三）家庭经济困难学生资助不平衡不充分问题

我国区域经济社会发展不平衡，东中西部、大中小城市及城市内部各阶层实际获得的教育资源与发展机会差异悬殊。各省、自治区、直辖市的经济发展水平不同，财力不均衡，对家庭经济困难学生资助力度差别很大。② 北京市2015年普通高等学校人均资助金额为17 138元，其“资助首位度”（首位城市与第二位城市的人均资助金额之比）为4.2。除北京市以外，其他省市的人均资助范围为1 136—4 092元，资助金额

① 王红. 教育规划纲要实施以来教育经费投入情况分析［J］. 教育经济评论，2016（1）：27-45.

② 洪柳. 我国高校贫困生资助体系的历史、问题与精准化路径［J］. 湖南师范大学教育科学学报，2018（5）：103-109.

区域性不均衡发展问题较为突出。[①]

不同学校之间的学生资助存在较为严重的不平衡现象。重点学校能够吸引更多的社会资助力量，获得更多的资助机会，有些学校甚至出现资源过剩的现象。社会力量助学出资者往往不熟悉所资助学校学生的实际状况，常根据学校的知名度与影响力进行资助。其所产生的结果是，重点院校所获得的社会资助金额高、来源多，学生勤工助学工作开展得较好，学生资助问题也解决得较好。普通地方院校特别是经济欠发达地区学校，家庭经济困难学生比较多，但学校获得的社会力量助学资金相对较少，不能有效满足家庭经济困难学生的资助需求。

尽管大部分学校根据不同学生的家庭经济困难程度将困难生分为二到三个困难等级，施以不同程度的资助。每一名家庭经济困难学生的致贫原因和家庭背景不同，就读所产生的学习成本、生活成本不同，使得被划分为统一困难等级的学生所需要的资助也不尽相同。[②]需求差异的多元化、个性化给学生资助工作带来了很大的难度，由于受到学校物力、财力、人力资源的限制，学生资助存在公平性问题。

（四）学生资助管理机构和队伍的建设有待加强

学生资助管理机构是落实学生资助政策的重要力量，但面临设置不合理、人员队伍素质有待提升等问题，逐渐成为制约学生资助政策执行的重要因素。一是职责与业务范围方面的问题。学生资助管理机构不仅要负责奖学金、助学金的评定与发放，还要负责助学贷款、勤工助学、

① 韩丽丽，李廷洲．改革开放40年我国高等教育资助体系的回顾与展望［J］．中国高教研究，2018（6）：29-36.

② 王娜．实现高校精准资助面临的问题及其解决路径［J］．思想理论教育，2018（7）：102-105.

绿色通道等方面的具体事宜，这对学生资助管理机构的职责和业务范围提出了新要求，也给职能部门（包括学校学生注册中心、财务处、教务处、后勤管理部门等）之间的分工与协作提出了新挑战。① 很多学校的家庭经济困难学生资助管理机构由学生工作处负责，大多数工作人员为兼职工作，无法做到全力以赴，影响学生资助的效果。二是资助工作人员队伍建设方面的问题。学校资助管理工作人员队伍主要由资助中心管理人员和院系辅导员、班主任、学生助理等组成，在人员队伍组成与专门素养方面存在明显的不足，资助管理的认识和能力存在较大问题。部分学生资助工作人员认为学生资助只是一些琐碎的“零活儿”，是简单的文书、管理工作，没有专业性，任何人都可以胜任。实际上，学生资助的开始、管理、评估的过程中如何体现公正、公平、公开原则，将好事办好，需要一批有丰富的学生工作经验和社会阅历的工作队伍，让学生资助工作不是简单地局限于对上级政策的执行，而是要让资助工作走向精细化、创新化。这就需要有专业化的工作人员。② 然而，当前许多学生资助工作人员并没有这样的意识，也没有接受过系统的培训以掌握相关的技能与素质。

① 姜娜．高校学生资助管理机构职能发挥中的问题与对策［D］．武汉：华中科技大学，2011.

② 母雁群．高职院校困难学生资助的问题与对策［D］．济南：山东大学，2015.

第三节　家庭经济困难学生资助的路径分析

《中国教育现代化2035》提出，实现困难群体帮扶精准化，健全家庭经济困难学生资助体系，推进教育精准脱贫。为进一步健全家庭经济困难学生资助体系，在现有基础上，我国家庭经济困难学生资助需要完善家庭经济困难学生认定标准，建立健全家庭经济困难学生精准化追踪认定机制；构建专门的学生资助管理机构，提高工作人员队伍素质；强化学生资助的监管力度；扩大资金来源渠道，积极引导社会力量参与学生资助；强化价值观教育，将物质扶贫与精神引导、技能增强相结合等，确实保证学生资助的精准度，为促进教育公平奠定基础。

一、科学设计贫困生识别系统，完善认定标准

家庭经济困难学生认定是资助的前提，精准识别是实现精准资助的基础。认定精准能够让贫困学生真正、及时地得到帮助，促进社会的公平与正义；认定不精准，则会使贫困学生得不到有效的帮助，造成有限资助资源的浪费，加剧教育的不公平。建立科学化的贫困生识别系统，确保资助对象的精准度，是学生资助中极为重要的问题。

（一）建档立卡，实现家庭经济困难学生资助系统化管理

对家庭经济困难学生进行系统化管理，建档立卡是做好精准认定的重要举措。以县为单位、规模控制、分级负责、精准识别、动态管理，对每个经济困难家庭、学生建档立卡，建设全国贫困家庭信息网络系统。学校在学生资助中利用该系统内的学生生源信息作为资助对象认定的重要依据。

（二）运用信息技术手段，提高学生资助的效率和准确度

利用“互联网+”的优势，以互联网为基础进行信息化管理，运用科学技术手段，提高学生资助的效率和准确度。学校通过互联网及时收集学生在校消费信息，建立家庭经济困难学生指标体系，具体内容包括家庭经济条件指标（包括经济收入、家庭结构、家庭变故等）、学生生活消费行为指标（包括食堂消费、超市消费、电子产品消费等），以学校为主体，以生源地居委会、村委会为辅助，以银行征信系统和大数据为支撑，构建经济困难家庭识别模型，确保对家庭经济困难学生的精准识别、精准帮扶。①

（三）整合资助资源，提高资助针对性、有效性、个性化

根据学生家庭经济个体差异和贫困认定等级，结合学业、技能与品行表现，精准确定与其相符的资助类型和款项额度。②在奖学金的评定上综合考虑学生的学业成绩、学生工作、社会实践、公益活动参与、勤工助学等情况，实现不同专业、不同年级的可比性；在助学金上侧重于考虑学生的家庭经济情况，资助额度根据困难程度的不同等级进行发放。根据学生求学的不同阶段，对入学、就业及突发事件的发生等给予相应的补助，将资助贯穿家庭经济困难学生求学的始终，保障困难学生及时得到帮助。

---

① 秦福利. 对我国现行大学生资助政策的审视和反思［J］. 黑龙江高教研究，2018（2）：71-75.

② 韩丽丽，李廷洲. 改革开放40年我国高等教育资助体系的回顾与展望［J］. 中国高教研究，2018（6）：29-36.

二、加强学生资助的监督，健全追踪认定机制

学生资助是关乎万千家庭经济困难学生及其家庭的民生工程，在资金管理、发放过程中要加大监督力度，谨防资助资金发放不及时、资金管理不规范等问题，确保每一笔资助资金都用到家庭经济困难学生身上，及时发现资助资金使用过程中出现的违法违规问题，强化资助政策执行效果反馈的精准度。

（一）完善学生资助的公示与投诉机制

完善家庭经济困难学生资格公示制度，多渠道多方式、线上线下相结合进行公示，降低学生资助暗箱操作的可能性，保证学生资助机会的公开透明。建立便捷的投诉机制，确保学生在提出质疑后有渠道有途径进行投诉。学生对资助结果有异议，可以在公示期间向学校职能部门提出意见。对于在评审过程中的投诉，应有纪律检查部门的参与，避免偏听偏信，认真听取各方意见，调查实际情况，做好处理工作，提升家庭经济困难学生资助的公信力。

（二）健全学生资助事宜监管公开机制

学生资助部门应主动公开学生资助任务、资金使用、名额分配、监督方式等详细信息，自觉接受学生、家长、教师等的监督。定期或不定期组织开展学生资助专项检查，重点解决学生资助规章制度不健全、管理不严格等问题。通过问卷、调查、座谈等方式，建立制度化的学生资助后调查机制，根据调查结果及时改进完善有关。建立家庭经济困难学生身份造假惩戒机制，将已经发放的资助金追回，对假冒者进行处分，甚至追究法律责任；对职能部门资助资金使用中出现的违规违法问题依法进行严肃查处，情节严重者予以刑事处罚。

三、丰富资助资金的来源渠道，提高资助标准

建立健全家庭经济困难学生资助资金保障制度，除按照建立公共财政体制的要求，大幅度增加财政投入外，应充分调动社会各界的积极性，激发社会各界对教育事业的责任心和使命感，多渠道筹措学生资助经费，促进资助主体多元化。

（一）动员社会力量参与学生资助，给予相应政策优惠

动员社会各界参与学生资助，给予社会资助人士和机构相应的政策激励。一方面，国家利用新媒体、网络等渠道形成良好的舆论导向，引导社会关注家庭经济困难学生，对参与学生资助产生荣誉感、责任感和使命感。学校利用其知名度和影响力吸引社会资助，激发校友投入学校学生资助的热情，营造良好的资助氛围。另一方面，完善社会捐资助学政策，资助者有权决定资助形式、对象、范围，受资助机构及时向资助者反馈学生资助效果。对参与捐资助学的机构和个人加强宣传，扩大助学事业在社会上的影响，提高其知名度，从而产生双重效应。①

（二）建立捐资助学管理的专业化机构，加强统筹管理

建立专门的社会力量捐资助学管理机构，提高其专业化水平和管理标准，定期向社会、捐资助学者发布捐资助学情况报告；统筹管理社会各界的捐资助学资金，在尊重资助者意愿的基础上，科学合理地分配捐资助学资金；切实加强对社会捐资助学活动的引导和管理，提高社会捐资助学投入资金支持的精准度和公信力。

---

① 范先佐．我国学生资助制度的回顾与反思［J］．华中师范大学学报（人文社会科学版），2010（6）：123-132.

四、加强学生资助管理机构和人员专业化建设

学生资助政策的顺利执行，一方面要建立健全学生资助管理机构，另一方面要提升学生资助管理人员的素养，科学高效地将家庭经济困难学生的资助政策落实到资助对象、落实到学生的成长发展之中，提高学生资助的效率、效益。

（一）加强组织建设，建立健全学生资助管理机构

学生资助管理机构建设应当上升到学校层面，成为独立运行的部门，具备专门的办公地点、设备及必要的经费等，专门负责家庭经济困难学生资助事务。明确学生资助管理机构的主要职能，包括精准宣传国家、地方、学校家庭经济困难学生资助政策，建立精准识别家庭经济困难学生的指标体系，建立家庭经济困难学生资助动态管理信息系统，提供家庭经济困难学生有偿资助平台等。由学生资助管理机构协调学生资助有关职能部门之间的关系，以学生资助管理机构为主导，统筹协调、责权明确，形成科学化的学生资助管理体系。

（二）加强能力建设，提升学生资助管理人员素养

建立专业化的家庭经济困难学生资助管理人员队伍，既是深化学生资助政策改革的必然趋势，也是提高学生资助质量、维护教育公平、实现教育现代化的必然要求。为此，学校应加强专职家庭经济困难学生资助管理人员队伍建设，打造专业素质过硬的管理团队。一是提高家庭经济困难学生资助管理人员的理论水平。引导其钻研有关理论，把理论转化为实践，在实践中提高管理水平，满足资助学生的多样化需求。二是加强家庭经济困难学生资助管理人员的业务培训，加强学校间、区域间的交流和联系，加强对学生自主管理队伍、学生社团培育指导。三是加

强家庭经济困难学生资助管理人员的考核，树立模范典型，建立激励机制，充分发挥示范、引导作用。四是通过系列实践模拟活动，以亲身体验方式推动家庭经济困难学生资助管理人员提高专业化水平。

第九章　激发教育培育脱贫的内生动力

教育作为脱贫的基本途径与能动力量，在反贫困中发挥着非常重要的作用。脱贫的关键是贫困人口能力的提升，不仅是生计能力，更重要的是发展能力、适应经济社会发展等综合素质和能力的全面提升。教育脱贫就是通过扶志、扶智、扶技，发挥教育在扶贫开发中的关键性作用，解决人的素质先脱贫，通过激发贫困主体的内生动力，转变贫困人群的“等靠要”观念，产生内生动力。党的十八大以来，以习近平同志为核心的党中央针对扶贫脱贫工作做了系列阐述，习近平同志多次明确教育脱贫在阻断贫困代际传递中的作用，他指出：“越穷的地方越难办教育，但越穷的地方越需要办教育，越不办教育就越穷。”①“把贫困地区的孩子培养出来，才是根本的扶贫之策。”②“扶贫必扶智，让贫困地区的孩子们接受良好教育，是扶贫开发的重要任务，也是阻断贫困代际传递的重要途径。”③通过提升劳动者的综合素质，促进贫困人口掌握脱贫致富本领，④通过教育扶贫，发挥教育为社会发展服务的长久有效作用，培养更多能脱贫致富的知识型劳动者，实现贫困地区真正脱贫不返

---

① 习近平．摆脱贫困［M］．福州：福建人民出版社．1992：129.

② 习近平论扶贫工作——十八大以来重要论述摘编［J］．党建，2015（12）：5-7，13.

③ 让贫困地区的孩子们接受良好教育，是扶贫开发的重要任务［EB/OL］．（2015-09-10）．http://www.cpad.gov.cn/art/2015/09/10/art_624_24133.html.

④ 王嘉毅，封清云，张金．教育与精准扶贫精准脱贫［J］．教育研究，2016（7）：12-21.

贫。[①]教育精准脱贫是我国脱贫战略的重要组成部分，是阻断贫困代际传递的治本之策与基本方式。“要推进教育精准脱贫，重点帮助贫困人口子女接受教育，阻断贫困代际传递，让每个孩子都对自己有信心、对未来有希望。”[②]

第一节　教育脱贫的政策分析

改革开放以来，尤其是党的十八大以来，关于教育脱贫的政策文件共100多份。政策主题分别关于教育脱贫的帮扶群体，教育脱贫的经费分配，教育脱贫的管理体制，教育脱贫的方式方法等，形成了全面覆盖、结构完整、相互支撑、意蕴丰富的教育脱贫政策体系。

一、教育脱贫政策的探索阶段

改革开放以来首个与教育脱贫有关的政策文件是1985年中共中央发布的《关于教育体制改革的决定》，它标志着教育体系的系统变革。同年，我国成立了国务院贫困地区经济开发领导小组，1993年更名为国务院扶贫开发领导小组，建立了反贫困的组织机构，明确了其功能职责，以保证脱贫政策的实施。[③]该阶段，国家共颁布7份与教育脱贫相关的政策文件，1994年国务院《关于印发国家八七扶贫攻坚计划的通

---

① 习近平. 摆脱贫困［M］. 福州：福建人民出版社. 2016：130.

② 让每个孩子都对自己有信心［EB/OL］.（2016-09-10）. http://news.ifeng.com/a/20160910/49946595_0.shtml.

③ 薛二勇，周秀平. 中国教育脱贫的政策设计与制度创新［J］. 教育研究，2017（12）：29-37.

知》97次提及扶贫，9次提及脱贫，11次提及教育，其中，9次与教育脱贫内容和教育阶段相关。脱贫内容重点关注贫困地区农村教育改革、贫困县燎原计划、普及初等教育、农村青壮年扫盲、加强成人教育和职业教育等。《关于教育体制改革的决定》《中国教育改革和发展纲要》《面向21世纪教育振兴行动计划》等重点瞄准基础教育普及，尚未触及质量以及不同阶段教育脱贫的模式设计。《关于东西部地区学校对口支援工作的指导意见》提出，在有限数量和范围内建立东部对西部包括硬软件的一对一帮扶方式，具有“试点”意义，一定程度上体现了政策的创新性。1978—2000年，教育脱贫政策数量偏少，类型相对单一，处于教育脱贫政策的初步构建时期（见表9-1）。

表9-1　教育脱贫政策探索阶段的主要政策文件

序号	时间	文件名称	发文机构
1	1985年	《关于教育体制改革的决定》	中共中央
2	1993年	《中国教育改革和发展纲要》	中共中央、国务院
3	1994年	《关于印发〈国家八七扶贫攻坚计划〉的通知》	国务院
4	1994年	《关于〈中国教育改革和发展纲要〉的实施意见》	国务院
5	1998年	《面向21世纪教育振兴行动计划》	教育部
6	1999年	《关于深化教育改革　全面推进素质教育的决定》	中共中央、国务院
7	2000年	《关于东西部地区学校对口支援工作的指导意见》	教育部等六部门

二、教育脱贫政策的调整阶段

2001—2010年，教育脱贫有关的政策文件数量猛增，重要政策文件共有30份（见表9-2），数量较1978—2020年大量增加。其中，13份政策文件为多部门联合制定发布，国家逐步重视多部门参与的教育脱贫协同与联动机制建设；12份政策文件直接关注义务阶段的教育脱贫，从管理体制、师资、经费等角度加强和推进义务教育。其中，2010年出台的《关于当前发展学前教育的若干意见》，是首个涉及学前教育脱贫的政策文件。教育脱贫政策工具中更加频繁地使用政府奖补，教育资助对象从义务教育扩展到学前、高中和高等教育阶段，资助范围从学费、课本费扩展到杂费、生活费，体现了这一阶段政策的广覆盖理念。《中国农村扶贫开发纲要（2001—2010年）》是这一时期的重要政策，明确规定，群众的综合素质特别是科技文化素质的提高是增加贫困人口经济收入的重要措施，也是促进贫困地区脱贫致富的根本途径，要重视科技文化素质培训作用；普遍提高贫困人口受教育的程度；农科教结合，统筹普通、职业、成人教育，针对性地对农民进行各类职业技术学校和短期培训，增强他们运用先进适用技术的能力；确保贫困地区实现义务教育，提高适龄儿童入学率。该阶段颁布的教育脱贫有关政策文件数量和类型逐步丰富，处于教育脱贫政策的调整时期。

表 9-2　教育脱贫政策调整阶段的主要政策文件

序号	时间	文件名称	发文机构
1	2001年	《关于基础教育改革与发展的决定》	国务院
2	2001年	《中国农村扶贫开发纲要（2001—2010年）》	国务院
3	2001年	《关于对全国部分贫困地区农村中小学生试行免费提供教科书的意见》	教育部、财政部
4	2001年	《关于落实和完善中小学贫困学生助学金制度的通知》	教育部、财政部、国务院扶贫开发领导小组办公室
5	2002年	《关于完善农村义务教育管理体制的通知》	国务院办公厅

续表

序号	时间	文件名称	发文机构
6	2002年	《关于大力推进职业教育改革与发展的决定》	国务院
7	2002年	《关于进一步加强农村成人教育的若干意见》	教育部
8	2003年	《关于进一步加强农村教育工作的决定》	国务院
9	2003年	《办公厅转发教育部等部门关于开展经常性助学活动意见的通知》	国务院办公厅
10	2003年	《农村中小学现代远程教育工程试点工作方案》	教育部、国家发展和改革委员会、财政部
11	2004年	《国家西部地区“两基”攻坚计划（2004—2007年）》	教育部等四部门
12	2004年	《关于进一步加强农村地区“两基”巩固提高工作的意见》	教育部、财政部
13	2004年	《关于切实解决高校贫困家庭学生困难问题的通知》	国务院办公厅
14	2005年	《关于加快国家扶贫开发工作重点县“两免一补”实施步伐有关工作的意见》	国务院办公厅
15	2005年	《关于实施农村实用技术培训计划的意见》	教育部
16	2005年	《关于大力发展职业教育的决定》	国务院
17	2005年	《关于深化农村义务教育经费保障机制改革的通知》	国务院
18	2006年	《关于解决农民工问题的若干意见》	国务院
19	2006年	《关于大力推进城镇教师支援农村教育工作的意见》	教育部
20	2006年	《关于实施农村义务教育阶段学校教师特设岗位计划的通知》	教育部等四部门
21	2007年	《关于建立健全普通本科高校、高等职业学校和中等职业学校家庭经济困难学生资助政策体系的意见》	国务院

续表

序号	时间	文件名称	发文机构
22	2007年	《关于调整完善农村义务教育经费保障机制改革有关政策的通知》	财政部、教育部
23	2008年	《关于大力开展生源地信用助学贷款的通知》	财政部、教育部、银监会
24	2008年	《关于中等职业学校面向返乡农民工开展职业教育培训工作的紧急通知》	教育部办公厅
25	2009年	《关于实施特别职业培训计划的通知》	人力资源和社会保障部、国家发展和改革委员会、财政部
26	2009年	《关于实施"农村义务教育阶段学校教师特设岗位计划"的通知》	教育部等四部门
27	2010年	《关于做好农村妇女职业教育和技能培训工作的意见》	教育部、全国妇联
28	2010年	《国家中长期教育改革和发展规划纲要（2010—2020年）》	中共中央、国务院
29	2010年	《关于建立普通高中家庭经济困难学生国家资助制度的意见》	财政部、教育部
30	2010年	《关于当前发展学前教育的若干意见》	国务院

三、教育脱贫政策的优化阶段

2011—2014年，国家与相关部门发布的与教育脱贫有关的政策文件为25份，从数量上看，较上一阶段有所减少，但由于这一阶段时间较短，其发文频率仍高于上一时期，年均发布6.25份（见表9-3）。教育脱贫在国家扶贫、减贫、脱贫攻坚中的地位和作用前所未有。国家公共财政对教育投入的力度更大，在薄弱学校管理、乡村教师能力建设力度显著提升，教育脱贫的领域进一步拓展到特殊教育，覆盖了教育所有阶段和类型。从脱贫的对象看，《农村残疾人扶贫开发纲要（2011—2020年）》进一步关注农村残疾人群体，《中国妇女发展纲要（2011—2020年）》和《中国儿童发展纲要（2011—2020年）》首次明确了针对儿童群体的帮扶；从帮扶力量看，《关于实施农村校长助力工程的通知》提出要实施农村校长助力工程，《关于进一步动员社会各方面力量参与扶贫开发的意见》号召社会力量深度参与；从脱贫内容看，《农村义务教育学生营养改善计划实施细则》等配套文件的通知更加关注贫困学生的营养和健康状况；从脱贫的思路看，《建立精准扶贫工作机制实施方案》已经初步涉及"精准"。

该阶段的政策文件中，2011年《中国农村扶贫开发纲要（2011—2020年）》、2013年《关于实施教育扶贫工程意见的通知》是这一时期的代表。《中国农村扶贫开发纲要（2011—2020年）》明确到2020年，基本普及学前教育，义务教育水平进一步提高，普及高中阶段教育，加快发展远程继续教育和社区教育。其中提及教育21次，16次从脱贫角度、5次从扶贫角度关注能力建设，包括中等职业教育质量提升、组织志愿者参与，领导干部、公务员培训，面向各级各类学生开展脱贫国情教育等。国务院办公厅转发的教育部等部门《关于实施教育扶贫工程意见的通知》较为完整地展现了教育脱贫的内容，提及扶贫57次，脱贫3次，教育131次。该文件与国家此前的政策文件一脉相承，提出要落实中央扶贫开发工作会议要求和《中国农村扶贫开发纲要（2011—2020年）》《国家中长期教育改革和发展规划纲要（2010—2020年）》的战略部署，充分发挥教育在扶贫开发中的作用，培养各级各类人才，促进集中连片特殊困难地区从根本上摆脱贫困。从具体内容看，该文件已经初步呈现针对不同群体分别施策的思想，指出要充分发挥教育对促进片区人民群众脱贫致富的作用，从基础教育与职业教育入手，提升高等教育质量，提升教育资助与信息化程度，明确教育脱贫的具体支持策略与措施。该阶段密集出台的教育脱贫政策，进一步向纵深方向发展，是对前一阶段的丰富和完善，处于教育脱贫政策的优化阶段。

表 9-3　教育脱贫政策优化阶段的主要政策文件

序号	时间	文件名称	发文机构
1	2011年	《关于印发〈中国妇女发展纲要〉和〈中国儿童发展纲要〉的通知》	国务院
2	2011年	《关于建立学前教育资助制度的意见》	财政部、教育部
3	2011年	《中国农村扶贫开发纲要（2011—2020年）》	中共中央、国务院
4	2012年	《关于印发〈农村残疾人扶贫开发纲要（2011—2020年）〉的通知》	国务院办公厅
5	2012年	《关于实施面向贫困地区定向招生专项计划的通知》	教育部等六部门
6	2012年	《农村义务教育学生营养改善计划实施细则》	教育部等十五部门
7	2012年	《关于印发国家基本公共服务体系“十二五”规划的通知》	国务院
8	2012年	《关于深入推进义务教育均衡发展的意见》	国务院
9	2012年	《关于扩大中等职业教育免学费政策范围　进一步完善国家助学金制度的意见》	财政部等五部门
10	2012年	《边远贫困地区、边疆民族地区和革命老区人才支持计划教师专项计划实施方案》	教育部等五部门
11	2012年	《关于加快发展现代农业进一步增强农村发展活力的若干意见》	中共中央、国务院

续表

序号	时间	文件名称	发文机构
12	2013年	《关于实施教育扶贫工程意见的通知》	国务院办公厅（转发）
13	2013年	《关于实施农村校长助力工程的通知》	教育部教师工作司
14	2013年	《关于创新机制扎实推进农村扶贫开发工作的意见》	中共中央办公厅、国务院办公厅
15	2013年	《关于全面改善贫困地区义务教育薄弱学校基本办学条件的意见》	教育部、国家发展和改革委员会、财政部
16	2014年	《关于转发教育部等部门特殊教育提升计划（2014—2016年）的通知》	国务院办公厅（转发）
17	2014年	《关于全面深化农村改革加快推进农业现代化的若干意见》	中共中央、国务院
18	2013年	《关于创新机制扎实推进农村扶贫开发工作的意见》	中共中央办公厅、国务院办公厅
19	2014年	《关于全面做好扶贫开发金融服务工作的指导意见》	中国人民银行等七部门
20	2014年	《关于制定全面改善贫困地区义务教育薄弱学校基本办学条件实施方案的通知》	教育部办公厅等四部门
21	2014年	《关于加快发展现代职业教育的决定》	国务院
22	2014年	《建立精准扶贫工作机制实施方案》	国务院扶贫办等七部门
23	2014年	《关于印发全面改善贫困地区义务教育薄弱学校基本办学条件底线要求的通知》	教育部办公厅
24	2014年	《关于进一步动员社会各方面力量参与扶贫开发的意见》	国务院办公厅
25	2014年	《关于印发国家贫困地区儿童发展规划（2014—2020年）的通知》	国务院办公厅

四、教育脱贫政策的完善阶段

教育脱贫进入攻坚期后，脱贫的主要关注对象是特殊地区、特殊群体，其所处的地区条件差、贫困程度深。此阶段共颁布37份与教育脱贫相关的政策文件（见表9-4）。从政策内涵看，该阶段政策参与主体丰富、涉及面广泛、突出“精准”。教育精准脱贫是教育脱贫的内在要求与精髓。更精细的扶贫方式本质上反映的是国家扶贫、脱贫政策面对当前新的农村贫困状况的动态调整，从主要依赖经济增长的“涓滴效应”到更加注重“靶向性”对目标人群直接加以扶贫干预。①2015年中共中央、国务院《关于打赢脱贫攻坚战的决定》，2016年《“十三五”脱贫攻坚规划》《教育脱贫攻坚“十三五”规划》是这个时期的重要代表性政策文件。

中共中央、国务院《关于打赢脱贫攻坚战的决定》明确规定要激发内生动力，创新扶贫开发模式，由“输血”向“造血”转变，加快实施教育脱贫，让贫困家庭子女接受公平有质量的教育，阻断贫困代际传递。该决定将教育脱贫置于中国反贫困事业的战略新高度，发展教育脱贫与其他脱贫一起构成“五个一批”工程。将教育作为脱贫的目标、内容和领域，并通过政策倾斜、增加投入、调整结构等方式手段实现减贫、缓贫与脱贫。②教育作为脱贫的手段、内容和目标被纳入了国家反贫困顶层制度。③《“十三五”脱贫攻坚规划》有专章强调教育脱贫内

---

① 左停，杨雨鑫，钟玲. 精准扶贫：技术靶向、理论解析和现实挑战［J］. 贵州社会科学，2015（8）：156-162.

② 刘军豪，许锋华. 教育扶贫：从“扶教育之贫”到“依靠教育扶贫”［J］. 中国人民大学教育学刊，2016（2）：44-53.

③ 薛二勇，周秀平. 中国教育脱贫的政策设计与制度创新［J］. 教育研究，2017（12）：29-37.

容，明确教育脱贫的量化指标和时间要求，提高贫困人口基本文化素质和贫困家庭劳动力技能，瞄准教育最薄弱领域，阻断贫困代际传递。同年印发的《教育脱贫攻坚“十三五”规划》指出要采取超常规政策举措，精确瞄准教育最薄弱领域和最贫困群体，实现“人人有学上、个个有技能、家家有希望、县县有帮扶”。教育脱贫的抓手主要为学生与教师两个群体，支持贫困学生，保障其入学机会，推进“两免一补”政策的落实，采取系列措施对建档立卡贫困家庭学生顺利完成义务教育提供系统支持；建设高素养教师队伍，科学补充教师、强化专业技能和改善生活条件，建立省级统筹乡村教师补充机制，依托师范院校开展“一专多能”乡村教师培养培训，落实集中连片特困地区乡村教师生活补助政策，推进边远艰苦地区农村学校教师周转宿舍建设。通过人力、物力、财力的多方援助，使贫困人口获得同等教育机会，通过教育破解代际贫困传递的问题。在教育脱贫方式选择上，《“互联网+”现代农业三年行动实施方案》从现代化、信息化的角度提供了新的教育脱贫手段，精准的为特定群体提供可能、有效的在线教育培训、移动互联服务，开展远程教育。《贫困残疾人脱贫攻坚行动计划（2016—2020年）》针对“成年人”群体的教育脱贫政策，依据贫困残疾人的年龄结构，依托项目，细化政策目标，对15—50岁有意愿的贫困残疾人文盲开展扫盲工作，提高他们学习文化技能和参加生产劳动的能力。

2017年，教育部、国务院扶贫办印发《职业教育东西协作行动计划（2016—2020年）》，明确指出以职业教育和培训为重点，以就业脱贫为导向，以职教促产业，以产业助脱贫，瞄准建档立卡贫困人口精准发力。2018年，教育部、国务院扶贫办印发的《深度贫困地区教育脱贫攻坚实施方案（2018—2020年）》指出，进一步聚焦深度贫困地区教育扶贫，确保其如期完成“发展教育脱贫一批”任务，将“三区三州”教育脱贫攻坚全部纳入工作台账，对义务、学前、高中（包括中职）职业等不同学段教育进行持续投入，加强乡村教师队伍建设，采取超常规举措，推动教育新增资金、新增项目、新增举措向“三区三州”倾斜，全面瞄准“三区三州”的教育发展，将教育脱贫支持力度提升到新高度。工业和信息化部印发的《关于推进网络扶贫的实施方案（2018—2020年）》指出，引导企业结合自身优势，搭建并推广扶贫信息管理平台，实现扶贫措施、脱贫跟踪更加精准到位，用数据支撑脱贫，助力教育精准脱贫政策落实，配合教育部门加强远程教育应用推广，推动优质教育资源在贫困地区的共享。2018年，《深度贫困地区教育脱贫攻坚实施方案（2018—2020年）》明确提出显著提升“三区三州”等深度贫困地区教育总体发展水平，实现建档立卡贫困人口教育基本公共服务全覆盖，保障各教育阶段建档立卡学生从入学到毕业的全程、全部资助，不让一个学生因家庭经济困难而失学，使更多建档立卡贫困学生接受更好更高层次教育，都有机会通过职业教育、高等教育或职业培训实现家庭脱贫。国家高度重视教育作为解决贫困问题的作用，将其作为阻断代际贫困最为有效的方式纳入脱贫攻坚战略。该阶段从全面覆盖和精准施策的角度颁布了系列政策，为打赢脱贫攻坚战，解决相对贫困问题，阻断代际贫困奠定了坚实基础。

表 9-4 教育脱贫政策完善阶段的主要政策文件

序号	时间	文件名称	发文机构
1	2015年	《关于加大改革创新力度加快农业现代化建设的若干意见》	中共中央、国务院
2	2015年	《乡村教师支持计划（2015—2020年）》	国务院办公厅

续表

序号	时间	文件名称	发文机构
3	2015年	《关于加快发展民族教育的决定》	国务院
4	2015年	《关于制定国民经济和社会发展第十三个五年规划的建议》	中共中央
5	2015年	《关于进一步完善城乡义务教育经费保障机制的通知》	国务院
6	2015年	《关于打赢脱贫攻坚战的决定》	中共中央、国务院
7	2015年	《关于在脱贫攻坚战中开展“巾帼脱贫行动”的意见》	全国妇联
8	2015年	《关于支持黔西南“星火计划、科技扶贫”实验区建设的意见》	国家民委
9	2015年	《关于落实发展新理念加快农业现代化实现全面小康目标的若干意见》	中共中央、国务院
10	2016年	《关于推进“万企帮万村”精准扶贫行动的实施意见》	中华全国工商业联合会、国务院扶贫开发领导小组办公室、中国光彩事业促进会
11	2016年	《关于加大脱贫攻坚力度支持革命老区开发建设的指导意见》	中共中央办公厅、国务院办公厅
12	2016年	《国务院关于进一步健全特困人员救助供养制度的意见》	国务院
13	2016年	《关于切实做好水库移民脱贫攻坚工作的指导意见》	国家发展和改革委员会等四部门
14	2016年	《“互联网+”现代农业三年行动实施方案》	农业部等八部门
15	2016年	《“十三五”全国农业农村信息化发展规划》	农业部
16	2016年	《加快实施网络扶贫行动》	中央网信办、国家发展和改革委员会、国务院扶贫办
17	2016年	《“十三五”脱贫攻坚规划》	国务院

续表

序号	时间	文件名称	发文机构
18	2016年	《关于进一步加强东西部扶贫协作工作的指导意见》	中共中央办公厅、国务院办公厅
19	2016年	《教育脱贫攻坚“十三五”规划》	教育部等六部门
20	2016年	《关于深入推进农业供给侧结构性改革　加快培育农业农村发展新动能的若干意见》	中共中央、国务院
21	2016年	《职业教育东西协作行动计划（2016—2020年）》	教育部办公厅、国务院扶贫办综合司
22	2017年	《高中阶段教育普及攻坚计划（2017—2020年）》	教育部等四部门
23	2017年	《关于加快构建政策体系 培育新型农业经营主体的意见》	中共中央办公厅、国务院办公厅
24	2017年	《关于支持社会工作专业力量参与脱贫攻坚的指导意见》	民政部、财政部、国务院扶贫开发领导小组办公室
25	2017年	《关于进一步加强全面改善贫困地区义务教育薄弱学校基本办学条件中期有关工作的通知》	教育部
26	2017年	《关于进一步加强控辍保学提高义务教育巩固水平的通知》	国务院办公厅
27	2017年	《职业教育东西协作行动计划滇西实施方案（2017—2020年）》	教育部办公厅
28	2017年	《关于加强贫困村驻村工作队选派管理工作的指导意见》	中共中央办公厅、国务院办公厅
29	2018年	《深度贫困地区教育脱贫攻坚实施方案（2018—2020年）》	教育部、国务院扶贫开发领导小组办公室
30	2018年	《推普脱贫攻坚行动计划（2018—2020年）》	教育部、国务院扶贫开发领导小组办公室、国家语言文字工作委员会

续表

序号	时间	文件名称	发文机构
31	2018年	《关于实施乡村振兴战略的意见》	中共中央、国务院
32	2018年	《教师教育振兴行动计划（2018—2022年）》	教育部等五部门
33	2018年	《关于完善县级脱贫攻坚项目库建设的指导意见》	国务院扶贫开发领导小组办公室
34	2018年	《关于全面加强乡村小规模学校和乡镇寄宿制学校建设的指导意见》	国务院办公厅
35	2018年	《关于推进网络扶贫的实施方案（2018—2020年）》	工业和信息化部
36	2019年	《关于坚持农业农村优先发展做好“三农”工作的若干意见》	中共中央、国务院
37	2019年	《加快推进教育现代化实施方案（2018—2022年）》	中共中央办公厅、国务院办公厅

第二节　教育脱贫的实践分析

一、教育脱贫基本状况

（一）建立覆盖面广、对象精准的教育脱贫制度

教育脱贫是消解贫困的有效手段。①教育扶贫是新时期国家扶贫开发工作的理论和实践创新，把教育扶贫作为扶贫攻坚的优先任务，以提高贫困人口的文化素质和劳动技能为重点，推进教育强民、技能富民、就业安民。②教育对脱贫群体的各个发展阶段都有直接或间接的重要作用，通过教育投入、教育资助和教育帮扶，扭转、重塑群体文化，改进、提升知识技能，改善贫困人口的整体面貌，提高贫困人口基本素质，开发人力资源，以内生能力达到脱贫致富，产生持久的脱贫效果。以脱贫为根本目标，国家颁布了系列与教育脱贫有关政策文件，明确教育脱贫攻的时间表、路线图，建立、形成了相对完整的教育脱贫制度体系，逐步完善了学前教育、义务教育、高中教育、高等教育、继续教育阶段的政策，明确了职业、特殊、民族教育等教育领域的政策。根据国家政策，各级地方部门依据本地实际情况，制定了符合地区实际的教育脱贫政策、规划和行动计划，形成了央地衔接的脱贫部署和政策举措相协调的有层次有组织架构的教育脱贫制度。学生资助政策实现“三个全覆盖”，建立了从学前到高等教育所有学段全覆盖，公办民办学校两种

---

① 薛二勇，周秀平．中国教育脱贫的政策设计与制度创新［J］．教育研究，2017（12）：29－37.

② 曾天山．以新理念新机制精准提升教育扶贫成效——以教育部滇西扶贫实践为例［J］．教育研究，2016（12）：35－42.

类型全覆盖，家庭经济困难所有学生全覆盖的完整资助体系，实现了家庭经济困难学生在入学前、入学时和入学后的“两不愁”和“三保障”。对家庭经济困难儿童、孤儿和残疾儿童予以学前教育资助；实施“两免一补”的义务教育政策，免除中等职业教育阶段所有农村学生、城市涉农专业学生和经济困难学生的学费；免除普通高中建档立卡等经济困难学生学杂费，设立高中阶段教育国家助学金制度；实施高等教育国家奖助学金制度，并采用助学贷款、学费补偿、贷款代偿、勤工助学等多种方式，保证贫困学生顺利接受高等教育。

（二）利用专项性教育政策和项目推进教育脱贫

国家设计并实施了系列关键性教育政策，在关键性教育项目实施过程中，推进教育脱贫。第一，义务教育均衡发展督导评估认定政策。对义务教育的基本均衡发展情况进行逐县认定，2013年，293个县（市、区）通过认定；2014年，464个县（市、区）通过国家督导评估认定；2015年，545个县（市、区）通过督导评估认定；2016年，522个县（市、区）通过督导评估认定；2017年，560个县（市、区）通过督导评估认定。[①] 截至2021年，2 895个县均通

---

① 2017年全国义务教育均衡发展督导评估工作报告［EB/OL］.（2018-02-27）. http://www.moe.gov.cn/jyb_xwfb/xw_fbh/moe_2069/xwfbh_2018n/xwfb_20180227/sfcl/201802/t20180227_327990.html；新闻发布会散发材料二 2016年全国义务教育均衡发展督导评估工作报告［EB/OL］.（2017-02-22）. http://www.moe.gov.cn/jyb_xwfb/xw_fbh/moe_2069/xwfbh_2017n/xwfb_170223/170223_sfcl/201702/t20170222_297055.html；2015年全国义务教育均衡发展督导评估工作报告［EB/OL］.（2016-02-23）. http://www.moe.gov.cn/jyb_xwfb/xw_fbh/moe_2069/xwfbh_2016n/xwfb_160223/160223_sfcl/201602/t20160223_23 0102.html；督导评估必须下真功夫动真格——教育部督导办负责人就2014年全国义务教育均衡发展督导评估情况答记者问［EB/OL］.（2015-04-03）. http://www.moe.gov.cn/jyb_xwfb/s271/201504/t20150403_186909.html；国务院教育督导委员会办公室. 2013年义务教育均衡发展督导评估［N］. 中国教育报，2014-02-22.

过认定，① 通过认定的县（市、区）所占比例为81%。截至2018年10月底，义务教育大班额、超大班额数量比2017年分别减少了18.9%和48.7%。② 第二，学前教育行动计划。我国在学前教育领域每三年为一个周期，实施学前教育行动计划，大力促进学前教育的发展，全国学前三年毛入园率超过80%③。第三，薄弱学校改造计划。截至2018年10月底，全国832个贫困县基本完成贫困地区农村义务教育薄弱学校基本办学条件的建设任务，其中10.3万所义务教育学校办学条件达到“底线要求”，占行政区域内义务教育学校总数的94.7%，基本实现《教育脱贫攻坚“十三五”规划》的既定目标。④ 第四，学生营养改善计划。2018年12月，教育部召开新闻发布会指出，覆盖所有国家级贫困县的农村义务教育学生营养改善计划使3 700万名农村学生受益，营养健康状况显著改善，身体素质明显提升，试点地区各年龄段学生的平均身高与体重均有增长。第五，国培计划。通过“国培计划”累计培训中西部地区乡村教师和校园长540万余人次。2017年，中央财政安排20亿元用于中小学幼儿园教师国家级培训计划，并向连片特困地区县和国家扶

① 全国2 895个县级行政单位均通过了国家督导评估［EB/OL］.（2022-06-22）. http://m.gmw.cn/baijia/2022-06/22/35827597.html.

② 今年底将基本消除义务教育超大班额［EB/OL］.（2018-12-13）. http://edu.people.com.cn/n1/2018/1213/c367001-30464763.html.

③ “十三五”我国学前三年毛入园率达83.4% 有效缓解“入园难 入园贵”［EB/OL］.（2020-12-10）. http://www.moe.gov.cn/fbh/live/2020/52763/mtbd/202012/t20201210_204693.html.

④ 教育部推进教育脱贫攻坚有关情况［EB/OL］.（2018-12-28）. http://www.moe.gov.cn/jyb_xwfb/xw_fbh/moe_2069/xwfbh_2018n/xwfb_20181228/sfcl/201812/t20181228_365166.html.

贫开发工作重点县倾斜。① 第六，特岗计划。实施农村教师特岗计划，中西部22个省（区、市）1 000多个县3.3万多所农村学校（村小、教学点）总计有近28万名农村特岗教师。第七，公费师范生政策。通过六所部属师范大学、28个省份的师范院校，采用在学免费、学费补偿和国家贷款代偿等方式实施师范生教育，每年吸引4.1万名高校毕业生到农村中小学任教。第八，乡村教师支持计划。2017年中央财政安排乡村教师奖补资金38.5亿元，实现了集中连片特困地区乡村教师生活补助全覆盖。21个省（区、市）及新疆生产建设兵团的708个连片特困地区县乡村教师生活补助已基本实现全覆盖，8万多所乡村学校的130万名乡村教师从中受益。② 第九，银龄讲学计划。2018—2020年，计划招募1万名优秀退休校长、教研员、特级教师、骨干教师等65岁以下师德高尚、经验丰富的教师到农村义务教育阶段学校讲学，发挥引领示范作用，促进义务教育均衡发展。③ 第十，贫困生定向招生计划。2012年起，"211工程"高校和部属高校向贫困县累计招生37万人，2018年专项计划共录取农村和贫困地区学生10.38万人。订单定向免费培养学生，2018年为中西部乡镇卫生院订单定向免费五年制本科医学生培养计划6 483人。培养贫困地区少数民族优秀人才，2018年下达少数民族高层

---

① 教育部对十三届全国人大一次会议 第3078号建议的答复［EB/OL］.（2018-12-26）. http://www.moe.gov.cn/jyb_xxgk/xxgk_jyta/jyta_jiaoshisi/201812/t20181226_364965.html.

② 各地全面落实乡村教师生活补助政策［EB/OL］.（2017-10-10）. http://www.moe.gov.cn/jyb_xwfb/s3165/201710/t20171010_315993.html.

③ 教育部财政部关于印发《银龄讲学计划实施方案》的通知［EB/OL］.（2018-07-22）. http://www.gov.cn/xinwen/2018-07/22/content_5308364.html.

次骨干人才培养计划等各类内地民族班招生计划8万余名。[①]

（三）定点扶贫与高校扶贫相结合提升脱贫效果

结合学历教育和技能培训，开展职业教育东西协作行动，帮助建档立卡贫困人口实现就业脱贫，2017年跨省招生30余万人。针对脱贫攻坚重点地区，2012年起至今，教育部门共选派346名挂职干部到滇西一线，推进教育脱贫。搭建上海、天津、江苏、浙江和10个职教集团对口帮扶滇西10个州（市）职业教育发展的平台，每年帮扶不少于6 000名滇西地区建档立卡贫困家庭“两后生”到东部地区省（区、市）接受优质职业教育实施职业教育，享受免学费、国家助学金及当地学生同等奖（补）政策。[②]批准建立滇西应用技术大学，协调教育部直属高校对口帮扶，与地方院校合作开展特色学院本科生培养，探索贫困地区新型应用技术大学发展模式。[③]面向滇西脱贫攻坚需求举办党政领导干部培训班，累计举办20期，培训2 000余人次。选派500余名滇西一线中学英语教师分赴国外学习，覆盖滇西各县。[④]

发挥高校优势，找准贫困地区需求与学校优势的结合点，帮助贫困地区提升人力资源开发水平，助推特色产业发展升级，加强决策咨询服

---

① 教育部推进教育脱贫攻坚有关情况［EB/OL］.（2018-12-28）. http://www.moe.gov.cn/jyb_xwfb/xwfbh/moe_2069/xwfbh_2018n/xwfb_20181228/sfcl/201812/t20181228_365166.html.

② 教育部办公厅关于印发《职业教育东西协作行动计划滇西实施方案（2017—2020年）》的通知［EB/OL］.（2017-09-25）. http://www.cpad.gov.cn/art/2017/9/25/art_46_70941.html.

③ 教育部关于同意建立滇西应用技术大学的函［EB/OL］.（2017-05-19）. http://www.moe.gov.cn/srcsite/A03/s181/201705/t20170519_305206.html.

④ 教育部推进教育脱贫攻坚有关情况［EB/OL］.（2018-12-28）. http://www.jyb.cn/rmtzcg/xwy/wzxw/ 201812/t20181228_127173.html.

务，提高教育、卫生等公共服务水平，加强乡风文明建设，破解阻碍贫困地区发展的瓶颈。2017年，教育部直属高校累计选派400余名挂职干部、专业技术人才和第一书记，开展各级各类培训300余次，主持规划咨询项目356项，实施科技攻关与成果转化98项，捐赠各类医疗设备及资金2 700多万元，引导各类资金与产业投资逾91亿元。①

二、教育脱贫的新挑战

（一）教育脱贫的方向有待调整

全面建成小康社会后脱贫的持续推进、相对贫困地区的客观条件和改进，迫切要求调整教育脱贫的方向，这需要教育精准脱贫的科学评价和有效监测。教育精准脱贫实践中面临系统制度设计缺乏、法律保障不足和政策执行偏差等困境，导致部分教育脱贫呈现出低效与混乱的状况。我国的教育脱贫既有国家宏观制度层面的保障，也有专门性教育脱贫政策，然而这些政策更多的是针对重要紧急的教育脱贫问题制定的，在制度体系长远设计方面尚有欠缺，针对不同对象的分类考量，尤其是对相对贫困地区的流动儿童、留守儿童等群体的制度安排比较少，相关配套制度不够完善。鼓励与支持社会参与教育脱贫的制度设计不够合理，社会参与教育脱贫的主动性、积极性较差。

部门协作是教育脱贫成功的重要保障，实践中，部分部门在工作中各自为政思想占据主导地位，不重视整体、协作的制度设计，造成政策的碎片化、模块化、离散化执行。缺少系统性与协同性的制度设计，缺

---

① 教育部推进教育脱贫攻坚有关情况［EB/OL］.（2019-12-28）. http://www.moe.gov.cn/jyb_xwfb/xw_fbh/moe_2069/xwfbh_2018n/xwfb_20181228/sfcl/201812/t20181228_365166.html.

少信息的共建、共享、公开，引发不同主体在具体政策安排上的重叠与矛盾，造成教育脱贫的低效。中央和地方在教育精准脱贫的制度设计的衔接上需要进一步努力，以推进政策层层落地，部分地方出现谋求一己之利的现象，个别地方更是出现了教育脱贫执行失真问题。由于缺乏对教育脱贫政策执行的有效监管，教育脱贫成为部分机构的口号性任务，大量教育脱贫资源存在空置和浪费现象。

（二）教育脱贫的机制有待完善

在教育脱贫机制的建设发展过程中，教育资助、农村基础教育建设、中等职业教育发展较为突出，逐渐形成了教育脱贫的“三驾马车”①，但其机制尚不健全。我国尚未建立高效有序的教育精准脱贫机制，教育脱贫在面上的推进迅速，但在点上的推进不够。我国区域经济社会发展不均衡，产业布局差异大，学校的类型、层次结构存在差异，对落实教育精准脱贫政策造成了影响。保证教育在精准脱贫中的思想与步调一致，存在较大难度，亟须建立健全教育精准脱贫管理的有效协调机制。

职业教育脱贫与产业、科技、项目等其他脱贫没有很好地结合与融合，职业教育精准脱贫政策实施起来制约因素众多。有关部门对贫困地区的产业、经济发展状况了解得不透彻，制定的培训内容与形式不符合贫困者的需求，职业教育精准扶贫的成效大打折扣。职业院校的专业设置、教学内容、教学实践等方面专业性有待提升，办学基础薄弱。相对贫困地区职业院校教育资源匮乏、教育理念落后，师资、教学内容难以适应相对贫困地区劳动力的实际需要。职业教育与社会需求脱节，吸引力不足，对农村劳动力人力资本和文化素质提升作用有限。职业教育与

① 檀学文．中国教育扶贫：进展、经验与政策再建构［J］．社会发展研究，2018（3）：223-241，246.

人力资源市场未建立良好的供需信息反馈机制，与就业服务机构、企业的沟通不足，影响职业教育脱贫效果。职业教育体系难以匹配经济社会的发展，部分地区初步形成了兼顾层次和类型的职业教育体系，但受主客观条件的影响，教育教学质量不高。

（三）教育脱贫的协作需要增强

仅仅依靠政府单方解决教育脱贫问题显然不够，需要不同的利益相关者参与教育脱贫的持续推进。治理强调多元主体参与的合作管理、共同管理、共同治理。① 教育治理需要政府、学校、社区、社会组织多主体协商共治。深度贫困地区学校和社区更大程度上承担的是被帮扶者的角色，其主动性有待加强，社会力量的参与也有待加强。社会力量凭借灵活性，深入教育扶贫开发的细微环节，在科学决策、民主决策、扶贫瞄准以及受益人参与度等方面发挥比较优势。② 可以与教育脱贫的政府力量形成相互协作、互为支撑的关系，促进教育资源的优化整合，信息共享，建立现代化的教育精准脱贫治理体系。

各种社会组织在农村扶贫领域逐渐显现出市民社会组织的功能特征。③ 教育扶贫的体制外力量和良好的社会氛围正在逐步形成之中。然而，受制于行政职能的路径依赖和社会力量参与教育脱贫体制机制，以自上而下的行政力量推动教育脱贫的治理结构仍是主导，社会广泛参与的教育脱贫治理格局尚未形成，制约着多元主体教育脱贫效能的发挥。政府主导型的脱贫制度成为利益相关者进行博弈以获得扶贫资源的制度

---

① 褚宏启. 教育治理：以共治求善治［J］. 教育研究，2014（10）：4-11.

② 帅传敏，李周，何晓军，张先锋. 中国农村扶贫项目管理效率的定量分析［J］. 中国农村经济，2008（3）：24-32.

③ 许源源，陈书弈. 空心社会、隐形社会、市民社会与行政国家——中国农村扶贫中的国家与社会关系解读［J］. 中南大学学报（社会科学版），2011（3）：30-35.

要件，进而成为引致我国农村扶贫陷入以“边际效益递减”和低效率状态为表征的制度性陷阱的主要因素。[①]迫切需要创新多元主体参与的教育脱贫体制机制，构建政府主导的多元主体合作互补、协同推进的教育脱贫新格局。

（四）教育脱贫的靶向有待精准

教育精准脱贫包括精准识别教育脱贫对象和精准实施帮扶措施两个方面。在教育精准脱贫的深入推进中，识别对象和帮扶环节存在靶向性、精准度不够的问题，影响教育精准脱贫的推进与质量。教育脱贫对象识别中，当前教育精准帮扶的主要对象以建档立卡贫困家庭学龄人口为主，实践中普遍采用“以社区为基础的瞄准法”，导致不同经济发展水平的村庄部分农户被误断为贫困户，而部分真正贫困农户及子女却无法享受到相关教育脱贫政策。部分留守儿童群体由于缺乏有效监管，难以全部纳入扶贫体系，成为教育精准扶贫中的盲区。[②]部分地方在学生资助方面存在不精准、不规范的问题，需要针对性地进行保障，才能有效解决贫困学生的资助问题。精准扶贫的理念不仅体现为精准识别环节，更在于治理环节的帮扶。[③]教育精准帮扶手段和方式与帮扶对象致贫原因和脱贫需要的供需对接是教育精准扶贫的精髓。[④]然而，当前帮扶手段与帮扶对象相分离，针对帮扶对象的致贫原因和脱贫需求的有效性帮扶不够。

---

① 许源源，陈书弈. 空心社会、隐形社会、市民社会与行政国家——中国农村扶贫中的国家与社会关系解读［J］. 中南大学学报（社会科学版），2011（3）：30-35.

②④ 代蕊华，于璇. 教育精准扶贫：困境与治理路径［J］. 教育发展研究，2017（7）：9-15，30.

③ 莫光辉. 精准扶贫：中国扶贫开发模式的内生变革与治理突破［J］. 中国特色社会主义研究，2016（2）：73-77，94.

第三节　教育脱贫的路径分析

党的十八大以来，党和国家高度重视教育脱贫工作，制定出台系列相关政策并做出整体部署，各部门各级行政单位履行教育脱贫任务，联合多个部门开展教育脱贫工作，获得了大量的资源投入，其成效明显，积累形成了诸多有效、丰富的实践经验。[①]党的十九大报告明确了脱贫攻坚的目标和任务，重点攻克深度贫困地区脱贫任务，确保到2020年我国现行标准下农村贫困人口实现脱贫，贫困县全部摘帽，解决区域性整体贫困，做到脱真贫、真脱贫。《关于打赢脱贫攻坚战三年行动的指导意见》指出，强化脱贫光荣导向，更加注重培养贫困群众依靠自力更生实现脱贫致富的意识，更加注重提高贫困地区和贫困人口自我发展能力。《中国教育现代化2035》提出，实现困难群体帮扶精准化，推进教育精准脱贫，重点帮助贫困家庭子女接受教育，让贫困家庭的孩子都能接受公平、有质量的教育，阻断贫困代际传递。新时期推进教育脱贫的持续开展，关键是总结完善教育脱贫经验，聚焦教育脱贫的薄弱环节，转变教育脱贫方式，提升教育脱贫效益。教育脱贫的推进需要更为系统的制度体系、更为科学的治理机制、更加多元的脱贫格局，以培育教育脱贫的内生动力，阻断贫困代际传递。

一、基于教育脱贫实践，构建更为系统的制度体系

进一步推进教育脱贫的制度体系建设，做好教育脱贫可持续推进的

---

① 左明章，向磊，马运朋，杨登峰．扶志、扶智、扶学：信息化促进教育精准扶贫“三位一体”模式建构［J］．电化教育研究，2019（3）：13-19，33.

顶层设计。第一，深化教育脱贫制度改革，制定专门的教育脱贫政策、规章、评估办法等，完善教育脱贫制度体系。提高制度供给的科学性，加强计划设计、项目编排、资金使用、监督管理、成效评估的规范化程度，为深度、相对贫困地区教育脱贫提供强有力的制度保障。第二，构建权责一体、以主体责任为核心的多元主体参与的教育脱贫政策体系，明确多元主体参与的行动边界、职责以及权利和义务关系，为规范各主体有效参与教育脱贫实践提供政策依据。地方有关部门根据新时期教育脱贫要求，因地制宜地推进地方政策设计与实施，形成教育脱贫的地方模式。第三，增强教育脱贫政策的系统性和协同性。完善中央和地方政府、地方政府之间教育脱贫政策的协同机制，县级及以下层面加强各主体间的交流对话与协作，加强教育脱贫与其他脱贫战略，以及公共服务均等化制度、乡村振兴战略的衔接与融合，避免政策的重复、冲突，提升教育脱贫资源的效益。第四，完善教育脱贫的常态化监督机制，制定教育脱贫权责清单，形成权力运行的有效制约与监督办法，探索动态观察监管和追责的方式。

二、瞄准教育脱贫成效，形成教育脱贫的持续机制

2020年我国如期完成脱贫攻坚任务，实现打赢脱贫攻坚战，但脱贫不脱政策。教育脱贫要依据脱贫的新目标，以提升教育脱贫成效为价值，继续推动相对贫困地区教育高质量发展。教育脱贫要基于成效与可持续性，突出重点，“扶真贫”“真扶贫”，通过精准识别教育脱贫问题推进教育精准脱贫。进一步健全相对贫困地区职业教育与培训体系。政府、职业院校、行业企业相互协作，针对不同年龄、文化层次、教育需求等，差别化地提供职业教育和培训，打通中职、高职、应用型技术本

科的联通渠道，形成衔接有序的职业教育体系。鼓励和引导社会教育力量进入职业教育领域，推进成人教育发展，大力发展职业技术培训，提升受教育者的技术技能水平，增强劳动竞争力。增强职业教育与市场需求的匹配度，在提升职业学校教育水平的基础上强化职业学校与行业组织、企业的交流合作，分析市场需求，有针对性地设置教育内容和学科专业，充分发挥职业院校在教育脱贫中的作用。加大职业教育资金投入力度，提升教育资源配置效率。一方面政府部门协调资源，加大对职业教育的投入力度；另一方面通过共同出资、成立专项扶贫基金、税费减免等方面积极拓宽职业教育脱贫的资金渠道。

建立教育脱贫成效的科学评价机制，形成过程性和结果性相结合的教育脱贫评价办法。以贫困家庭及其子女为考核对象，考察其观念意识和文化素养的变化情况，教育机会、技能掌握、劳动就业等情况。教育行政部门和第三方机构相互协作，开展评价监测，以结果为导向，促进教育脱贫可持续开展。引入社会力量参与教育脱贫监督，政府通过购买服务的方式引入社会力量作为第三方对识别教育脱贫对象、鉴定帮扶成效、核查扶贫资金使用等进行监督与评价，保证教育脱贫的质量和实施效果。

三、构筑以政府为核心，多元主体参与的脱贫格局

构建以政府为核心、多元主体参与的教育脱贫新格局，激发、激活多元社会力量共同参与教育脱贫的持续推进。政府在多元共治的立体架构中发挥主导作用，有效地承担“元治理”的角色。“元治理”是对政府或治理方式的治理，是对社会和经济生活的重构、调解和转化而超越

治理形式的高水平治理。①政府作为教育脱贫治理的核心，负责教育脱贫治理体系的中长期规划、统筹整合、协调治理、评价问责等事宜。

转变教育脱贫政府职能，建立服务型、法治型教育脱贫治理体系，拓展多元主体参与治理的渠道，推动多元主体共治，保障多元主体的可持续参与。政府基于理论与实践提出解决教育脱贫关键问题的思路和框架，提升规划和统筹能力，协调多元主体、不同要素的关系，处理相互之间的作用与影响，化解利益冲突，防范教育脱贫目标与行动的碎片化。构建吸引社会力量等多元主体积极参与的体制机制，鼓励、支持、引导企事业单位、社会团体、非营利组织、国际组织参与教育脱贫，充分发挥集体、个人的能动性、积极性、创造性，拓展汇聚多元社会资本。依托互联网，建立价值一致、达成共识的教育脱贫信息平台，搭建制度化的多主体沟通渠道，形成多主体协作的长效教育脱贫可持续发展机制。

四、针对教育脱贫短板，形成深入推进脱贫的抓手

改进以农户收入作为识别相对贫困的标准，综合考虑包括收入在内的关系农户切身利益的住房、教育、健康等方面的科学合理的多维测度指标。通过系统的入户调查、群众评议、公示公告，加强对留守儿童、流动儿童群体的关注。开展区域摸底排查，准确掌握相对贫困家庭子女信息，动态监测，确保信息准确透明，找到对教育有需求的群体，对其进行有效帮扶，在上学与防失学方面下足功夫。准确掌握不同群体的致贫原因和脱贫需求，把握不同地区、家庭，不同学段和类型的教育现状

---

① 孙绵涛，康翠萍．教育体制改革与教育机制创新关系探析［J］．教育研究，2010（7）：69–72.

和需求，深度剖析制约教育脱贫的发展瓶颈和关键所在，精准把脉个体教育需求，分类指导、精准施策、综合帮扶，切实保障教育脱贫精准到位。在政策制定、资金安排、管理力量配置等方面保障学生资助，做到资助对象、资助标准、资金发放的精准，建立动态调整机制，利用现代支付方式解决助学金发放问题，避免因学致贫、因学返贫、辍学和失学，提高相对贫困家庭子女的科技文化素质，使其掌握一技之长，提高自我发展能力，帮助其实现稳定脱贫、高质量脱贫。创新教育精准帮扶区域模式，准确判断自然禀赋、社会结构、教育条件的差异状况，顶层设计与基层实践相结合，上下联动，提升教育脱贫的效益。

第十章　以融合教育推进特殊教育发展

党的十八大以来，以习近平同志为核心的党中央高度重视残疾预防和残疾人康复工作，习近平同志在多种场合以各种形式对残疾人、残疾人事业和残联组织建设等做出重要指示。[①]残疾人需要格外关心、格外关注。习近平同志曾多次强调，全面建成小康社会，残疾人一个也不能少。健全人可以活出精彩的人生，残疾人同样可以活出精彩的人生。我们每个人都要珍惜生命、追求健康，努力创造无愧于时代的精彩人生。[②]党的十八大报告把努力办好人民满意的教育放在改善民生和加强社会建设之首，强调大力促进教育公平，合理配置教育资源，支持特殊教育，让每个孩子都能成为有用之才。党的十九大报告中提出办好特殊教育，明确了特殊教育改革和发展的战略方向。特殊教育是国民教育体系的重要组成部分，推进融合教育，办好特殊教育，使残疾学生获得公平而有质量的教育，是推进教育公平的需要，是人民美好生活在教育领域中的具体体现和基本要求。

---

① 关于推进残疾人事业发展，习近平这样说［EB/OL］.（2017-08-25）. http://xj.cnr.cn/2014xjfw/2014xjfwgj/20170825/t20170825_523918551.shtml.

② 这个特殊的群体，习近平格外关心［EB/OL］.（2018-09-14）. http://news.cctv.com/2018/09/14/ARTInTmkHmR2LY71PE0lfosH180914.shtml.

第一节　融合教育的政策分析

强国必重教，重教必须关注残疾人教育。从全球残疾人事业发展的历史与趋势看，通过国家制定法律法规等政策措施实施残疾人教育与康复已成为各国政府公共管理与服务的重要组成部分，成为衡量一个国家残疾人需要是否得到满足、参与机会是否平等、是否享受平等人权的基本尺度。随着我国社会经济的大力发展，党中央、国务院出台了系列教育政策，为促进残疾人教育营造了良好的制度环境。1978年改革开放至今，共计有70多份由中央政府部门颁布的意见、纲要、决定、计划等政策文件涉及特殊教育内容，形成我国残疾人教育的政策体系。

一、融合教育政策的探索阶段

《中华人民共和国宪法》明确规定，中华人民共和国公民有受教育的权利，国家设立并且逐步扩大各种学校和其他文化教育机关，以保证公民享受这种权利。教育权的规定为残疾学生接受教育提供了基础和依据。这个阶段共颁布5份有关融合教育的政策文件，初步构建残疾人教育体系，处于政策的探索时期，残疾学生的教育政策更多关注教育组织的建立问题（见表10-1）。

表10-1　融合教育政策探索阶段的主要政策文件

序号	时间	文件名称	发文机构
1	1984年	《全日制八年制聋哑学校教学计划（征求意见稿）》	教育部

续表

序号	时间	文件名称	发文机构
2	1985年	《关于做好高等学校招收残疾青年和毕业分配工作的通知》	教育部等四部门
3	1985年	《关于教育体制改革的决定》	中共中央
4	1986年	《中华人民共和国义务教育法》	全国人大常委会
5	1986年	《关于实施〈义务教育法〉若干问题的意见》	国务院办公厅（转发）

教育部于1984年颁布《全日制八年制聋哑学校教学计划（征求意见稿）》，明确听力障碍学生在义务教育阶段的教育组织形式。随后《关于做好高等学校招收残疾青年和毕业分配工作的通知》进一步说明残疾考生是谁、高校录取原则、残疾生毕业后要统一分配等内容。自此，初步建立了残疾学生从义务教育到高等教育以及职业发展的教育体系。1985年，《中共中央关于教育体制改革的决定》提出，在实施九年义务教育的同时，还要努力发展幼儿教育，发展盲、聋、哑残疾人和智力残障儿童的教育。1986年，《关于实施〈义务教育法〉若干问题的意见》提出，把那些虽有残疾，但不妨碍正常学习的儿童吸收到普通中小学上学。其虽未明确提出残疾学生随班就读的教育安置方式，但标志着融合教育的理念首次在政策中得以体现。

这一阶段特殊教育政策主要集中于构建残疾人教育框架，关注义务教育、高等教育阶段为残疾儿童少年提供的教育服务，面向的残疾类型主要是盲、聋、肢体残疾等，范围较窄。《关于教育体制改革的决定》《中华人民共和国义务教育法》为我国残疾人教育的整体发展提供了宏观政策与方向，政策内容主要体现为普及九年义务教育、基本的康复与职业训练等方面，探索了义务教育至高等教育的残疾人教育体系。

二、融合教育政策的调整阶段

党的十三大报告明确了教育的战略地位，坚持把发展教育事业放在突出位置，加强智力开发。1987年，《全日制弱智学校（班）教学计划》明确提出，在普及初等教育的过程中，大多数轻度智力残障儿童已经进入当地普通小学随班就读。这种形式有利于智力残障儿童与正常儿童的交往……各地教育部门在举办智力残障学校（班）的同时，对这种形式应当继续予以扶持，并帮助教师改进教学方法，加强个别辅导，使随班就读的智力残障儿童能够学有所得。① 国家政策文本中首次明确使用“随班就读”一词，明确了其对智力残障儿童的教育意义，融合教育实践有了具体的政策依据，随班就读从地区试点的经验上升到国家政策，随班就读的特殊教育形式予以肯定和推广。1994年，在西班牙召开的“世界特殊需要教育大会”制定并通过了《萨拉曼卡宣言》，首次对融合教育的内涵进行了界定与阐释，融合教育开始成为世界性的实践模式，让有特殊需要的儿童进入普通班级接受教育，最大限度发挥其潜能，与普通儿童共同成长。② 融合教育基于满足所有学生的多样需要的信念，在具有接纳、归属和社区感文化氛围的邻近学校高质量、年龄适合的班级里，为特殊儿童提供平等接受高效的教育与相关服务的

---

① 国家教育委员会关于印发《全日制弱智学校（班）教学计划》(征求意见稿）的通知［EB/OL］.（1987-12-30）. http://www.chinalawedu. com/falvfagui/fg22598/21676.shtml.

② 方俊明. 融合教育与教师教育［J］. 华东师范大学学报（教育科学版）. 2006（3）: 37-49.

机会。①

1987—2000年，我国共发布残疾人教育有关政策文件18份（见表10-2），政策文件年平均发布量相较于第一阶段有显著提升。其中，12份政策文件由教育部门发布或由教育部协同其他部门发布，占该时期政策文件的67%，国家对残疾人教育重视程度有所提高。1990年，《中华人民共和国残疾人保障法》以法律的形式，对残疾人康复、教育、劳动就业、文化生活、社会保障、无障碍环境等进行了全面规定。其立法宗旨是维护残疾人合法权益，发展残疾人事业，保障残疾人平等地参与社会生活，共享社会物质文化成果。《中华人民共和国残疾人保障法》是我国最高立法机构通过的第一部残疾人专门法律，在我国残疾人事业发展史上具有划时代的意义。《中华人民共和国残疾人保障法》以"平等""共享"为宗旨，即使从全球范围来看，也是最完善的残疾人法律之一，②体现了改革开放以来我国残疾人事业的巨大成就与社会公众关于残疾人观念的深刻变化，残疾人事业逐渐被纳入国民经济和社会发展计划，残疾人的劳动、生活和教育的权利得到逐步保障。

表10-2 融合教育政策调整阶段的主要政策文件

序号	时间	文件名称	发文机构
1	1987年	《全日制盲校小学教学计划（初稿）》	国家教育委员会
2	1987年	《关于做好普通中等专业学校招收残疾青年考生工作的通知》	国家教育委员会、劳动人事部

① SALEND, S.J.Effective mainstreaming: Creating inclusive classrooms (3rd ed.)［M］. New Jersey: Prentice-Hall, Inc., 1998.

② Lynch, J.Provision for children with special educational needs in the Asia region. Washington, D.C.: The World Bank, 1994: 25-35.

续表

序号	时间	文件名称	发文机构
3	1987年	《全日制弱智学校（班）教学计划（征求意见稿）》	国家教育委员会
4	1988年	中国残疾人事业五年工作纲要（1988—1992）	国家计划委员会等七部门
5	1988年	《技工学校招生体检标准及执行细则的补充规定》	劳动部、中国残疾人联合会
6	1989年	《特殊教育补助费使用办法》	国家教育委员会等六部门
7	1990年	《中华人民共和国残疾人保障法》	全国人大常委会
8	1991年	《中国残疾人事业“八五”计划纲要（1991年—1995年）》	国家计划委员会等十七部门
9	1994年	《关于开展残疾儿童少年随班就读工作的试行办法》	国家教育委员会
10	1994年	《残疾人教育条例》	国务院
11	1994年	《中度智力残疾学生教育训练纲要（试行）》	国家教育委员会
12	1996年	《中国残疾人事业“九五”计划纲要（1996年—2000年）》	国务院
13	1996年	《全国残疾儿童少年义务教育“九五”实施方案》	国家教育委员会、中国残疾人联合会
14	1998年	《特殊教育学校暂行规程》	教育部

《全日制盲校小学教学计划（初稿）》《全日制弱智学校（班）教学计划（征求意见稿）》等政策文件，对残疾学生在学校接受教育的课程、原则、目标等进行了细致的规定。针对残疾学生的中等教育，包括中等专业学校、技工学校等，均发布了专门的政策予以规范和支持。《关于

开展残疾儿童少年随班就读工作的试行办法》对随班就读的后续发展具有里程碑式的意义。该文件明确指出，开展残疾儿童少年随班就读工作，是发展和普及我国残疾儿童少年义务教育的一个主要办学形式，是建立适合我国国情的残疾儿童少年义务教育新格局的需要。实践证明，这是对残疾儿童少年进行义务教育的行之有效的途径。残疾儿童少年随班就读有利于残疾儿童少年就近入学，有利于提高残疾儿童少年的入学率，有利于残疾儿童与普通儿童互相理解、互相帮助，促进特殊教育和普通教育有机结合，共同提高。这一政策文件成为开展随班就读工作的遵循和依据，对实施随班就读工作的总则、对象、入学、教学要求、师资培训、家长工作及教育管理等进行了全面规定，逐步从师资、家长、管理等方面建立了随班就读的政策保障。该政策对随班就读的定位进行了论证，认为随班就读适合我国残疾儿童少年义务教育新格局的需要，是残疾人教育探索的经验与形式之一。这一阶段我国残疾儿童入学率有较大的提高，残疾人社会福利事业获得了较大发展，残疾人有关的法律法规越来越具体、明确，对残疾人教育的规定逐步增多。

三、融合教育政策的优化阶段

进入21世纪以来，残疾人教育发展站在新的历史起点上。《中国残疾人事业“十五”计划纲要（2001年—2005年）》明确提出大力推广随班就读，切实将残疾儿童少年教育纳入义务教育体系，以随班就读为主体，使适龄残疾儿童少年义务教育入学率在已经通过普及九年义务教育验收的地区达到或接近当地健全儿童少年水平。统筹规划特殊教育学校建设，发挥中心辐射作用，带动随班就读。随班就读成为残疾人教育的基本形式，融合教育所倡导的平等、异质、多元等理念更深入全面地在政策中体现。2003年，《关于开展建立随班就读工作支持保障体系实验县（区）工作的通知》明确了随班就读支持保障体系实验的目的、内容，以及实验县（区）应达到的目标、具备的条件和实验县（区）的确定、开展实验的要求，促进全国范围内开展随班就读的实践，积极探索我国特殊教育的发展之路。2008年，《关于促进残疾人事业发展的意见》规定，要增强全社会扶残助残意识，优化残疾人事业发展的社会环境。围绕建设社会主义核心价值体系，在全社会大力弘扬人道主义思想和中华民族传统美德，倡导“平等、参与、共享”的现代文明社会残疾人观，消除对残疾人的歧视和偏见，形成人人理解、尊重、关心、帮助残疾人的良好社会风尚。

2001—2009年，我国发布了16份有关残疾人教育相关的重要政策文件（见表10-3）。与上一阶段相比，此阶段特殊教育政策文件的年均发文量明显增多表明国家越来越重视特殊教育。该阶段对残疾人教育的规定更加细致，除了将残疾人教育进行整体性规划之外，还颁布了《关于做好特殊教育自查工作的通知》《关于印发〈对吉林等六省特殊教育工作督导检查〉的意见》等，注重对特殊教育发展的评估。部分特定的群体，如城乡特殊困难未成年残疾人、贫困残疾人等的教育也纳入政策保障。

表10-3　融合教育政策优化阶段的主要政策文件

序号	时间	文件名称	发文机构
1	2001年	《中国残疾人事业“十五”计划纲要（2001年—2005年）》	国务院
2	2001年	《关于“十五”期间进一步推进特殊教育改革和发展的意见》	国务院办公厅

续表

序号	时间	文件名称	发文机构
3	2001年	《关于“十五”期间进一步推进特殊教育改革和发展的意见》	教育部等九部门
4	2003年	《关于开展建立随班就读工作支持保障体系实验县（区）工作的通知》	教育部基础教育司
5	2003年	《关于做好特殊教育自查工作的通知》	教育部办公厅
6	2004年	《关于印发对吉林等六省特殊教育工作督导检查的意见》	国家教育督导团
7	2004年	《关于进一步做好城乡特殊困难未成年人教育救助工作的通知》	民政部、教育部
8	2004年	《关于进一步加强扶助贫困残疾人工作意见的通知》	民政部等十一部门
9	2006年	《中国残疾人事业“十一五”发展纲要（2006年—2010年）》	国务院（转发）
10	2006年	《关于印发残疾人康复中心建设标准的通知》	中国残疾人联合会
11	2007年	《盲校义务教育课程设置实验方案》《聋校义务教育课程设置实验方案》《培智学校义务教育课程设置实验方案》	教育部
12	2007年	《残疾人中等职业学校设置标准（试行）》	中国残疾人联合会、教育部
13	2007年	《残疾人就业条例》	国务院
14	2008年	《关于促进残疾人事业发展的意见》	中共中央、国务院
15	2008年	《中华人民共和国残疾人保障法》	全国人大常委会
16	2009年	《关于进一步加快特殊教育事业发展的意见》	教育部等七部门

2008年修订的《中华人民共和国残疾人保障法》对残疾人的康复、教育、劳动就业等方面做了明确规定，明确残疾人教育可以采用普通教

育方式和特殊教育方式，由普通教育机构对具有接受普通教育能力的残疾人实施教育。2009年发布的《关于进一步加快特殊教育事业发展的意见》强调，全面推进随班就读工作，不断提高教育教学质量。重点推进县（区）级随班就读支持保障体系的建立和完善。所有实施义务教育的学校要积极创造条件，接收具有接受普通教育能力的适龄残疾儿童少年随班就读，不断扩大随班就读规模。建立特殊教育学校定期委派教师到普通学校巡回指导随班就读工作的制度，确保随班就读的质量。除进一步强调不断完善残疾人教育体系之外，对特殊教育经费、师资、政府职能等方面做了细致的规定。其对保障残疾人受教育权益进行了重大部署，对我国特殊教育事业发展有着重大意义。

四、融合教育政策的完善阶段

《国家中长期教育改革和发展规划纲要（2010—2020年）》专门对特殊教育进行了规划，明确盲校、聋校、培智学校教学与医疗康复仪器设备配备标准，加强特殊教育师资队伍建设。2020年基本实现市（地）和30万人口以上、残疾儿童少年较多的县（市）都有一所特殊教育学校。各级各类学校要积极创造条件接受残疾人入学，不断扩大随班就读和普通学校特教班规模。为特殊教育体系的健全，随班就读的进一步发展奠定了规划基础，促进特殊教育迈向内涵式发展的新阶段。

2010—2019年，共发布了26份有关残疾人教育的重要政策文件（见表10-4）。这一阶段国家政策强调融合教育保障和支持体系的建设。融合教育涉及不同部门（政府、教育管理部门、学校、社区、康复机构、社会组织等）、不同行为主体（普通学校领导、教师、特殊教育学校教师、康复师、家长、普通学生等）共同协作、共同支持、共同推进。如果在配套支援措施尚未完备的条件下实施融合教育，易带来负面效果。为从观念、制度、实践等方面营造良好的融合教育环境，《关于加快推进残疾人社会保障体系和服务体系建设指导意见的通知》《残疾人辅助器具基本配置目录》《关于发布〈义务教育阶段盲校教学与医疗康复仪器设备配备标准〉等三个教育行业标准的通知》《关于加强残疾人文化建设的意见》《无障碍环境建设条例》《普通学校特殊教育资源教室建设指南》《关于印发〈特殊教育补助资金管理办法〉的通知》《关于建立残疾儿童康复救助制度的意见》等，从残疾人辅助设备、文化环境、物理环境、教育经费、康复救助等方面进行了专门规定，形成相对完善的融合教育保障体系，采取切实举措推进特殊教育改革发展，不断提高特殊教育普及水平、条件保障能力和教育教学质量。

表 10-4　融合教育政策完善阶段的主要政策文件

序号	时间	文件名称	发文机构
1	2010年	《关于加快推进残疾人社会保障体系和服务体系建设指导意见的通知》	国务院办公厅（转发）
2	2010年	《义务教育阶段盲校教学与医疗康复仪器设备配备标准》	教育部
3	2010年	《国家中长期教育改革和发展规划纲要（2010—2020年）》	中共中央、国务院
4	2011年	《中国残疾人事业“十二五”发展纲要》	国务院残疾人工作委员会
5	2012年	《关于加强残疾人文化建设的意见》	中宣部等十一部门
6	2012年	《无障碍环境建设条例》	国务院
7	2013年	《关于加快制定〈无障碍环境建设条例〉地方性法规、规章的指导意见》	中国残疾人联合会

续表

序号	时间	文件名称	发文机构
8	2013年	《关于促进残疾人按比例就业的意见》	中共中央组织部等七部门
9	2014年	《特殊教育提升计划（2014—2016年）》	教育部等七部门
10	2015年	《关于公布国家特殊教育改革实验区名单的通知》	教育部办公厅
11	2015年	《关于加快推进残疾人小康进程的意见》	国务院
12	2015年	《残疾人参加普通高等学校招生全国统一考试管理规定（暂行）》	教育部、中国残疾人联合会
13	2015年	《特殊教育教师专业标准（试行）》	教育部
14	2015年	《国家手语和盲文规范化行动计划（2015—2020年）》	中国残疾人联合会等四部门
15	2016年	《普通学校特殊教育资源教室建设指南》	教育部办公厅
16	2016年	《关于加快中西部教育发展的指导意见》	国务院办公厅
17	2016年	《“十三五”加快残疾人小康进程规划纲要》	国务院
18	2016年	《盲校义务教育课程标准（2016年版）》《聋校义务教育课程标准（2016年版）》《培智学校义务教育课程标准（2016年版）》	教育部
19	2016年	《特殊教育补助资金管理办法》	财政部、教育部
20	2017年	《中华人民共和国残疾人教育条例（修订版）》	国务院
21	2017年	《残疾预防和残疾人康复条例》	国务院
22	2017年	《残疾人参加普通高等学校招生全国统一考试管理规定》	教育部、中国残疾人联合会

续表

序号	时间	文件名称	发文机构
23	2017年	《关于做好残疾儿童少年义务教育招生入学工作的通知》	教育部办公厅、中国残疾人联合会办公厅
24	2017年	《第二期特殊教育提升计划（2017—2020年）》	教育部等七部门
25	2018年	《关于做好2018年普通中小学招生入学工作的通知》	教育部办公厅
26	2018年	《关于建立残疾儿童康复救助制度的意见》	国务院

融合教育在残疾人教育中的地位不断加强，涵盖的学段不断延伸，融合教育质量日益受到重视。《“十三五”加快残疾人小康进程规划纲要》在“主要任务”中4次提出融合教育，提出“大力推行融合教育”“不断扩大融合教育规模”“完善中高等融合教育政策措施”“加强对普通学校实施融合教育的指导和支持”，旨在提高残疾人受教育水平、巩固特殊教育发展基础。《关于加快中西部教育发展的指导意见》提出推进全纳教育，扩大普通学校随班就读规模，在残疾学生较多的普通中小学和中等职业学校设立特教资源教室，对残疾学生实施特殊教育和康复训练。《国家教育事业发展“十三五”规划》提出推行融合教育，不仅仅保障残疾人受教育机会，更要关注其受教育质量。该时期颁布了系列残疾人教育标准，包括辅助器具、康复设备、师资队伍、资源教室建设等，以标准提升教育质量。《残疾人教育条例》（修订版）是该时期的残疾人教育政策代表性文件。该文件强调保障教育机会平等、积极推进融合教育、加强对残疾人教育的支持，体现了对残疾人平等受教育权的尊重。其明确规定，招收残疾学生的普通学校应当将残疾学生合理编入班级；残疾学生较多的，可以设置专门的特殊教育班级。招收残疾学生

的普通学校应当安排专门从事残疾人教育的教师或者经验丰富的教师承担随班就读或者特殊教育班级的教育教学工作，并适当缩减班级学生数额，为残疾学生入学后的学习、生活提供便利和条件，保障残疾学生平等参与教育教学和学校组织的各项活动。在普通学校随班就读残疾学生的义务教育，可以适用普通义务教育的课程设置方案、课程标准和教材，但是对其学习要求可以有适度弹性。县级人民政府教育行政部门应当加强对本行政区域内的残疾儿童少年随班就读教学工作的指导。普通师范院校应当有计划地设置残疾人特殊教育必修课程或者选修课程，使学生掌握必要的残疾人特殊教育的基本知识和技能，以适应对随班就读的残疾学生的教育需要。其对随班就读的教育教学、管理、师资培训进行了规定，从法制角度进一步保障我国残疾人平等受教育的权利。

第二节　融合教育的实践分析

一、融合教育基本状况

（一）提供更多教育机会，融合教育规模逐步扩大

经过数十年的发展，我国残疾人教育取得了举世瞩目的成就，基本形成了具有中国特色的融合教育政策体系。2017年全国教育事业发展统计公报显示，我国普通小学、初中随班就读和附设特教班招收的学生5.66万人，在校生30.40万人，分别占特殊教育招生总数和在校生总数的51.10%和52.52%。无论是从学生人数还是从班级数量来看，我国融合教育规模均呈现出明显的增长趋势（见图10-1）。我国普通小学、初中随班就读和附设特教班招生人数稳步增长，在校人数逐年攀升，整体规模呈现扩大趋势。

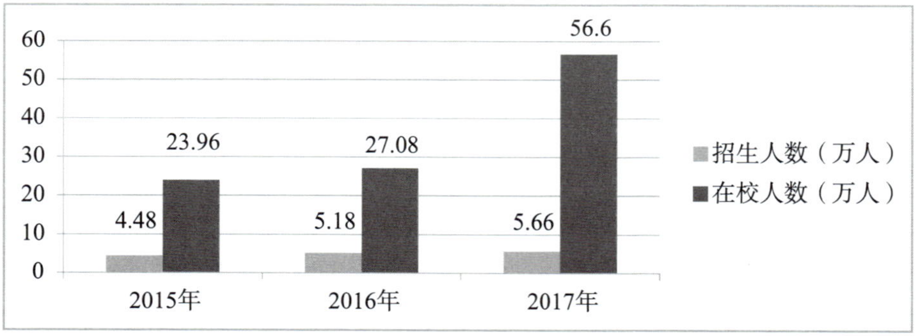

图10-1　2015—2017年我国普通小学、初中随班就读和附设特教班招生、在校人数

不同学段残疾学生的招生人数和在校生人数（见图10-2）显示，我国普通小学与初中的残疾学生招生人数、在校人数均呈现出明显的增长趋势，义务教育阶段融合教育取得较大成效。普通小学的招生人数与

在校人数基数均远远高于初中阶段，为我国初中阶段融合教育提供充足的学生来源，迫切要求初中阶段融合教育体系的建立健全。

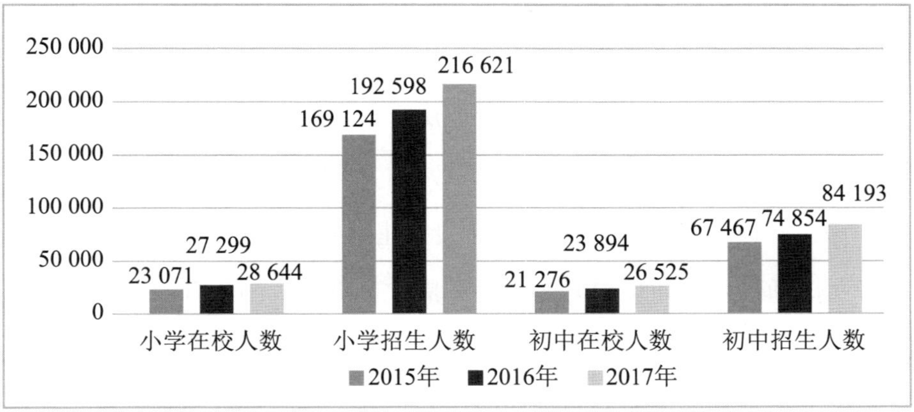

图10-2　2015—2017年我国普通小学、初中残疾学生在校、招生人数

普通学校设立特殊班是融合教育的重要形式。2017年，全国共有普通小学、初中及其他学校附设特教班623个，小学附设特教班为539个。2015年以来，普通小学、初中及其他学校附设特教班班级数量持续增长（见图10-3），以普通小学为主，幼小衔接阶段融合教育水平逐

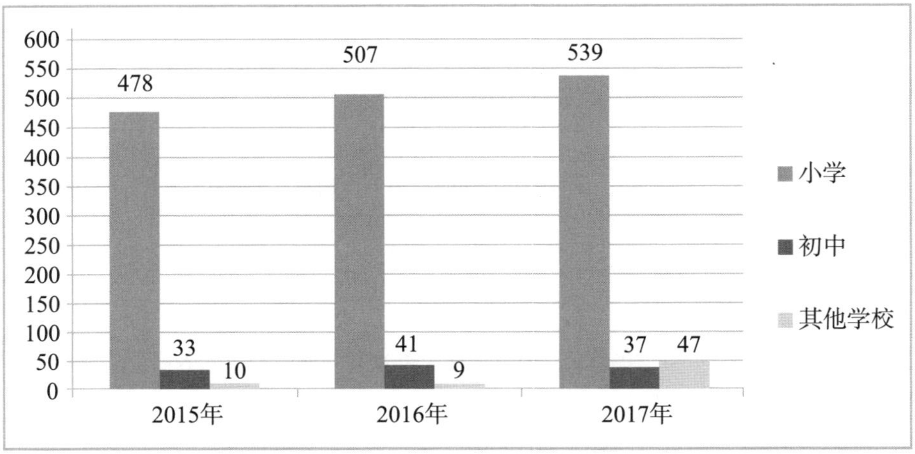

图10-3　2015—2017年我国普通小学、初中及其他学校附设特教班班级数量

渐提高。其他学校附设特教班班级数量增长迅速，融合教育安置形式逐渐多样化。

（二）职前职后教育结合，加强融合教育师资建设

1. 加强融合教育教师职前培养

融合教育的成效在很大程度上取决于任课教师对随班就读和随班就读学生的认识和理解程度，取决于教师对特殊教育教学技能的掌握程度等。提升普通学校教师随班就读相关专业素养（即融合教育素养），是促进我国随班就读质量提升的关键举措。①随着我国融合教育的不断发展，高等师范院校也随之改革教师教育体制，探寻适合我国随班就读要求及融合教育发展方向的教师职前培养体系，提升特殊教育质量，促进融合教育发展②。在教师职前培养阶段，许多高校开设了有助于培养普通师范生融合教育素养与知识的系列课程。

北京师范大学在教育学专业中开设特殊教育公共课程，对国内非特殊教育专业的普通师范专业课程中开设特殊教育公共课程产生了重要影响。华东师范大学在现有课程系统内采用多点式渗透开设特殊教育公共课程或选修课程，在学前教育专业开设“特殊教育学”“学前融合教育”课程，在教育学专业开设选修课程“超常儿童”，面向所有专业开设“特殊教育概论”“儿童行为问题与矫正”“融合教育”“特殊教育需要学生的教育”等课程，利用暑期面向全校选修“特殊教育需要课程与

---

① 王雁，黄玲玲，王悦，张丽莉. 对国内随班就读教师融合教育素养研究的分析与展望［J］. 教师教育研究，2018（1）：26-32.

② 邓猛，赵梅菊. 融合教育背景下我国高等师范院校特殊教育师资培养模式改革的思考［J］. 教育学报，2013（6）：75-81.

教学”“融合学校的建设”等课程[①]。北京联合大学心理学课程中嵌入了30%的融合教育内容，在学前融合教育课程中增加融合教育内容。成都大学在教育学人才培养方案中增加融合教育必修课程，将融合教育以独立的课程配置在师范教育课程体系内。昆明学院在人才培养方案之外增加了特殊教育公共选修课程，作为独立课程提供给全校学生选择，为融合教育发展奠定了课程基础。南京特殊教育师范学院开设随班就读师资培养专业。我国普通师范专业融合教育课程内容呈现出普遍重视对特殊教育或融合教育意义的阐述、以特殊教育基本理论和各类残疾儿童身心特点为主的特征。[②]

2. 加强融合教育教师在职培训

培训是影响随班就读教师融合教育能力的重要因素。培训次数越多、时间越长，教师对融合教育的结果、合作和重新聚焦等影响越强，培训次数在5次以上、培训时间在一周以上的教师与5次以下、一周以下的教师对实施融合教育的关注之间的差异达到了显著水平[③]。通过在职培训以强化随班就读教师与随班就读相关的专业素养就变得更为紧迫和必要[④]。《第二期特殊教育提升计划（2017—2020年）》提出，加大培训力度，对特殊教育教师实行5年一周期不少于360学时的全员培训。

---

① 许家成，李里，莫春梅，汪艳丽，郝传萍. 师范院校开设融合教育课程的实证研究——以北京联合大学、昆明学院和成都大学为重点考察［J］. 昆明学院学报，2018（5）：43-47.

② 冯雅静，李爱芬，王雁. 我国普通师范专业融合教育课程现状的调查研究［J］. 中国特殊教育，2016（1）：9-15，29.

③ 颜廷睿. 随班就读教师对实施融合教育的关注研究［J］. 教育科学，2016（5）：31-40.

④ 王雁，王志强，冯雅静，邓猛，梁松梅. 随班就读教师专业素养现状及影响因素研究［J］. 教师教育研究，2015（4）：46-52，60.

“国培计划”加强特殊教育学校校长和骨干教师的培训。省级部门承担特殊教育学校教师培训，县级部门承担普通学校随班就读教师、资源教师和送教上门教师培训，增强培训的针对性和实效性。在培训过程中向普校教师提供实用性强、有针对性、符合实际情况的培训和指导，不断完善普校教师的特教培训服务体系。

（三）创新教育教学机制，不断提高融合教育质量

1. 顶层设计与基层探索相结合，推进融合教育

《残疾人教育条例》规定，残疾人教育应当提高教育质量，积极推进融合教育。随班就读是我国贯彻融合教育的实践模式，指具有接受普通教育能力的适龄残疾儿童少年，进入实施义务教育的普通中小学，平等接受并完成义务教育。[①] 各地因地制宜，积极探索地方融合教育模式。北京市除了大力发展义务教育阶段的融合教育，还积极探索学前教育阶段融合教育。通过北京市残联的购买服务项目，派送优秀教师指导北京市其他幼儿园的融合教育[②]。卫星班是浙江省推进融合教育的新尝试，积极探索普特协同的运作模式，通过教学模式改革、课程与教学目标调整、家校联动、活动融合、互通培训等，提升了卫星班学生各项能力，保障了融合教育的实效。卫星班教师与普通班科任教师依据卫星班学生的需求，共同备课、上课、评课。在普通课堂上，普通班科任教师担任主教，卫星班教师担任辅教，负责卫星班学生的学习需求。[③] 上海市探索了高等融合教育的实践路径，根据本市高校集中、专业资源丰富的优

---

① 徐美贞，杨希洁．资源教室在随班就读中的作用［J］．中国特殊教育，2003（4）：13－14.

② 赵梅菊，黄晶晶．学前融合教育的实践与探索——以北京市A幼儿园为例［J］．残疾人研究，2016（4）：48－54.

③ 俞林亚．卫星班普特协同途径的实践研究［J］．现代特殊教育，2018（7）：19－22.

势，实施残疾人高等融合教育，即残疾大学生均在普通高校或普通高校附设的特教班就读。据不完全统计，2004—2016年，上海共有1 118名残疾学生进入普通高校就读。2015年，在校残疾大学生232人（本科182人，专科50人），分别在28所本科院校和23所专科院校就读，就读高校的比例占上海高校的75%。融合教育的实施不仅较好地保障了残疾人接受高等教育的权利，也使上海的残疾人高等教育在全国起着一定的引领作用①。

2. 扩展融合教育对象，创新融合教育教学策略

融合教育对象涵盖的障碍类别逐步增多，注重学生多元需求的满足。我国融合教育的对象逐渐发生改变，从原来主要招收智力障碍、视力障碍、听力障碍儿童转向招收具有一定学习能力、适应能力的其他类型的特殊儿童。从关注课堂教学的一个维度到关注教学的多个维度，照顾差异的有效性提高了；从关注随读生的低级需要，如生活的需要、交往的需要，发展到关注其他方面的需要，特别是学习和发展的需要，包括高级情感发展的需要；从关注随读生当前的需要，发展到关注他们未来的需要，以及开发潜能的需要；从关注随读生的个体特殊需要，上升到融合教育高度，关注每个学生发展的需要②。融合教育的人数不断增长且以轻、中度为主；注重学生学业与社会性共同发展；教师、同伴呈现积极接纳态度；学校资源与支持系统逐步完善，管理呈现体系化③。

---

① 汪海萍，赵伟时. 上海市残疾人高等融合教育支持服务的初步实践［J］. 残疾人研究，2017（1）：13-20，4.

② 华京生. 我国随班就读班级教学模式的演进［J］. 中国特殊教育，2017（10）：9-11，8.

③ 魏燕荣，陈全银，黄宇亮. 我国融合教育质量的现状、问题及对策［J］. 现代特殊教育，2017（18）：9-14.

参加随班就读特殊儿童在学业、自信心、社会交往能力等方面均获得较好的发展[①]。融合的文化环境促进了特殊儿童学业能力、社会技能及情绪情感的发展，也有助于普通儿童学业、人际及个性发展。[②]通过家校合作等途径，整合学校、家庭及社区优势资源，关注孤独症儿童的技能、能力和优势，利用孤独症儿童个人的某项优势促进孤独症儿童的能力发展，从而带动其整体发展。

我国的融合教育由零星特殊儿童进入普通班级上课，发展为大规模的随班就读实践，成长为系统化、全面化的融合教育体系。我国融合教育在入学人数、招生人数等方面始终保持增长态势，义务教育与非义务教育覆盖率不断提高，教育对象类型逐渐增多。融合教育师资队伍正处于建设与提升阶段，相应的政策与资源扶持为师资培训提供了支持。融合教育实践呈现出因地制宜的特点，各地区依托自身教育资源积极开展融合教育工作，将融合教育理念贯穿到各级各类教育。

二、融合教育的新挑战

（一）融合教育体制机制尚需完善

我国残疾人教育基础相对薄弱，残疾人教育保障不够完善，残疾人教育水平与社会平均水平存在较大差距。特殊教育与普通教育之间差距较大、城乡及不同残疾类别残疾人受教育程度不够均衡，残疾人受教育程度较低，残疾儿童少年教育是教育最薄弱的环节。残疾人时刻感到就

① 杨希洁. 随班就读学校特殊儿童发展状况研究［J］. 中国特殊教育，2010（7）：3-10.

② 刘艳虹，朱楠. 融合教育中儿童发展状况的案例研究［J］. 中国特殊教育，2011（8）：8-13.

业的压力，对知识和能力的渴求比以往任何时期都更加强烈。[①]对融合教育的呼吁与提倡大部分来自特殊教育领域，但融合教育发展不仅仅是特殊教育内部的变革，更加需要的是普通教育与整个社会系统的共同推动。特殊教育的专业知识能够为融合教育提供支持，但如果没有普通教育系统的配合，就难以触及教育体制机制层面，出现特殊儿童“随班就坐”“随班混读”，或者被拒绝入学等现象，甚至融合到普通班级的残疾学生又“回流”到特殊学校[②]。我国的随班就读实践深入推进，入学人数与班级数量不断提升，但还未完全形成顺畅的融合教育体制机制，以解决现有的普通教育制度与特殊教育制度二元分立、缺乏有效融通的问题。解决融合教育发展需要多部门合作、多机构支持。[③]

特殊儿童、家庭、特殊学校、普通学校、社会机构参与特殊教育，需要坚实的制度保障。尽管《第二期特殊教育提升计划（2017—2020年）》提出，坚持统筹推进，普特结合，以普通学校随班就读为主体、以特殊教育学校为骨干、以送教上门和远程教育为补充，全面推进融合教育，但普通学校和特殊教育学校责任共担、资源共享、相互支撑的机制尚未建立，政府主导、各方参与的机制不健全，存在政策执行不彻底、普通教育系统未做出配合等问题。这迫切需要通过教育政策的优化与行政管理的调整，以明确的政策规定，合理分配特殊教育资源，确保相对公平。

---

① 陆莎，傅王倩．论社会公平视野下的残疾人高等教育［J］．中国特殊教育，2014（3）：12-16.

② 傅王倩，肖非．随班就读儿童回流现象的质性研究［J］．中国特殊教育，2016（3）：3-9.

③ 李拉．融合教育的推进路径［J］．现代特殊教育，2017（11）：22-24.

（二）融合教育质量评价有待改进

我国融合教育发展开始进入质量提升阶段，融合教育质量可以被定义为学校的融合教育水平、实现融合教育理念和学校发展融合教育目标的程度。[①] 对融合教育质量进行客观全面的评价既能够推动融合教育的发展，使教师采取灵活的教学策略，提升教学质量，又能够使社会大众看到融合教育的进展，加大对融合教育的支持力度。具备完善的机制与高水平的师资队伍是融合教育质量提升的两翼，科学的质量评价制度是检验这两者真实水平的客观指标。

各类统计数据只能反映出融合教育发展的规模和程度，其质量评价需要建立科学、全面、多样化的指标去衡量。进入普通学校就学的残疾学生由于师资与教学资源的缺乏而出现“随班混读”的现象。融合教育资源尤其是教育资金、教学材料、教具学具等不能得到保证，许多地方的特殊教育工作者靠“东借西讨”开展融合教育。融合教育在其不同主体接纳态度、教师专业成长、融合课程实施、资源与配置等方面面临诸多现实困境。[②] 虽然在有关政策文件中明确提出，逐步建立特殊教育质量监测评价体系，但实际上还未建立融合教育质量评价制度，使得融合教育发展没有明确、可操作、可测量的目标。如何对融合教育学生的学业水平进行评价，如何对教师教学水平进行评价都是亟须思考的问题。小学融合教育的调查结果显示，随班就读学生在社会交往能力、学校适应能力与道德品质发展方面发展较好，但是在文化知识学习与运动能力

① 颜廷睿，关文军，邓猛．融合教育质量评估的理论探讨与框架建构［J］．中国特殊教育，2016（9）：3-9，18．

② 赵斌，杨银．共生理论视域下我国融合教育发展的困境与反思［J］．教师教育学报，2018（6）：1-7．

发展方面质量堪忧，女生的发展质量得分要显著高于男生，小学高年级段学生发展质量得分显著高于其他各年级段，听力残疾、视力残疾与肢体残疾学生的发展质量得分显著高于智力残疾与自闭症学生。① 另外，融合教育教师差异化的教学理念有待提升，为学生提供多样化的教学方法和策略的能力不足，多样化的教育内容呈现方式、组织形式、评估办法不够科学等。

（三）融合教育师资质量有待提升

融合教育教师是能在普通课堂上应对特殊儿童特殊教育需要的教师，不仅要有教好普通学生的素养，还要有能够应对残疾学生需求的素养，这种素养是基于教师原有素养之上的更加专业化、科学化、特殊化的高层次素养②。融合教育强调普通教师需要具备差异教学的能力，针对不同的教育对象采取不同的教学策略。融合教育教师是融合教育开展的核心要素，其教育理念与专业水平影响融合教育成效。我国部分融合教育教师多数由经过或者未经过特殊教育培训的普通教师兼任，这一群体融合教育专业知识、能力普遍不足。普通学校随班就读数学教师特殊教育知识与技能掌握整体水平不高，特教知识、能力结构不合理，无论是深度还是广度都存在明显的缺失。③ 加快融合教育师资队伍建设是提升融合教育质量的重要举措，迫切需要开展普通教师的特殊教育培训、加强普通学校与特殊学校的合作共享、提供充足的特殊教育支持等。

---

① 牛爽爽，邓猛，关文军，赵勇帅，孙颖. 北京市同班就读学生发展质量研究［J］. 中国特殊教育，2017（5）：3-8，26.

② 周丹，王雁. 美国融合教育教师素养构成及启示［J］. 比较教育研究，2017（3）：89-95，100.

③ 徐梅娟. 随班就读班级数学教师特教知识与技能掌握情况调查研究［J］. 南京特教学院学报，2011（4）：9-13.

第三节 融合教育的路径分析

融合教育以其包容、自由、平等、多元的核心内涵，成为世界各国特殊教育改革和发展的方向。融合教育的发展因各国的历史文化、社会背景、教育体制、资源支持等不同而模式多样、效果迥异。融合教育是指接纳所有的学生，而不考虑其身体、智力、社会、情感、语言及其他状况，必须认识和照顾到学生之间的不同需要，适应不同的学习类型和学习速度，通过适宜的课程、组织安排、教学策略、资源利用及社区合作，确保面向全体学生的教育质量。① 融合教育不仅仅是物理空间的融合，即特殊儿童身体上被普通教室接受，融合更意味着教育观念、社会文化的根本变化。② 融合教育不仅强调人人享有平等受教育的权利，也强调教育应该主动满足所有人的学习需求。《中国教育现代化2035》提出，推进适龄残疾儿童少年教育全覆盖，针对学生不同情况，实施差别化教育和个性化培养；全面推进融合教育，优先让残疾儿童少年在普通学校接受教育，对中重度和多重残疾学生通过就读特教学校、送教上门等方式实施教育，努力使每个适龄残疾儿童少年通过教育培训掌握一技之长。

一、健全融合教育体系，推进适龄残疾儿童少年教育全覆盖

健全融合教育体系，保障有特殊教育需要学生的教育权利，使其享

---

① 赵中建. 教育的使命：面向二十一世纪的教育宣言和行动纲领［M］. 北京：教育科学出版社，1996：135-150.

② 熊絮茸，孙玉梅. 自闭症儿童融合教育现状调查、困境分析及家庭参与的探索［J］. 内蒙古师范大学学报（教育科学版），2014（4）：54-58.

有平等的受教育机会，获得合适的、高质量的教育服务。学前教育是对残疾儿童进行康复训练、发掘潜能的最佳时期，良好的学前教育不仅为残疾儿童在义务教育阶段的学习做好准备，更为将来适应社会打下基础。0—6岁是残疾儿童康复的黄金时期，早期发现、早期干预对预防儿童残疾、获得生活自理、学习和交往能力至关重要。[①]建立健全出生缺陷预防和早期发现、早期治疗机制，建立健全0—6岁儿童残疾早期筛查、治疗和康复机制，建立儿童残疾筛查、诊断、干预、教育一体化的监测服务网络，使残疾儿童能够及时被发现并得到科学的教育服务。加强学前特殊教育师资培训，积极培养大批有能力、高素质、愿意投身特殊教育事业的教师。对普通幼儿园的教师进行特殊教育培训，使其掌握一定的特殊教育技能，保障在普通幼儿园接受融合教育的特殊儿童得到最大限度的特殊服务，为其今后的学习和发展打下坚实基础。

大力提升义务教育阶段残疾儿童少年的入学率，尤其是中西部农村地区、边远贫困地区的普及水平。大力发展以职业教育为主要内容的残疾人高中阶段教育，提高残疾青少年高中阶段教育普及水平，为高一级学校输送残疾学生，培养残疾学生未来发展的专门知识和技能。加快发展残疾人高等教育，逐步提高非义务教育阶段残疾人接受教育的比例。鼓励高等学校积极招收符合录取标准的残疾学生。进一步完善政策规定，保证残疾人同其他受教育者一样，享有平等的受教育机会，不因残疾而被拒绝入学；为残疾人接受教育提供必要的支持，在入学考试阶段根据残疾考生的特点在考试时间、地点、形式等方面提供便利条件，建设无障

① 中国残疾人联合会办公厅、国家卫生计生委办公厅关于印发《0—6岁儿童残疾筛查工作规范（试行）》的通知［EB/OL］.（2013-10-12）. http://pkulaw.cn/fulltext_form.aspx?Db=chl&Gid=211923.

碍教育环境，在录取名额、教育费用和其他服务措施上为残疾学生提供更多支持。让参与融合教育学生进行有意义的学习，特殊儿童能够积极参与到课堂活动当中，与同伴合作学习，获得学习所需要的支持和资源。

二、改进融合教育机制，提高残疾学生接受融合教育的质量

（一）改进管理机制，提高融合教育质量

积极推进融合教育，优先采取普通教育方式，办好特殊教育。依托特殊教育学校的专业支持，构建和创新区域随班就读体系，打造跨部门支持的融合教育范式。适龄残疾儿童少年优先到指定的具备相应资源、条件的普通学校入学接受义务教育，不能接受普通教育的，进入特殊教育学校接受义务教育，不能到学校就读的，由县级人民政府教育行政部门统筹安排，通过提供送教上门或者远程教育等方式实施义务教育，并纳入学籍管理。为有随班就读学生或有特殊教育需要学生的学校、班级配备特殊教育教师或教师资源，提供特殊的教学资源、方法、技术等方面的支持。设计融合教育的纵横交互管理体系，设置专门的融合教育管理部门进行分级管理，负责融合教育政策、战略、计划、项目的制定、落实与监管等，这些部门直接接受、落实上一级融合教育管理部门指定的任务同时监管下一级管理部门的任务落实与完成情况。在省、市、区（县）各个层面设置特殊教育专业性支持机构，对相应层级的融合教育管理部门提供专业咨询等支持，对实施融合教育的学校、学生和普通教师提供专业咨询与直接服务等。管理部门与专业支持机构分工合作，建设高质量的融合教育体系。①

---

① 王辉，王雁，熊琪．瑞典融合教育发展的历史、经验与思考［J］．中国特殊教育，2015（6）．

（二）增强协作机制，优化融合教育方式

提升随班就读的质量是我国当前特殊教育改革与发展的核心任务之一，也是未来特殊教育良性发展的重要基础。[①] 多部门协作，建立由教育、康复、保健等部门参与的多方合作机制，保障每个残疾儿童、少年都有公平的入学机会，获得适合的教育安置。明确融合教育中有关部门的责任，教育部门的主要职责是统筹协调各部门工作，加强专业教师队伍建设，提升学校融合教育能力。卫生部门的主要职责是对教师与家长开展康复知识技能的培训与指导，组建多专业的指导医生队伍，诊治残疾儿童提出教育建议等。残联部门的主要职责是对相关康复项目提供基础设备或者经费支持。学校与医院、医疗专家建立定期、定点服务的机制，医学康复、保健内容纳入学生个别化教育工作制度等。建立区县特殊教育联席会议制度、医教结合专项工作制度，成立特教专职康复教师队伍、专兼职的特教保健教师、专兼职的巡回教师队伍。多渠道开展培训，提高特殊教育教师、参与医教结合工作的医生的专业化水平。[②] 建立残疾儿童"发现－诊断－安置－教育"的流程，确立"定向转诊－定点确诊－回访上报－教育改进"的模式，建立残疾儿童发现－诊断－随访－安置－干预的特殊教育服务体系。开展教育康复专业建设，加强人才培养，高等院校加强康复课程建设和开展个别化教育与康复训练，培养具有专业素养和专业能力的康复教师队伍，使随班就读学生得到更有质量的专业服务支持，提高融合教育的质量。有条件的地区和学校，可以为特殊儿童设计个别化的教育计划，围绕儿童个别情况准备教学资

---

① 杨柳，张婷．我国大陆随班就读质量的研究进展［J］．中国特殊教育，2018（9）：3–7.

② 郭楠楠．"医教结合"的概念辨析［J］．现代特殊教育，2017（10）：69–70.

料、课程教学活动、选择教学策略，提供物理治疗、社会支持等专项服务。

三、建立健全融合教育督导评价制度，形成多方协作的格局

融合教育涉及的职能部门众多，需要政府、社会、学校等方面力量共同推进，形成以政府为主导、各部门齐力协同、学校积极参与的工作格局。建立独立的融合教育督导体系，科学设置有关机构或负责人员，构建完整的督导网络，公示监督过程中发现的问题，提供解决问题的指导路径，加强整改特殊学校情况的追踪督导。建设多元化的督导机构和队伍，形成民主监督制度。加强政府、教育行政部门内部融合教育监督评价机构的建设，提升其监督评价融合教育的能力。积极建设第三方融合教育监督评价机构，鼓励高等院校建立有关机构，提供研究和评估数据，加入监督评价行列。同时，建立融合教育评估机构的资质鉴定和资格准入等制度，保障评估的专业性。关注融合教育的社会资源，开拓渠道，让社会力量参与融合教育监督评价。注重以评促建，转变以考试或考察为主的融合教育评价方式，从强调外部监督评价走向为学校自我评价、自我改进。制定融合教育监督评价人员的专业标准，加强监督评价人员的专业培训，保证融合教育监督评价的质量。明确融合教育督导评价队伍的准入标准、资格、考核等内容，提高督导评价队伍的素质和水平。不断提升特殊教育督导评价人员的教育理论知识、政策水平、学校管理经验，严格按照督学资格标准和程序选聘督导，加强督导人员的培训和考核。

后　记

实现基本公共教育服务均等化，起源于《中国教育现代化2035》确定的战略任务。作者近年来围绕教育强国建设中教育公平发展的政策原理与体制机制、城乡一体与区域战略、教师配置与群体政策而开展专业研究；根据教育强国建设需要，基于教育政策专业研究，瞄准教育现实问题，撰写并递交教育咨询报告，为教育决策科学化服务，立志知识报国，为研究分析实现基本公共教育服务均等化的战略和政策奠定了基础。

基本公共教育服务均等化是教育现代化的基本要求，是维护社会公平的基本途径。本书基于公共教育服务理论内涵和外延的变化，根据我国教育改革和发展的现实情况和未来需要，论述教育治理体系和能力现代化的推进进程，将公共教育服务均等化的关键政策概括为十个方面，即实现义务教育学校建设标准化、推进城乡义务教育的均衡发展、办好乡村学校以支撑乡村振兴、促进义务教育优质均衡发展、优化和完善城镇学校布局规划、保障随迁子女的教育公平发展、调整优化异地升学的考试政策、健全经济困难学生的资助体系、通过教育培育脱贫的内生动力、以融合教育推进特殊教育发展。本书采用政策分析、实践分析、路径分析的三维框架结构，系统阐发基本公共教育服务均等化的关键政策，在分析政策文本、政策变迁的基础上，回顾关键政策的执行状况，明晰政策改进面临的主要挑战，提出战略实施的方向和路径。

全书由北京师范大学薛二勇确定写作提纲，提出核心观点。第一章由北京师范大学樊晓旭、薛二勇执笔，第二章由陕西师范大学周兆海执笔，第三章由湖南第一师范学院刘丽群执笔，第四章由北京师范大学高莉执笔，第五章由北京师范大学刘淼、薛二勇执笔，第六章由临沂大学李中国执笔，第七章由北京师范大学周秀平执笔，第八章由华东师范大学李廷洲执笔，第九章由北京师范大学单成蔚执笔，第十章由北京师范大学傅王倩执笔。各章文稿由薛二勇统一进行修改、完善、定稿。

感谢人民教育出版社的精心策划和编辑！

由于时间仓促，水平有限，本书难免有不足之处，敬请广大读者批评指正。

薛二勇

2020年9月初稿

2021年5月定稿